CIBERSEGURIDAD AL ALCANCE DE TOD@S

GUÍA PRÁCTICA PARA EVITAR SER VÍCTIMA DEL HACKER MALICIOSO

David F. Pereira Q.

David F. Pereira Q.

Índice

DEDICATORIA Y

AGRADECIMIENTOS

A ti Margaret, por tu amor infinito e incondicional, por tu comprensión permanente y tu impulso incansable; sin ti, no habría podido concretar muchas de las etapas más importantes y decisivas de mi vida; gracias por estar siempre allí para mi; a tu lado todo vale la pena.

A ti hijo, con todos mis deseos y esperanzas de verte feliz, grande, triunfador y exitoso; sigue adelante, me llenas de orgullo.

A mi familia, por ser un apoyo y una roca a la cual aferrarse;

A mis amigos, por su cariño; son tantas las personas que me han apoyado siempre con sus palabras de aliento y estima, que sería imposible mencionarlas a todas; estoy seguro de que ustedes que me conocen saben quienes son ;-)

A todas las personas que lean este libro, gracias por su tiempo, espero de todo corazón que les sea útil.

SOBRE EL
AUTOR

David F. Pereira Q.

(CEH, ECSA, CHFI, ECIH, CEI, ECSS, ECVP, CCISO, CND, EDRP)

Fundador y Presidente de SecPro, Consultor, Conferencista e Instructor Internacional con mas de 23 años de experiencia en Ciberseguridad, Ciberdefensa, Hácking Etico y Cómputo Forense.

A lo largo de su carrera ha realizado gran cantidad de proyectos de ciberseguridad para distintos países en áreas Financieras, Diplomáticas, Militares, Inteligencia, Tecnológicas, Corporativas y Energéticas; ha sido instructor de Fuerzas de Ley, Fuerzas de Ciberdefensa, Gobiernos y Empresas de muchos países, incluyendo Colombia, Estados Unidos, México, Panamá, Argentina, Chile, Brasil, Perú, Ecuador, Arabia Saudita entre otros.

Investigador y evangelista en ciberseguridad, a lo largo de su vida, ha tratado de difundir el conocimiento de forma permanente y ponerlo al alcance de todos.

A QUIÉN
VA DIRIGIDO

No eres técnic@?; Bienvenid@!!!.... Eres técnic@? ...espero de verdad que encuentres algo en este libro que te sea de utilidad, una herramienta, una técnica o algún consejo.

Este libro va dirigido a todos los públicos no técnicos (y técnicos si se animan), desde niñ@s hasta el presidente de una empresa multinacional, pasando por todas las personas en el medio, es decir, de nuevo TOD@S;

Ese es el sentido principal de este libro, el llevar la Ciberseguridad a un lenguaje simple, entendible para cualquiera, con el objetivo de concientizar y mostrar a las personas como incrementar su nivel de seguridad y tranquilidad en el momento de usar cualquiera de sus dispositivos, ya sea que esté navegando en su celular, tableta, pc, etc. usando su correo electrónico o comprando un artículo por internet.

Leyendo este libro entenderás en profundidad el concepto de CIBERHIGIENE, el cual consiste en usar nuestros dispositivos de la misma forma que usamos nuestro cepillo de dientes; piensa por un momento: ¿como quieres tu cepillo? ese que vas a introducir en tu boca... ¿te gustaría que se hubiera caído al piso?, ¿que con el mismo cepillo se hubiera limpiado el piso y luego usarlo en tus encías? (me encantaría ver sus caras al pensar esto.... en serio, mándenme sus fotos con estos pensamientos a mi twitter: @davidpereiracib, ya verán que va a ser muy divertido!!!); bueno, retomando lo del cepillo, nuestros dispositivos merecen y necesitan el mismo nivel de higiene y cuidado, es decir: No navegar en cualquier sitio web, no descargar e instalar cualquier aplicación por bonita o llamativa que esta sea, (o que esté de moda), no conectarle cualquier memoria USB, no conectar nuestros Celulares a cualquier toma USB (Si, me refiero a las estaciones de carga de lugares públicos o al puerto USB de los Aviones, etc.), no entregarle o permitirle a alguien usar nuestros dispositivos;

todo lo anterior tiene que ver con la ciberhigiene; ya iremos viendo más encías….no, perdón, más ejemplos en el transcurso del libro.

Sabemos que los ciberdelincuentes, es decir los hackers malos o maliciosos, o black hats si estás con ganas de hablar inglés (hay varios tipos de hackers; luego les cuento) cada día inventan nuevas formas de engañarnos, estafarnos, etc. El objetivo de este libro es que no seamos más unas víctimas fáciles para los delincuentes y que tomemos el control de nuestra Ciberseguridad, es decir: Tú decides; el defenderte está en tus manos.

¿Y cómo logramos esto?; pues muy fácil, cada capítulo va orientado a la práctica, es decir este libro es una guía paso a paso de cómo defenderte ante el delincuente, qué herramientas instalar, cómo configurarlas y cómo detectar al bandido en nuestra máquina o dispositivo.

REGISTRA TU LIBRO EN ESTE ENLACE PARA QUE TENGAS ACCESO A TODOS LOS VIDEOS EXPLICATIVOS, CONTENIDO ADICIONAL, INVITACIONES A WEBINARS, CONFERENCIAS Y MUCHO MÁS.

WWW.TUCIBERSEGURIDAD.COM/REGISTRO

"LA DECISIÓN DE SER O NO SER UNA VÍCTIMA DEL CIBERDELINCUENTE, ESTÁ EN TUS MANOS."

David F. Pereira Q.

INTRODUCCIÓN

Cada día vemos en los periódicos, noticieros, y en general en cualquier medio informativo, incluido el voz a voz, noticias acerca de un nuevo "ciber ataque" o que se cayó x plataforma (Whatsapp, Facebook, etc.) y todo esto nos lleva a preguntarnos: de verdad existe un riesgo para mi? Y erradamente podemos llegar a la conclusión de: "yo no soy atractivo para un ciberdelincuente, yo no tengo dinero, no soy millonari@"; y este es un error muy común; (no me refiero a no tener dinero, que ese lo sufrimos muchos); es decir el error consiste en pensar que por considerarnos personas "comunes, sin demasiada riqueza o propiedades no vamos a ser víctimas de un ciberdelincuente; debemos entender que aún si sólo roban nuestros datos, tendrían acceso a: Nombres Completos, Cédula, Teléfonos, FAMILIARES, datos de nuestra empresa, datos académicos, servicios que tengamos a nuestro nombre tipo Netflix, MercadoLibre, Amazon, etc.; ya, por si solos estos datos tienen un precio en el mercado negro del ciberdelito es decir tus datos junto con los de otras 99 personas pueden venderse por US$5 a US$10.

Existen riesgos y amenazas permanentes acechando nuestra información, ¿Pero entonces que podemos hacer? ¿Estamos a merced de los ciberdelincuentes?; la respuesta es: ¡NO!; Cada uno de nosotros debe tomar el control de su Ciberseguridad y la de sus seres queridos.

En esta Guía, queremos mostrar que la Ciberseguridad no es solo para expertos; pretendemos exponer de forma sencilla, totalmente demostrativa, cómo usar herramientas y desarrollar hábitos para el buen manejo de nuestros dispositivos y proteger nuestra información.

RECUERDA SIEMPRE QUE:

LA DECISIÓN DE SER O NO SER UNA VÍCTIMA DEL CIBERDELINCUENTE, ESTÁ EN TUS MANOS.

CAPÍTULO 1:

EL ZOOLÓGICO DE LAS DEFINICIONES

Una de las cosas que tal vez se vuelvan muy complicadas para todas las personas que no son técnic@s, es la cantidad enorme de abreviaturas y palabras complejas a las que se enfrentan cuando de pronto toman ánimos de investigar sobre ciberseguridad, o peor: cuando fueron victimas de un engaño o estafa y quieren evitar caer de nuevo en las garras del próximo delincuente que decida tomarlos como su objetivo.

Tenemos palabras o frases como:

Opciones por defecto, Software, Malware, Ransomware, Hacker, Bitcoin, Criptomoneda, Blockchain y muchas más; esto puede sonar intimidante, pero no se preocupen, aquí vamos con este simple glosario que nos va a ayudar a entender y diferenciar conceptos muy fácilmente; (Si están ansiosos por ir de una vez al grano de la práctica, salten al capítulo 2, pero pues ya saben donde encontrar los conceptos.)

Opciones por defecto / Configuración por defecto

Son las características y parámetros con los que una aplicación o software se instala originalmente, por ejemplo, si compras tu computador en Latinoamérica, tu teclado viene configurado por defecto en español.

Software

Son los programas o aplicaciones que instalamos en nuestros dispositivos para poderlos disfrutar o generar productividad, tales como: Aplicaciones para oír música, tipo Spotify, ver películas tipo Netflix, navegar en internet, tipo Mozilla Firefox o Chrome, hacer documentos como el Word, etc.

Estos programas fueron creados por grupos de ingenieros o desarrolladores con una inmensa creatividad usando lo que conocemos como lenguajes de programación, algo así como las instrucciones en detalle de cómo realizar cada tarea; pensemos en ellos como las piezas de un rompecabezas, pero que son modulares, es decir la misma pieza se puede adaptar para muchos rompecabezas.

Hacker (La palabra más estigmatizada, atacada e incomprendida de todos los tiempos)

Hacker en principio se refiere a una persona creativa que de una forma ingeniosa logra encontrar soluciones poco comunes a problemas comunes; es decir una persona con las siguientes características:

Creatividad, Ingenio, Capacidad de Aprendizaje, Imaginación, Perseverancia, Paciencia, etc.

Es decir una persona que vale la pena tener cerca cuando necesitamos resolver una situación compleja o difícil. Para aquellos románticos algo mayorcitos como yo, el McGyver del barrio.

Gracias a algunos o muchos medios "desinformativos" la palabra hacker nos da una sensación de amenaza, de temor, de delincuente buscando como robarnos, y esto no es correcto; primero que todo, vamos a clarificar que existen varios tipos de hackers:

Hacker Sombrero Blanco: (White Hat Hacker)

Somos aquellos que nos dedicamos a proteger la información de las personas y empresas para evitar que el ciberdelincuente la robe o haga mal uso de ella.

Hacker Sombrero Gris: (Gray Hat Hacker)

Son aquellos que pueden actuar de forma defensiva u ofensiva al mismo tiempo, es decir protegen la información de alguien y atacan a aquel que la intenta robar.

Hacker Sombrero Negro: (Cracker o Black Hat Hacker)

Este SI es el malo, el ciberdelincuente, el ladrón, el que quiere tomar tus datos, cifrarlos (encriptarlos) y luego cobrar rescate para devolvértelos; este si es el que debe preocuparnos, al que no necesariamente debemos temer, pero si mantener a raya y lejos de nuestros datos.

Retomando lo de los medios "desinformativos" algunos injustamente le dan el calificativo de "Hacker" a cualquier ciberdelincuente que haga mal uso de las tecnologías y las herramientas con el objetivo de robarnos o hacernos daño; ese es un error enorme, dado que la palabra "hacker" les queda grande a esos bandidos que en su gran mayoría son ignorantes tecnológicos que a punta de tutoriales en YouTube o similares cometen sus delitos, pero que no pasan de ser más que unos simples delincuentes usando tecnologías que no comprenden, pero eso no les quita lo peligrosos; es decir, del 100% de actores del ciberdelito, me atrevería a decir que éstos son más del 95% o sea que esos son los que más vas a enfrentar en el uso diario de tus dispositivos.

Existen otras categorías de hackers, pero para efectos simples, las demás categorías pueden enmarcarse en las 3 anteriores.

Internet

La internet es una red mundial de computadores, en donde podemos compartir y acceder todo tipo de información, desde bibliotecas, noticias, videos, deportes, y un casi infinito etcétera.

Es importante que cuando usas la internet, y logras alcanzar contenidos e información en países y lugares de los cuales tal vez incluso sea difícil pronunciar sus nombres, también el mundo entero puede acceder a tu computador en caso de que no esté protegido, y hago énfasis en que entendamos que la internet es <u>bidireccional.</u>

La Internet está dividida en 3 partes:

Clear Web (Equivale a alrededor de un 10% de la Internet)

Es el área que normalmente utilizas; encuentras la información usando motores de búsqueda como Google (www.google.com) o Bing (www.bing.com) entre muchos otros, o digitando cualquier dirección URL (Universal Resource Locator) como por ejemplo: www.tuciberseguridad.com.

Deep Web (Equivale a alrededor de un 80% de la Internet)

Esta área es la mas grande de la Internet, contiene mucha información, que no vas a poder encontrar por medios comunes como los motores de búsqueda que mencionamos antes (Google, Bing), sino que tendrías que usar otras herramientas, como los metabuscadores, debido a que estos contenidos no tienen índices para poder ordenarlos.

Algunos metabuscadores:

Carrot 2: http://search.carrot2.org/stable/search

Yippy: http://yippy.com

Dark Web (Equivalen a alrededor de un 10% de la Internet)

Finalmente, las redes oscuras (si, hay varias) en esta clasificación tenemos una red que se llama TOR (The Onion Routing – Enrutamiento Cebolla en español), I2P (Invisible Internet Project), y algunas otras.

Mi recomendación es que te mantengas alejad@ de estas redes, pero si te interesa el tema, en mi canal de youtube encontrarás un cursillo muy básico sobre darknets,   Enlaces:

Malware (Malicious Software o Software Malicioso)

Esta palabra se refiere a los programas (software) creados para hacer el mal de muchas maneras posibles: robarnos nuestros datos, espiarnos, cifrar nuestra información y luego cobrar rescate, tomar nuestro dispositivo como plataforma de ataque contra otras víctimas inocentes, controlar nuestro computador, minar criptomonedas para beneficiar a un ciberdelincuente y un largo etcétera.

Existen muchas clases de Malware; algunos de los más importantes son:

- **Virus:** Software malicioso o dañino que se adjunta a otro archivo con el objetivo de que al ser ejecutado (cuando le das doble click), ambos corren al mismo tiempo (Archivo Malicioso + Archivo Real) e infecte nuestra máquina; normalmente podrían venir en archivos descargados de la internet, contenido pirata, etc.

- **Gusanos:** Software Malicioso que no requiere unirse a ningún archivo para hacer daño; muy orientados al robo de información o al cifrado de archivos; aprovechan los recursos de red para infectar a todas las máquinas conectadas entre si, por ejemplo infectar todos los computadores conectados a tu red inalámbrica.

- **Troyanos:** Virus que se disfrazan como una aplicación normal e inocente, por ejemplo un juego, pero que en realidad fueron creados para hacer daño, robar datos o controlar el dispositivo de la víctima, activar tu cámara y/o micrófono para espiarte, etc.; en esta definición quiero que pensemos en los peligros potenciales de este tipo de malware para nuestros niños.

- **Ransomware** (Software malicioso que al infectar nuestro dispositivo, cifra (Vuelve ilegible) la información que tenemos almacenada y que luego busca cobrarnos un rescate para devolvernos nuestros archivos.

Todos estos tipos de programas o aplicaciones puede ingresar a nuestros dispositivos de muchas maneras:

- **Sitios WEB Maliciosos: (Drive-By)**
  - Visitar un sitio web malicioso (si, como algunas páginas pornográficas), en serio, los ciberdelincuentes crean sitios que atraigan la mayor cantidad de personas posible y adivinen: la pornografía atrae a muchas personas !!! (No a

ustedes queridos lectores, yo se, no se preocupen...), sitios de Juegos en Línea o de descarga de juegos, sitios de descarga de aplicaciones (Casi siempre las aplicaciones piratas vienen con sorpresa !!!), sitios de citas en línea, etc.

o   Acá muchos se estarán preguntando: Cómo sé si el sitio de porn.... Ajem!, ¿el sitio de aplicaciones y/o imágenes que visito es malicioso o no? .... Muy fácil, tienes que seguir leyendo o si los nervios no te dejan, ve al capítulo: ¿Ya estoy Hackeado?

- **Aplicaciones o Contenidos Infectados**
  o   Al descargar un programa pirata o al descargar contenidos de un portal infectado, la posibilidad de encontrarnos con un malware al ejecutar el archivo descargado es muy alta; ocurre con sitios de Películas, Videos, Juegos, Aplicaciones, etc. No se preocupen, más adelante explicamos mecanismos de defensa que nos permiten disminuir el riesgo; pero tengan en cuenta que tener CIBERHIGIENE es más efectivo que cualquier mecanismo tecnológico.

- **Hacer Click en un enlace en un Correo Malicioso**
  o   Otro de los vectores (mecanismo o ruta de ataque) de los ciberdelincuentes, es el Correo Electrónico, y la razón es muy sencilla: Todos tenemos uno; desde el alumno de colegio hasta el presidente de una multinacional usamos a diario este maravilloso mecanismo para comunicarnos y eso lo hace atractivo para el bandido informático.
  o   Basta con hacer click en un enlace y pueden pasar varias cosas: desde llevarnos a una descarga de un malware, llevarnos a un sitio malicioso, hasta un ataque sofisticado que con ese solo click le permite al delincuente tomar control de nuestros dispositivos.

- **Dispositivos USB o Similares**
  o   Pocas cosas dan más alegría a una persona que encontrarse o que le regalen una memoria USB; no sé que

neuronas o más bien que hormonas tipo endorfinas (Hormonas del Placer) se activan cada vez que recibimos este tipo de regalos… y adivinen: es otro de los medios preferidos por los ciberdelincuentes para acceder a nuestros datos; desde la USB que nos regalan en una conferencia o evento hasta la que encontramos "abandonada" a la entrada de nuestra empresa, colegio, universidad, etc.; CUIDADO podría ser una trampa; ahora surge la pregunta: ¿debo privarme de la alegría de tener nuevas USB en mi poder?; la respuesta es NO; puedes recibir todas las que quieras pero en este libro te explicaremos qué hacer con ellas para estar seguros de que no nos van a causar daño.

- **Imágenes, Emojis, Etc.**
  - ¿Quien le ve algo de malo a recibir una imagen en un Chat?; es más, seguramente algunos de mis lectores han solicitado fotografías en un chat en una red social a quien creen una bella dama del otro lado de la pantalla, o un simpático caballero…. Y la persona del otro lado del chat les envía una "foto" que muchas veces debes descomprimir o ejecutar para visualizarla, es decir darle doble click, y zaz!! ya estas infectad@.

APT (Advanced Persistent Threat – Amenaza Avanzada Persistente)

Hacen referencia a un tipo muy avanzado de malware para el cual no hay mecanismos de prevención ni detección efectivos y que en su mayoría están orientados a espiar o robar información, o a controlar las acciones de un computador o sistema remoto.

SPAM (Correo Basura)

Normalmente hace referencia al correo no deseado, es decir ese que nos llena de basura nuestra casilla de correo electrónico con mensajes de empresas turísticas, cartas de amor desde Europa o Rusia de personas que jamás hemos conocido, premios de lotería de sorteos que no hemos comprado o viudas u oficinas de abogados que nos avisan que tienen una herencia de varios millones de dólares o euros esperándonos y que solo debemos contactarlos para reclamarla (Estafa nigeriana y sus variantes).

Phishing (Correo Falso + Sitio Web Falso o Archivo Malicioso)

Una variante del SPAM consiste en enviarte correo electrónico falso, que trata de hacerte creer que viene de tu Banco, de una empresa seria, de un amigo, de un cliente, de un compañero de colegio, universidad, trabajo, etc. el objetivo casi siempre es lograr engañarte para que hagas click sobre un enlace malicioso y dirigirte a un sitio web falso que te va a pedir tu nombre de usuario y contraseña de tu banco, o tu tarjeta de crédito, o datos personales que le servirían al bandido para estafarte de alguna forma.

Una variante del phishing es engañarte para que descargues un archivo infectado y lo ejecutes en tu computador; podría ser un documento, una imagen, una canción, etc.; no te preocupes, en el siguiente capítulo tocamos este tema en profundidad y te explicaremos cómo prevenir infecciones.

Ataque de Denegación de Servicio DoS / DDoS

Este ataque busca impedir el acceso a un servicio, saturándolo de peticiones falsas por parte de los atacantes y adicionalmente aprovechar las peticiones de los usuarios legítimos para aumentar la sobrecarga de los servidores o sistemas encargados de prestar determinado servicio; Ej. cuando las empresas reciben este tipo de ataques, su sitio web nos podría mostrar un error al visitarlo, un servicio de películas por internet que no nos muestre ningún contenido, o un Portal bancario que no nos muestre el campo para digitar nuestras credenciales de acceso, o simplemente que no puedas conectar con el sitio web en absoluto o logres conectarte, pero de forma intermitente.

Existen muchas técnicas que los ciberdelincuentes usan para lograr este tipo de ataques; normalmente la mayoría involucran algo que se llama inundación (flooding) de paquetes o peticiones; la analogía es simple: una madre de familia con 3 niños pequeños en un almacén; el uno le pide chocolate, la otra helado, y el bebé llora al mismo tiempo; la pobre señora no sabe que atender primero y se desespera y pueden ocurrir 2 cosas: no atiende a ninguna petición o atiende una sola por vez, dejando de lado las demás; y aquí con esta analogía viene una explicación adicional; el tema de DoS y DDoS; la explicación es muy simple: DoS quiere decir Deny of Service – Denegación de Servicio, donde normalmente el origen del ataque seria uno solo; es decir la señora solamente con el bebé llorando y ella deja de hacer su Mercado por atender al niño llorando, y el DDoS (Distributed Deny of Service – Ataque de Denegación de Servicio Distribuido) donde la señora tiene a los 3 niños al mismo tiempo reclamando su atención, es decir el ataque tiene múltiples orígenes…. Jajaja.

En el mundo tecnológico estos ataques los realizan con servidores muy poderosos o con grupos de máquinas llamadas zombis, de las cuales hablaremos en la siguiente definición; otros tipos de ataques de DoS se realizan gracias a debilidades en los sitios web (Vulnerabilidades) muchas veces relacionadas con errores en la programación o errores en la configuración de los servicios.

Botnet

Este es el nombre que le damos a las redes de máquinas que un ciberdelincuente controla por medio de un mecanismo llamado "Comando y Control"; un atacante simplemente le da la instrucción a sus Zombis (máquinas infectadas con un tipo de malware que le da el control al delincuente) de que ataquen al sitio www.abcdef.com y de esta forma el sitio podría colapsar si no se encuentra protegido adecuadamente o no es lo suficientemente robusto.

Criptomonedas y Criptominado

Las criptomonedas son monedas virtuales, es decir dinero digital, que realmente consiste en algo así como un número muy largo que resulta de realizar muchas operaciones matemáticas muy complejas, que normalmente se logran usando mucho poder de cómputo. Hay varias criptomonedas, probablemente hayas escuchado el término Bitcoin, pero existen también los Minecoins y los Dogecoins entre otras; este dinero digital puede ser utilizado para comprar cosas en la internet normal (Clear Web) y también en la internet oscura (DarkNet).

Es por eso que los ciberdelincuentes buscan crear esas monedas y a ese proceso se le llama minar y se le dice así, como si estuvieras extrayendo un mineral de una mina.

Es por esto que los ciberdelincuentes buscan "minar" estas monedas digitales, secuestrando los recursos de tu computador y ahí viene la siguiente definición:

Cryptojacking

Es el uso no autorizado de equipos para minar criptomonedas para beneficiar a un ciberdelincuente; generalmente la infección se realiza por medio de correos falsos o sitios web infectados con código malicioso y solo se requiere que la víctima visite el sitio web malicioso (drive-by). De esta forma el delincuente usa tu equipo sin tu permiso para enriquecerse.

IoT: (Internet of things – Internet de las cosas)

Los dispositivos del internet de las cosas son dispositivos de uso cotidiano que proporcionan o cuentan con acceso a internet ej.: smartphones, cámaras de seguridad, televisores inteligentes, neveras inteligentes, relojes inteligentes, termostatos, sensores, entre otros.

Estos dispositivos si no se configuran adecuadamente, pueden ser la puerta de acceso que el ciberdelincuente va a usar hacia tu casa, tu empresa o tu familia.

CAPÍTULO 2

CÓMO ME PROTEJO EN LÍNEA

TU INFORMACIÓN EN LÍNEA

Al momento de publicar contenido en internet (redes sociales, entre otros) se pierde la propiedad sobre la información publicada; es decir cualquier persona con acceso a ella puede utilizar la información, y en la mayoría de los casos NO LO VAS A SABER, es decir no tienes mecanismos de alerta para saber lo que están haciendo con tus datos o con tus fotos.

Ejemplo: opción de descargar tus imágenes y crear cuentas falsas con tu información

Una de las principales recomendaciones que podemos dar es: No compartir tu información en cualquier sitio, ej.: portal donde necesitas registrarte para descargar una película que apenas se estrenó en cines; generalmente estos sitios toman tus datos y los utilizan para enviar correos falsos, hacerte ingeniería social, entre otros;

Los delincuentes son expertos en cruzar nuestros datos con diversos sitios para hacernos lo que técnicamente se llama perfilamiento; cada sitio en donde hayamos colocado nuestra información, nuestras redes sociales, etc. pueden ser aprovechadas por el delincuente; no te preocupes; primero vamos a revisar en las redes más importantes, que tantos datos hemos entregado; luego de eso te voy a explicar cómo solicitar el eliminar tus datos de algunas de esas redes, aunque el proceso puede ser tedioso y demorado.

Como decíamos el proceso de perfilar a una persona consiste en tratar de entender cómo es esta persona, cual es su círculo social, quienes son sus amigos más cercanos, empresa donde trabaja, grupos a los que pertenece, ideología política y religiosa, etc. en fin recabar tooooooodos los datos que puedan sobre su potencial víctima;

Lo terrible e interesante a la vez es que conociendo las herramientas adecuadas este proceso se vuelve muy sencillo y en este espacio te voy a enseñar como se hace, para que puedas ser proactiv@ ante la amenaza.

¿Te animas? Comencemos:

¿QUÉ SABE LA INTERNET DE MI?

(Y QUE UN DELINCUENTE PODRÍA USAR)

Una pregunta frecuente es: ¿que tanto sabe la internet de mi?; no te preocupes vamos a averiguarlo juntos; comencemos por ejemplo con nuestras fotos:

TUS FOTOS EN INTERNET

Si queremos saber si nuestras fotos están siendo utilizadas de forma fraudulenta por alguien, tenemos muchas herramientas a nuestro alcance para averiguarlo fácil y rápido; iniciemos con un ejemplo que nos va a servir para ilustrar cada solución;

Tomemos como ejemplo un sitio de una revista en donde hacen un reportaje a una influencer llamada Andrea Novoa;

http://revistatu.com.co/2018/03/13/andrea-novoa-una-chica-superpoderosa/

Allí encontraremos una foto de la bella Andrea; tomemos la URL de esa foto, hacienda click derecho sobre la foto y seleccionando la opción: copiar la ubicación de la imagen (dependiendo del navegador que uses: explorer, firefox, etc.);

Y ahora hagamos la primera búsqueda en el motor de imágenes de Google:

https://www.google.com/imghp?hl=es

Allí solo tenemos que hacer click sobre la cámara en la barra de búsqueda:

Y luego tendremos en la pantalla algo similar a esto:

David F. Pereira Q.

Vemos la opción de pegar la ruta de la imagen en donde está publicada o subir un a archivo que tengamos en nuestro dispositivo; para este caso, pegaremos la URL (Dirección Web) de la imagen:

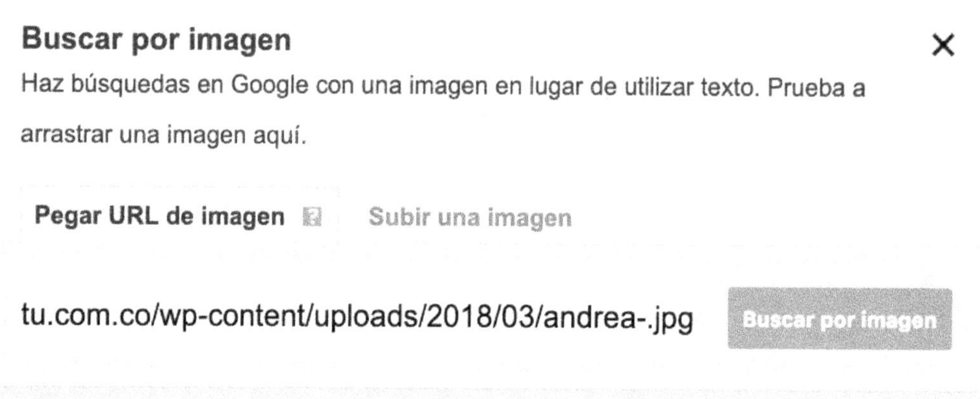

Y hacemos click sobre "Buscar por imagen";

Veremos una buena cantidad de resultados en donde aparece la misma foto; podemos recorrer los resultados y ver cada uno de ellos;

Incluso vemos que el resultado nos trae imágenes similares a la que nosotros suministramos, lo cual podría resultar bastante útil.

Vamos a la segunda herramienta: https://tineye.com/

Este portal se comporta similar al anterior; suministramos la URL de la imagen o el archivo desde nuestro dispositivo y hacemos la búsqueda.

David F. Pereira Q.

Por último vamos a probar: https://yandex.com/

Este portal similar a Google, tiene un motor de búsqueda de imágenes: https://yandex.com/images/

Y funciona muy similar a los dos anteriores; espero que les sean de utilidad y déjenme sus comentarios y experiencias en mi twitter: @davidpereiracib.

LOS METADATOS

Ahora vamos a hablar de un tema que es muy interesante e importante; técnicamente les llamamos METADATOS, pero no se preocupen el concepto es tremendamente simple: los metadatos son: datos sobre los datos, tal como suena; vamos a ilustrarlo con un ejemplo: si tomamos un libro cualquiera, en su portada veremos el título del libro y tal vez su autor (Esa información seria el equivalente a el nombre del archivo), pero si queremos saber qué capítulos contiene, fecha de publicación, edición, etc. tendríamos que tomar el libro, abrirlo y buscar esos datos **dentro** del libro;

El tema que nos interesa son los datos contenidos dentro de un archivo, que normalmente no vemos, pero que se vuelven muy útiles para un atacante; Ej. Con qué dispositivo se tomó una foto, su geolocalización en el momento de tomarla, el autor o creador del archivo, el Sistema Operativo del dispositivo en donde se creó el archivo o se editó por última vez, etc.

Habiendo dicho lo anterior, quiero que pienses en todos los archivos, imágenes, videos, que has enviado por correo, subido a paginas web o compartido por cualquier otro medio; ¿que tanta información tuya entregaste conjuntamente con los archivos?

Ya con el pasado no podemos hacer nada, pero si con el presente y el futuro, así que si quieres saber que datos tienen tus archivos por dentro, sigue leyendo!

Vamos a explicar que los archivos gráficos, es decir, las fotos tienen metadatos distintos a los demás archivos; las fotos normalmente revelan mucha más información, sobre todo si las tomaste con tu celular; para poder hacer la prueba, vamos a utilizar una herramienta en línea llamada: Exif Viewer (http://exif.regex.info/exif.cgi) o esta otra: https://www.extractmetadata.com/es.html

Estas son herramientas Online; si no quieres subir tus fotos a un sitio web, entonces puedes descargar esta herramienta para hacerlo localmente: http://www.exifdataviewer.com/;

El funcionamiento es parecido.

Esta herramienta nos permite entregarle una foto y ella nos muestra todos los datos EXIF (así se llaman técnicamente) acerca del archivo de imagen.

Si no quieres probar con tus archivos, primero, puedes usar un par de fotografías de ejemplo:

https://opanda.com/cn/iexif/images/gg_gps.jpg

https://opanda.com/en/images/s_gps.jpg

Vamos a la url de la herramienta y digitas o pegas un enlace en el campo URL o haces click sobre "Browse" para buscar un archivo almacenado localmente en tu computador:

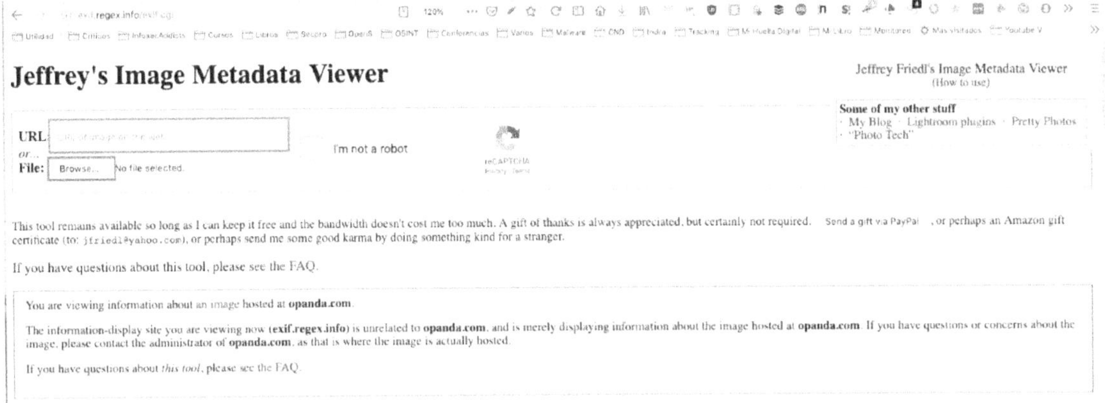

Una vez colocado un enlace o seleccionado un archivo, entonces debemos resolver el captcha; haces click en el campo: I'm not a robot:

David F. Pereira Q.

Jeffrey's Image Metadata Viewer

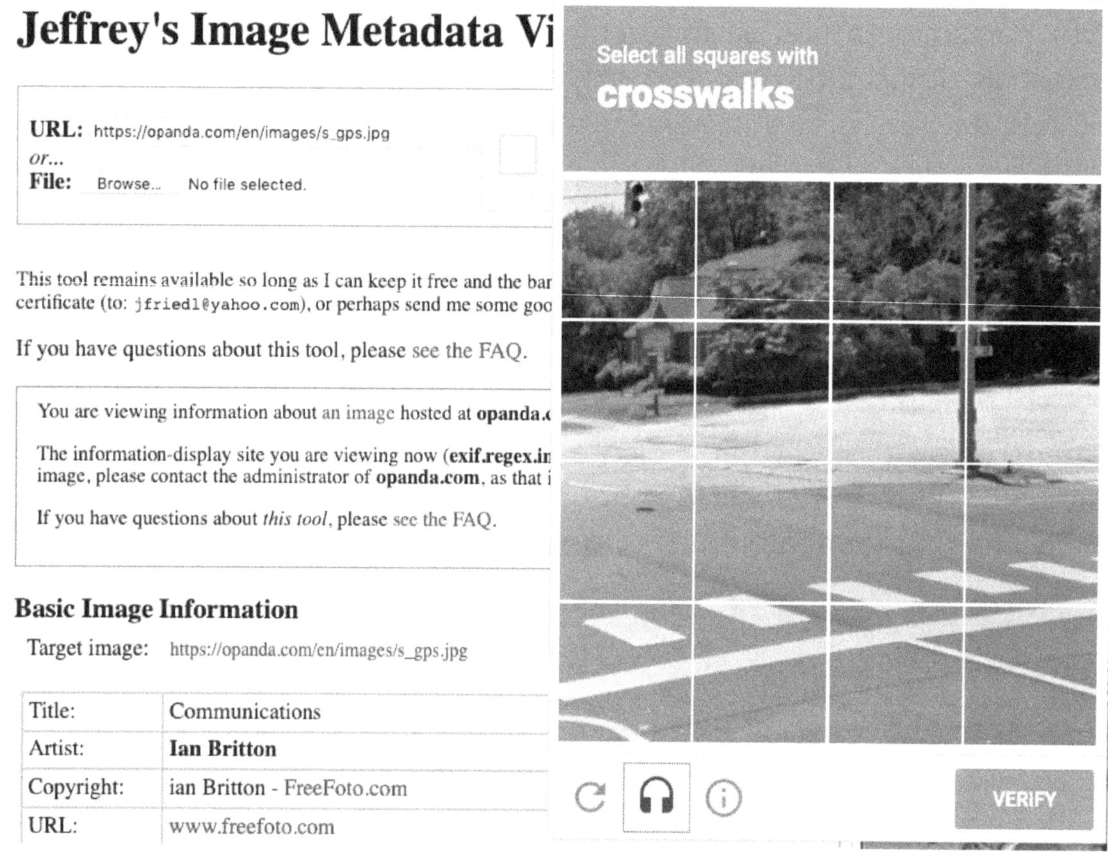

Resuelves el captcha:

Y luego haces click sobre la "View Image Data":

Al seleccionar esta opción, vemos los metadatos y la geolocalización del lugar en donde fue tomada la imagen; incluso puedes ver con google maps o yahoo maps u ptras herramientas el lugar exacto en el mapa:

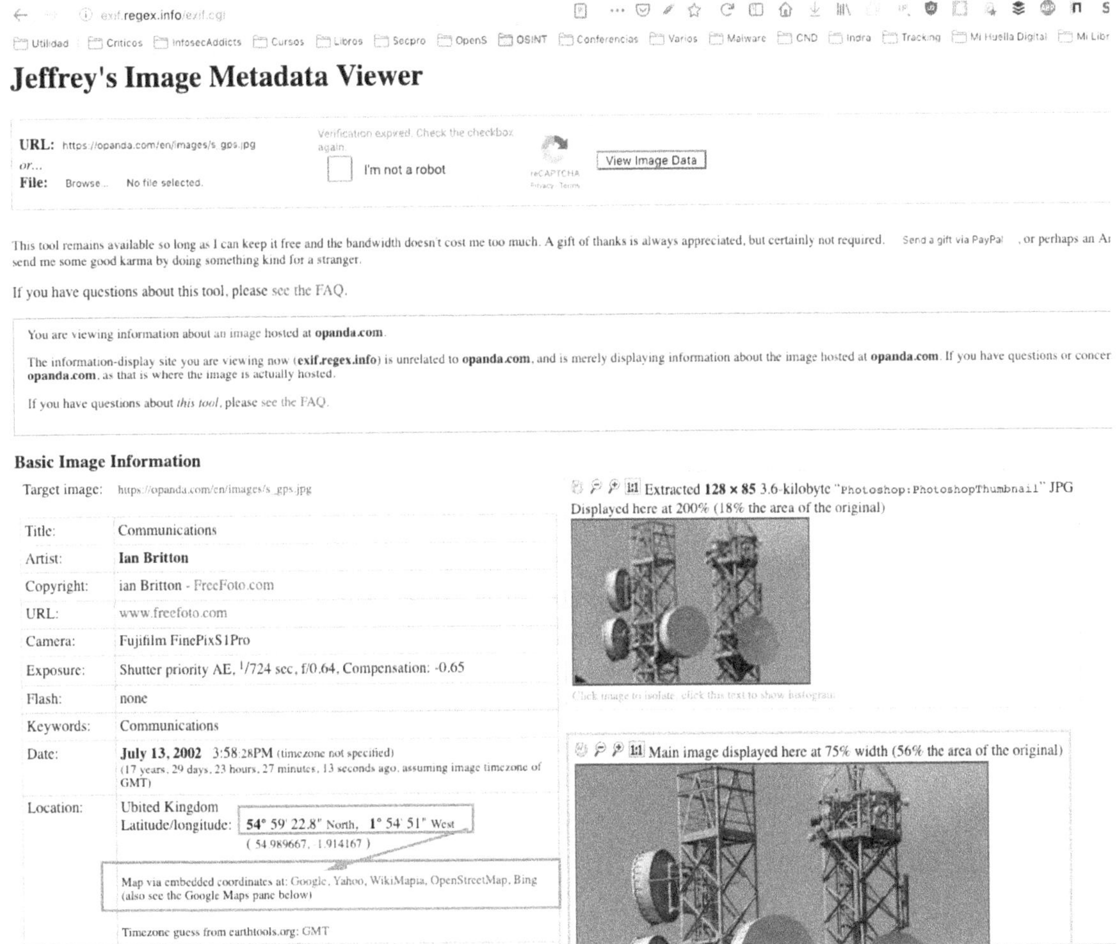

Al hacer click en Google Maps:

David F. Pereira Q.

ARCHIVOS DE WORD, EXCEL, ETC.

Ahora, si quieres ver los metadatos de tus archivos de Word, Excel, PDF, etc. puedes hacerlo con esta URL:

https://www.extractmetadata.com/es.html

O descargando localmente esta otra: http://www.exifdataviewer.com/;

La herramienta funciona similar al Exif Viewer; le escribes una URL en el campo o subes un archivo local de tu máquina.

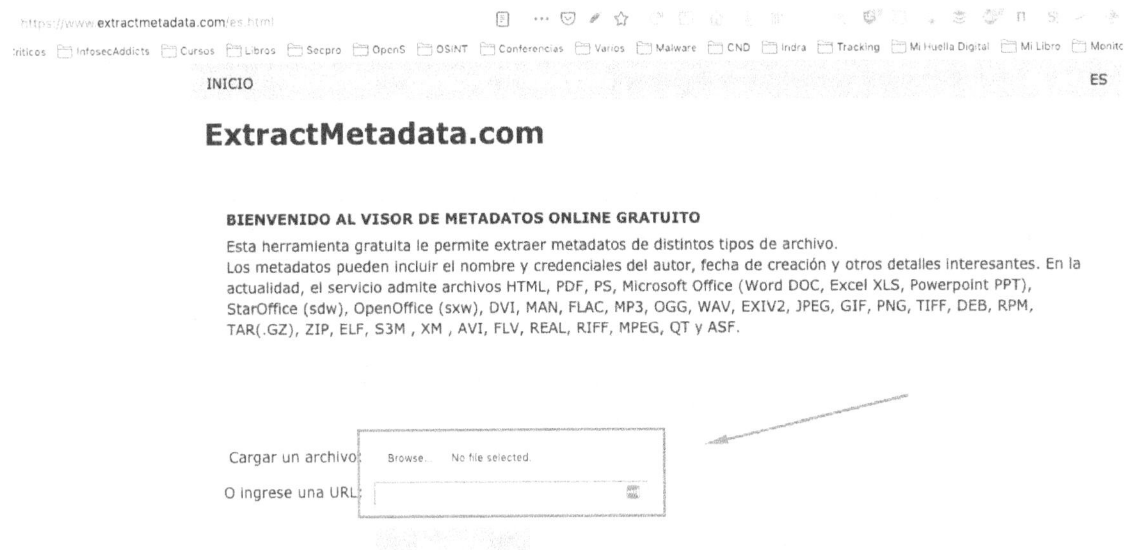

¿CÓMO ELIMINO LOS METADATOS DE MIS FOTOS Y ARCHIVOS?

Es muy simple; si usas windows por ejemplo, puedes irte al explorador de archivos, seleccionar la foto, imagen o documento al cual deseas borrar sus metadatos y le das click derecho, propiedades.

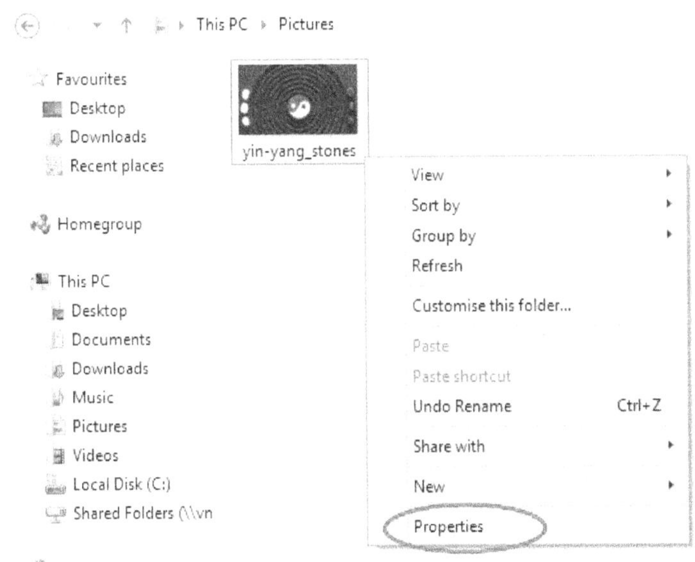

Luego te vas a detalles:

David F. Pereira Q.

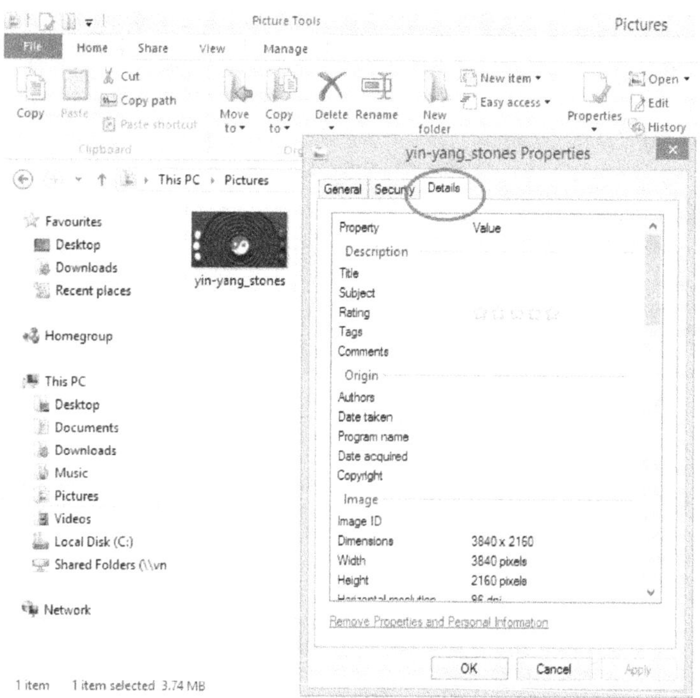

Y haces Click en remover las propiedades e información personal;

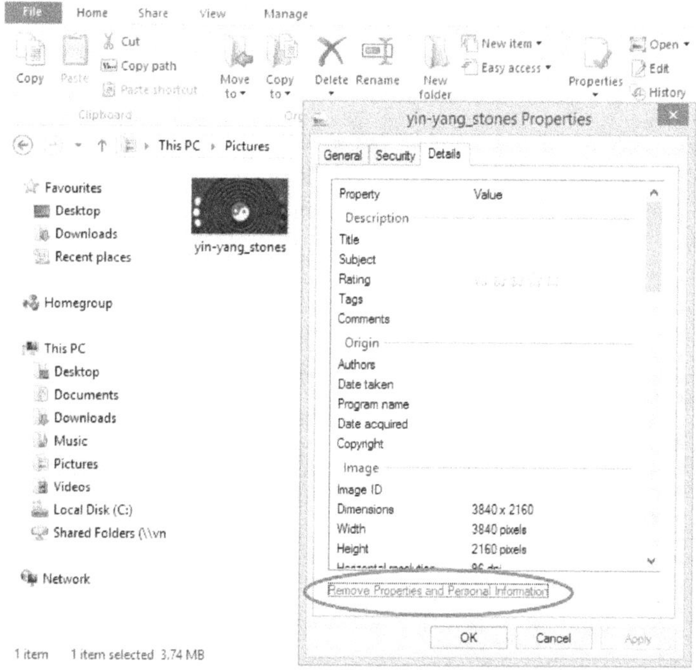

Y recibes una pantalla en donde seleccionas:

1. Remover las siguientes propiedades
2. Das click en seleccionar todas

3. Luego Click en Ok en esa ventana
4. Click en Ok en la ventana de propiedades.

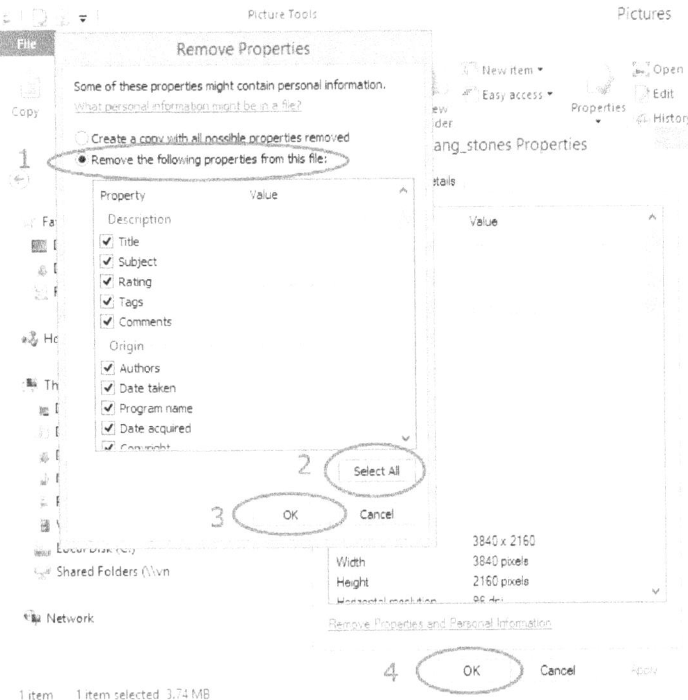

MI CORREO ELECTRÓNICO Y SU TRAZABILIDAD

Nuestro correo es una de las herramientas que más usamos en el día a día; quiero mostrarles que tanta información acerca de ustedes podría arrojar su correo electrónico, si miramos en los lugares correctos;

BUSCA TU CORREO ELECTRÓNICO EN MOTORES DE BÚSQUEDA

Puedes Buscar tu dirección de correo en diferentes motores de búsqueda para determinar en que sitios aparece registrado, documentos, contratos, etc. Algunos de los motores que puedes usar son:

https://www.google.com/

http://www.bing.com/

https://duckduckgo.com/

David F. Pereira Q.

http://www.wiki.com/

Así que comencemos: búsqueda en Google de tu correo electrónico:

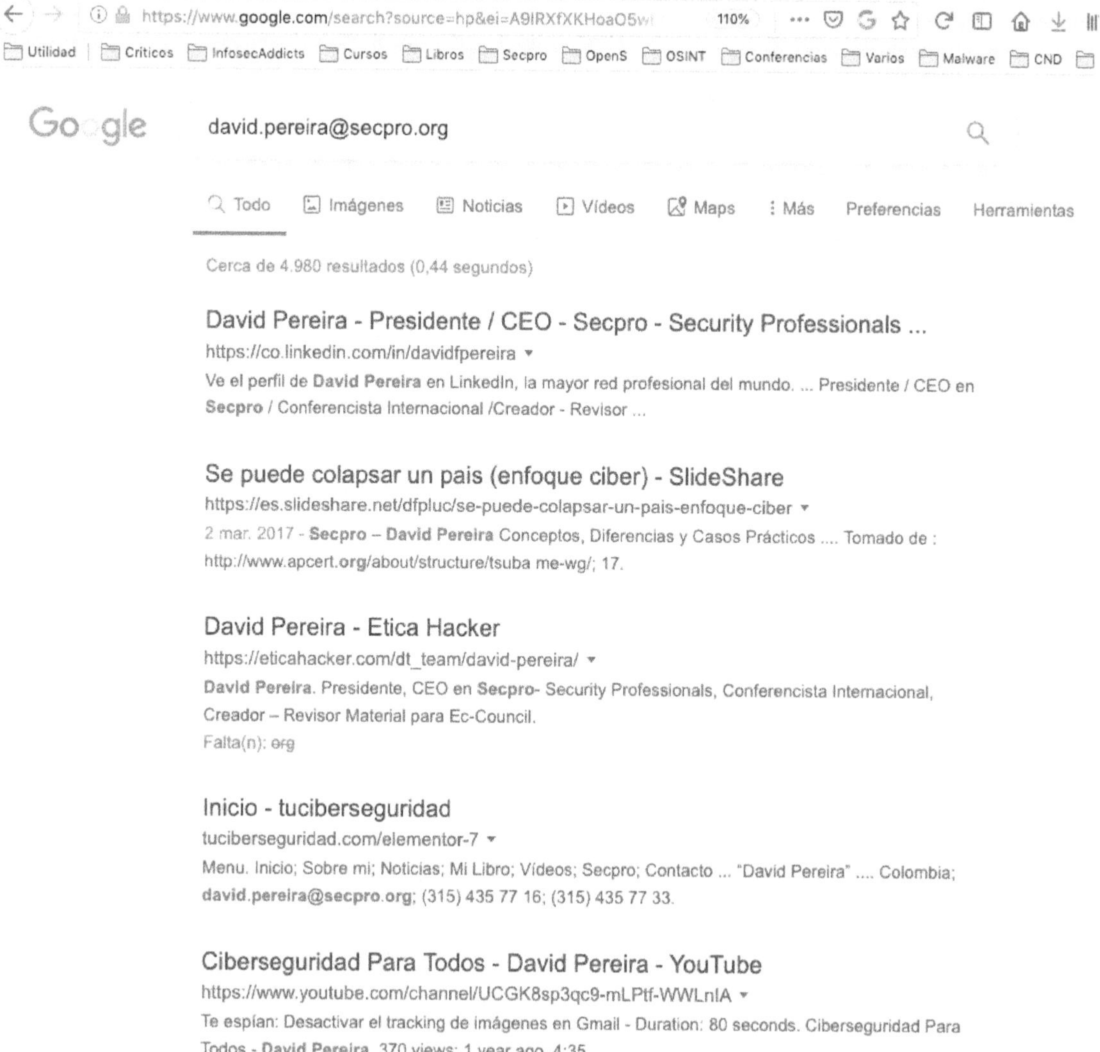

Mi Número de celular

El número de celular de una persona resulta en una fuente de información bastante útil; existen muchas herramientas que nos permiten buscar a quien pertenece el número del cual tenemos dudas o queremos comprobar; para esto podemos utilizar:

https://www.truecaller.com/

https://www.revealname.com/reverse-phone-detective

Solo tienes que colocar el numero con el indicativo del país correspondiente y presionar Enter.

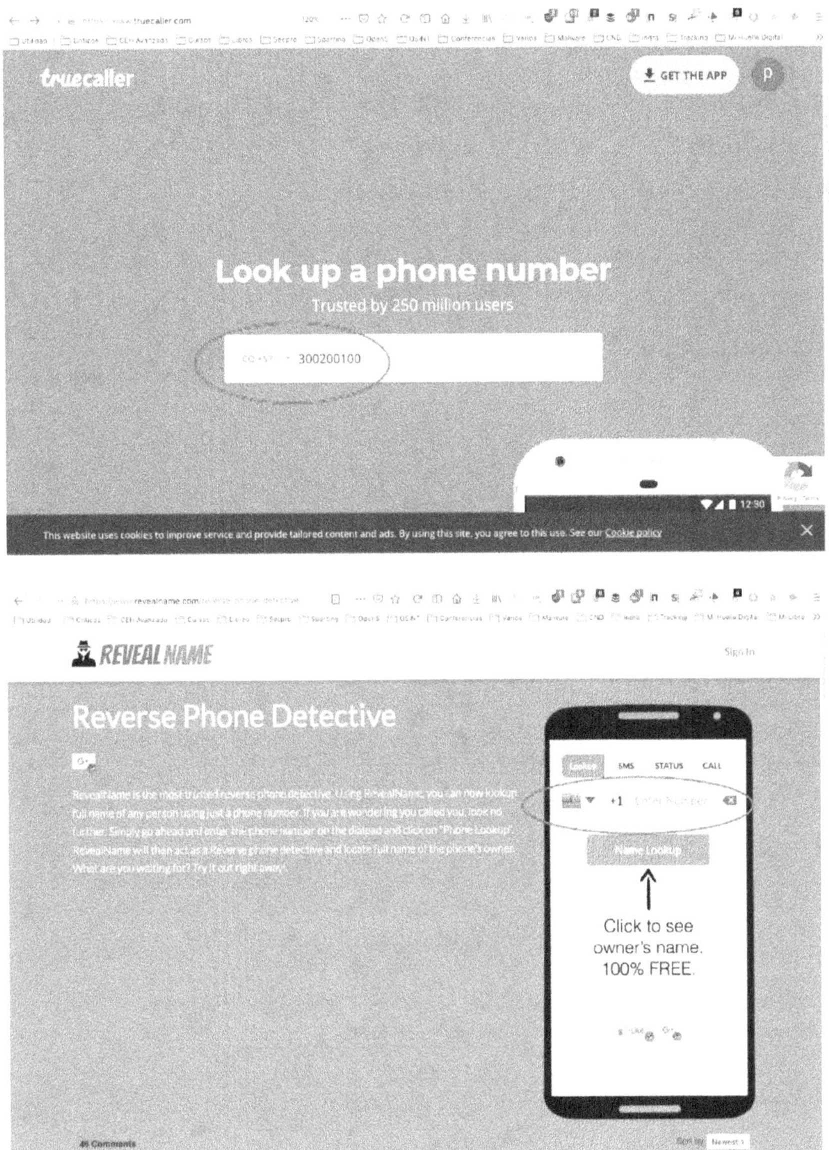

¿Quien no se ha buscado en Google?

Los motores de búsqueda nos sirven para encontrar información sobre muchas cosas incluyendo personas; podemos usar diferentes motores de búsqueda y complementar nuestra búsqueda con algo llamado

David F. Pereira Q.

operadores que simplemente son palabras que nos ayudan a refinar los resultados obtenidos; veamos un ejemplo:

Buscador: Google.com

Operador: site:

Si quiero buscar mi nombre en el sitio de linkedin.com por ejemplo puedo hacer esta búsqueda: *"david pereira" site:linkedin.com* (noten que entre site: y linkedin.com NO hay espacios);

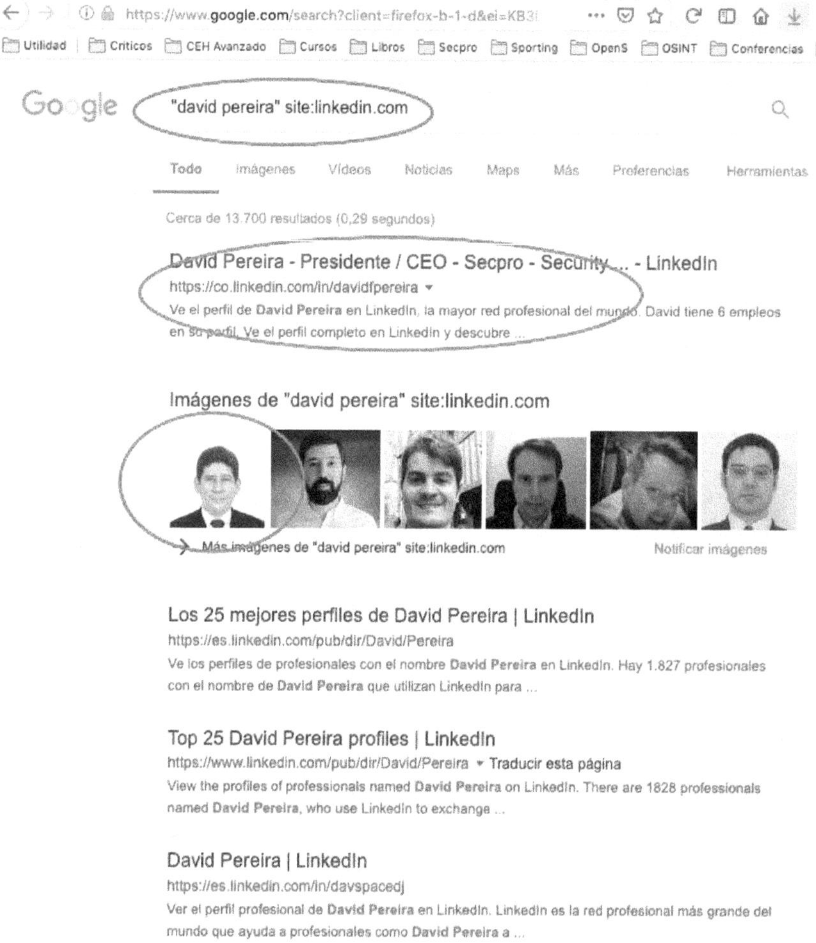

Es mejor colocar la información que estamos buscando entre comillas, para que Google la busque como un todo y no como palabras separadas;

Otro ejemplo:

Si queremos saber si nuestro nombre, cédula o alguna otra información se encuentra en un archivo de Excel, Word, PowerPoint, etc., podemos usar el operador filetype así:

Buscador: www.google.com

Operador: filetype:

Búsqueda: "David Pereira" filetype:doc

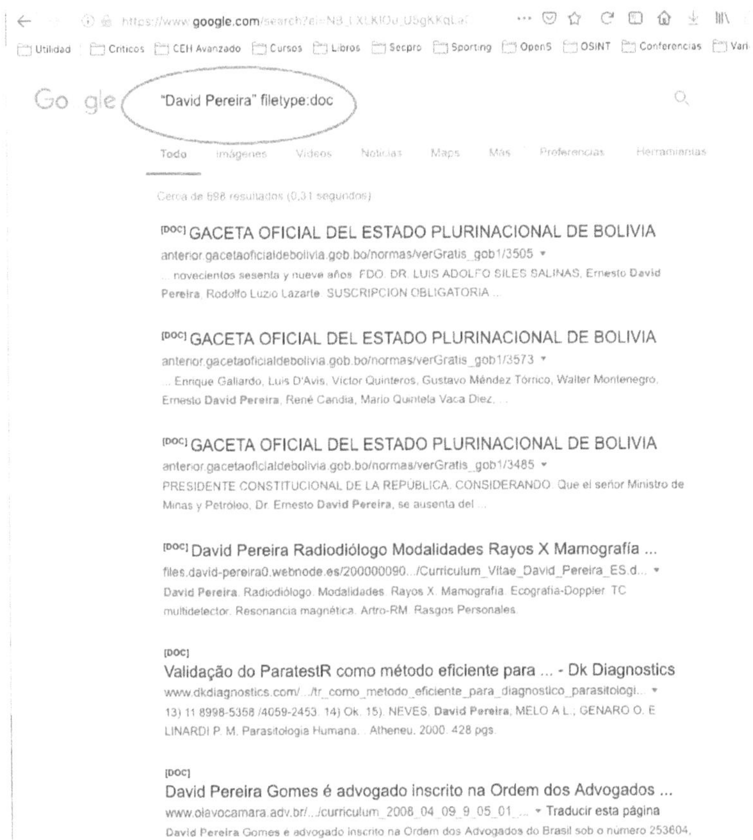

David F. Pereira Q.

Con Bing Podemos hacer algo parecido; la ventaja es que los operadores son similares:

Buscador: www.bing.com

Operador: site:

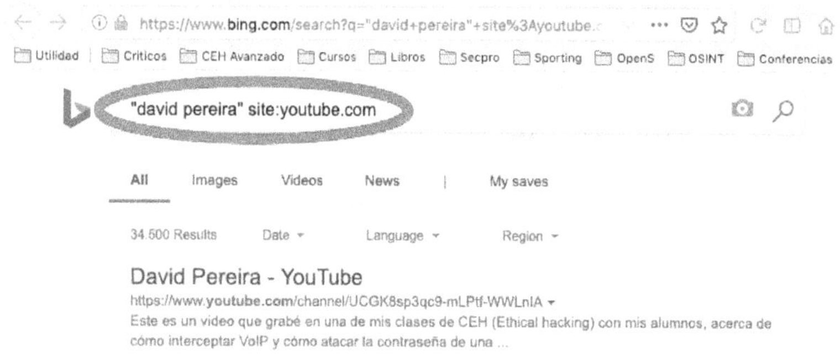

Buscador: www.bing.com

Operador: filetype:

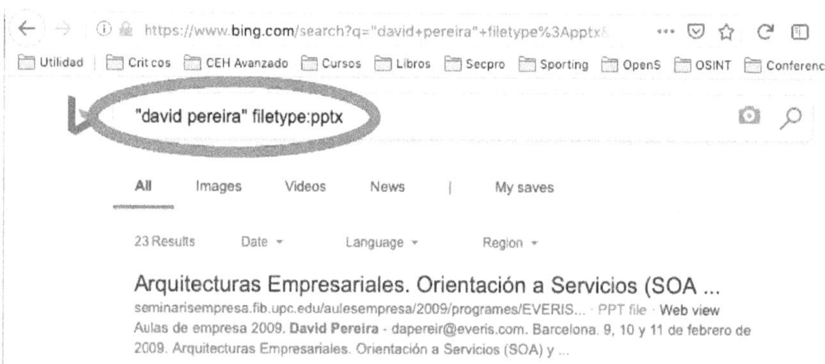

Existen muchos más operadores para cada buscador; si desean profundizar más sobre el tema, pueden visitar:

Operadores de Google:

https://papelesdeinteligencia.com/operadores-de-busqueda-magicos-para-google/

Operadores de Bing:

https://www.lifewire.com/bing-advanced-search-3482817

Mi Nombre de Usuario

Algo muy normal para todos es utilizar el mismo nombre de usuario para cada portal o sitio en el que nos registremos; es decir si yo uso pedro.perez@gmail.com, es probable que también utilice pedro.perez@hotmail o que pedro.perez sea mi usuario de twitter;

Entonces seria interesante conocer si alguien más utiliza ese mismo nombre de usuario o validar si hemos creado perfiles en sitios de los cuales ni siquiera nos acordamos y tal vez preferiríamos cerrar esas cuentas abiertas.

Existen diversas herramientas que nos sirven para buscar en múltiples lugares nuestro nombre de usuario; ej.:

https://knowem.com/

https://namechk.com/

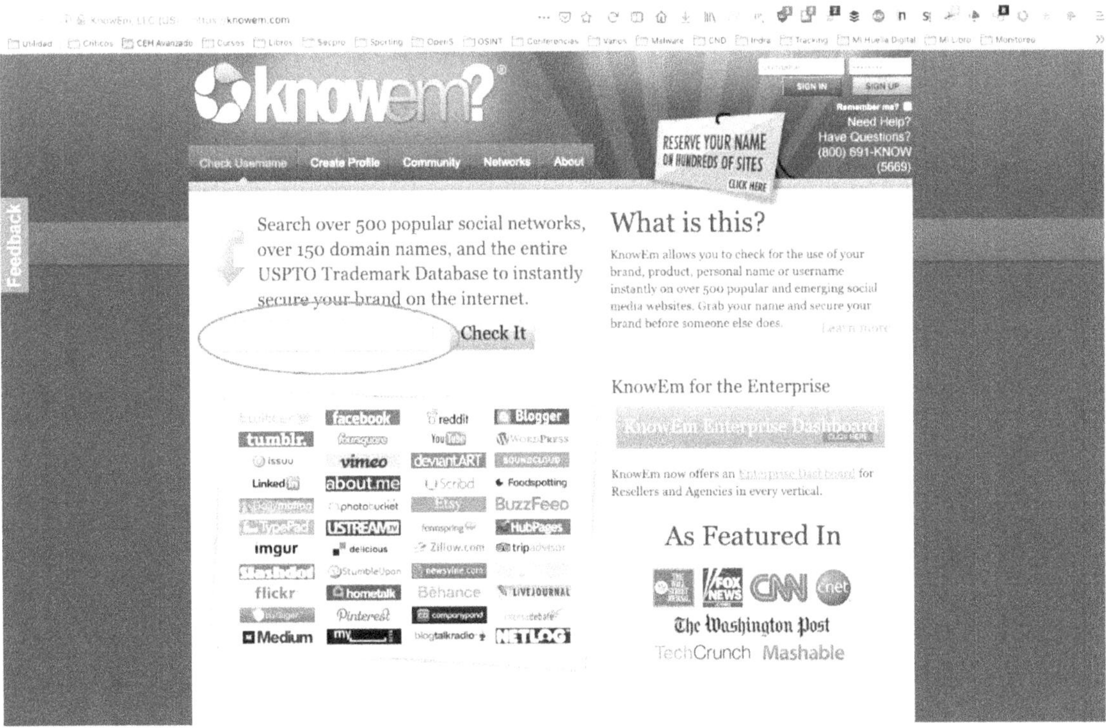

En el campo "Check It" escribes tu nombre de usuario y la herramienta lo busca en todos los portales y servicios más conocidos y de esta

David F. Pereira Q.

forma detectas si alguien más está usando ese identificador o si estás registrad@ en portales que no recuerdas.

En caso de que quieras retirarte de algún portal en donde estás registrad@:

Cómo solicito cancelar mi cuenta en diferentes portales

Existen diferentes sitios que nos ayudan o nos dan indicaciones de cómo podemos removernos de diferentes lugares; tenemos por ejemplo estas:

https://www.deseat.me/

https://backgroundchecks.org/justdeleteme/

En estos dos sitios puedes averiguar el proceso para que los proveedores remuevan tus datos de diferentes portales, te dan los correos de contacto, etc.

Manejando Mi Privacidad

Nuestra privacidad y la de nuestros seres queridos no debe ser tomada a la ligera; cada dato filtrado acerca de nuestra vida podría ser mal utilizado por un delincuente o peor aún ser usado en nuestra contra.

Casi todos los servicios en donde registremos nuestros datos nos dan la oportunidad de administrar nuestra privacidad en cada perfil.

En este apartado vamos a hablar de 3 servicios muy conocidos: Facebook, Instagram y YouTube.

Iniciemos por Facebook:

Facebook tiene ciertas opciones de privacidad muy útiles; para acceder a ellas debemos buscar la opción de privacidad en el menú de configuración que encontramos en la barra principal en la flecha hacia abajo.

Luego, encontramos la opción de privacidad en el menú al lado izquierdo.

Al hacer click encontramos estas opciones que encontrarás sencillas de configurar:

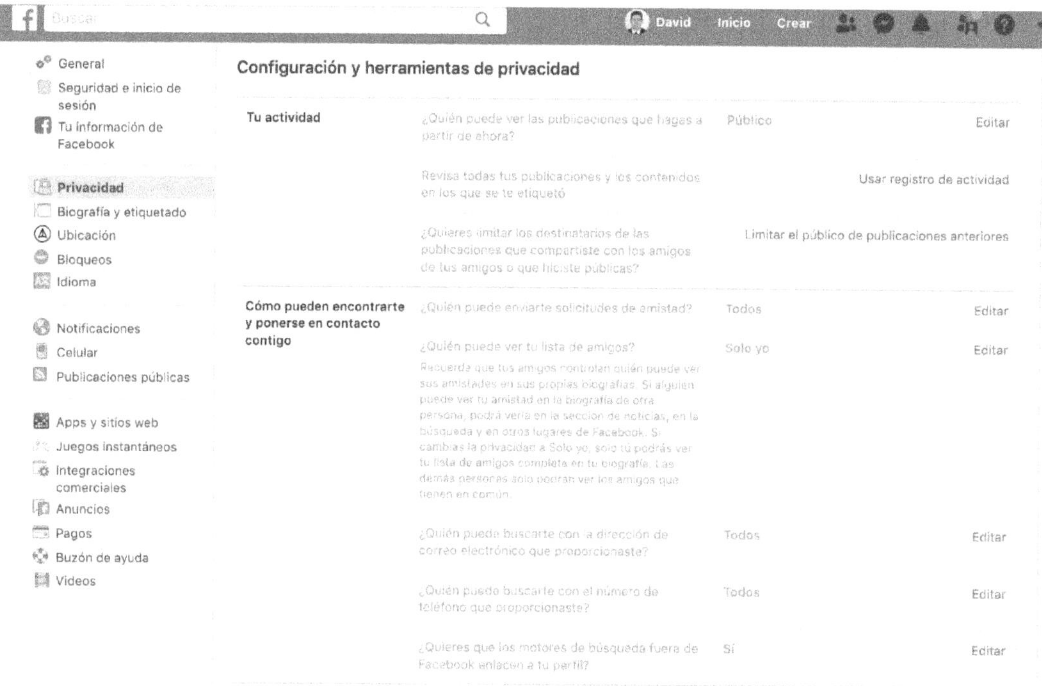

Hablemos de la opción tu actividad: allí tu decides quien puede ver lo que publicas en tu Facebook; para mi una de las opciones más importantes y mi recomendación es que pongas allí la opción: **solo amigos**, es decir personas que en teoría deberías conocer personalmente; con esto quiero decir de paso, que no aceptes a cualquier persona que te envíe una invitación a tus redes sociales personales; hay estudios que dicen que por lo menos el 10% de las cuentas de Facebook podrían ser falsas.

Instagram

En tu cuenta de Instagram, También puedes ajustar la privacidad de tu perfil.

Simplemente seleccionas el menú de la herramienta:

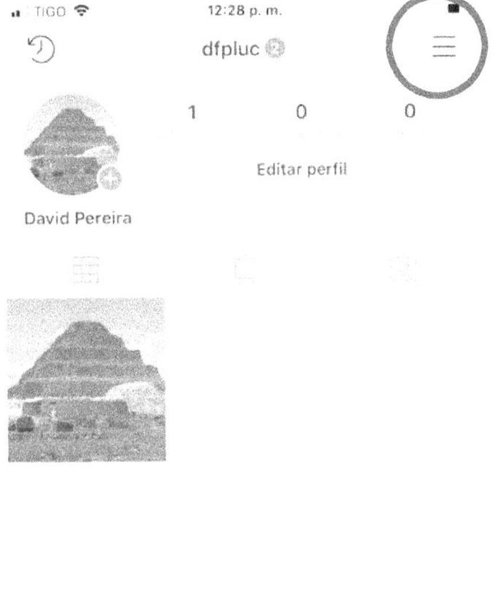

Seleccionas el ícono del engrane es decir la opción de Configuración:

David F. Pereira Q.

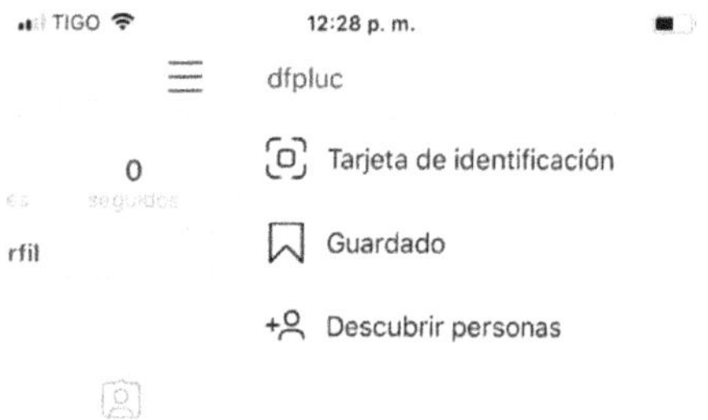

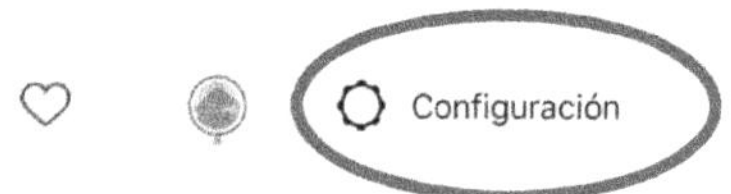

Luego vamos a Privacidad y Seguridad:

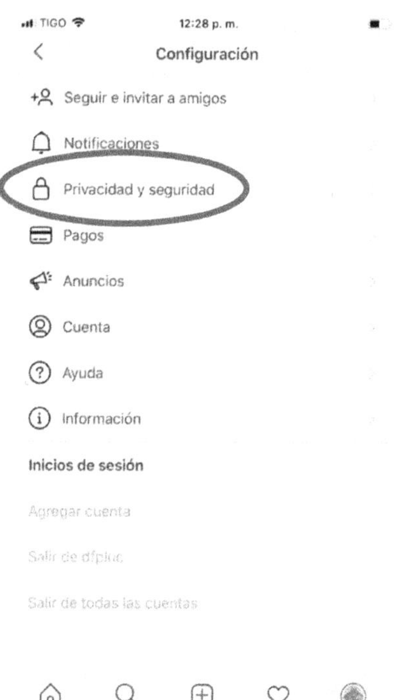

Y allí tienes Privacidad de la Cuenta:

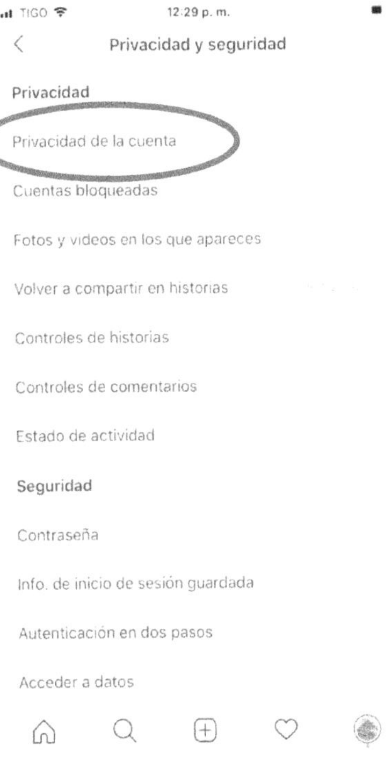

Puedes seleccionar el colocar tu cuenta como privada y de esa forma sólo las personas que tu autorices, van a poder ver tus fotos e historias.

YOUTUBE

En tu canal de YouTube tienes las opciones de privacidad en el menú de configuración; primero debes ingresar a tu canal; luego vas al menú en la parte izquierda y seleccionas configuración.

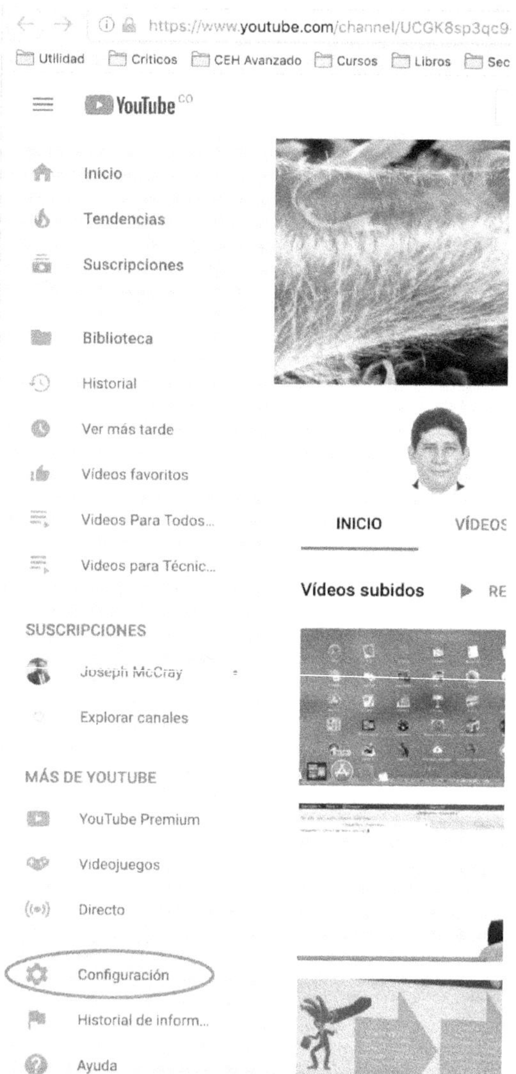

Luego en el menú de ajustes tienes las opciones de privacidad.

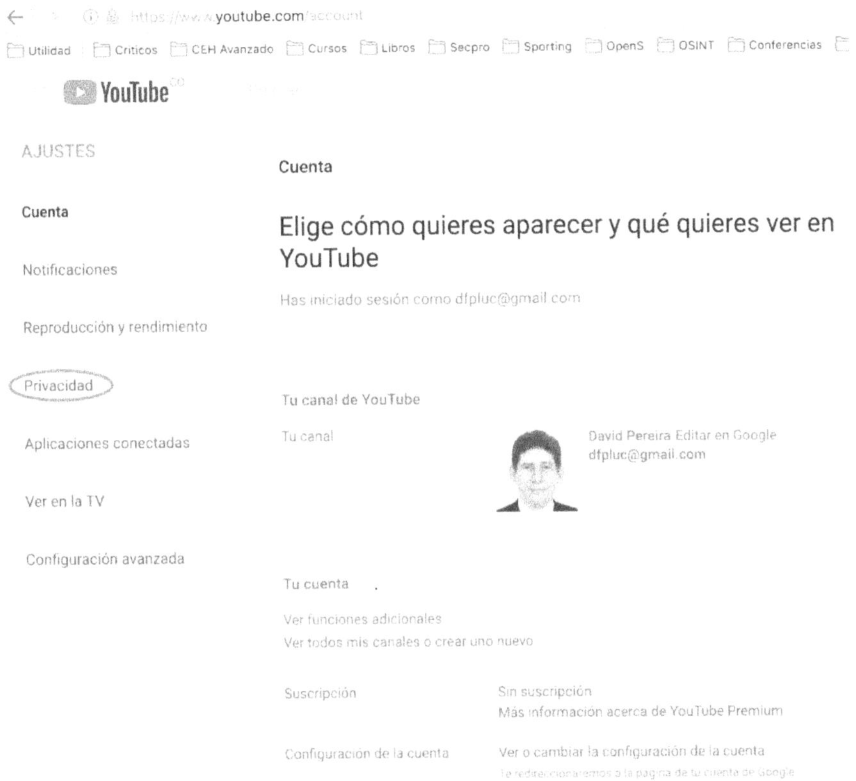

Al seleccionar Privacidad tendremos esta pantalla:

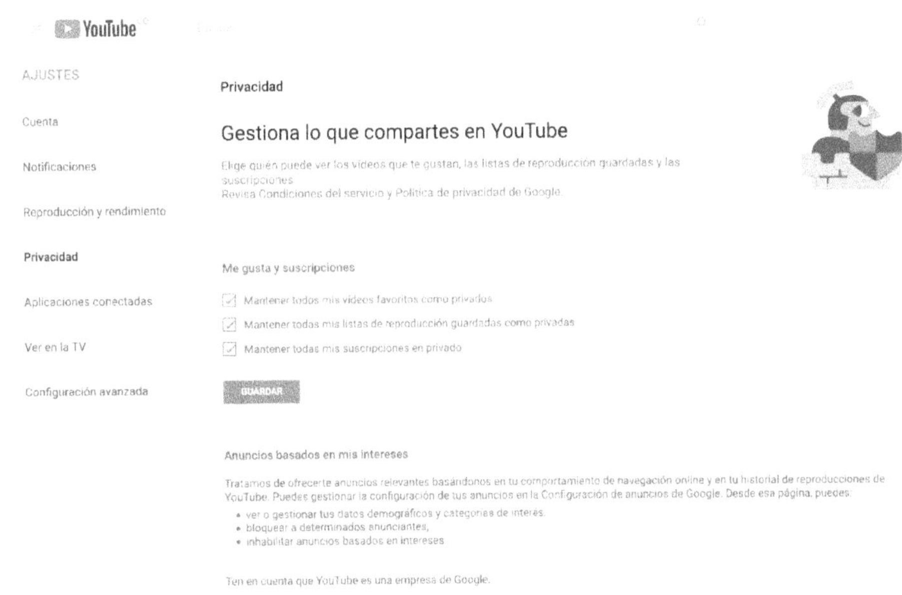

Y puedes seleccionar si mantienes privadas tus suscripciones, etc.

Y Ahora…. ¿Que más hago para mejorar mi Privacidad?

David F. Pereira Q.

El Anonimato en Internet

Cuando navegamos cualquier página en internet, nuestra información está siendo recibida por cientos o tal vez miles de empresas, agencias de publicidad y marketing y tal vez…. delincuentes, dependiendo de los sitios que visitemos; para darles una idea, los invito a que visiten este sitio https://centralops.net/co/ y revisen qué tanta información están entregando; verán que no solo entregan su dirección IP, sino también el navegador que usan (Explorer, Firefox, Chrome, etc.), su Sistema Operativo (Windows, Android, IOS, MacOS), hasta la resolución de su pantalla; no me crean, verifíquenlo.

Al entrar vayan a la opción: Browser Mirror y vean toda la información que revelan.

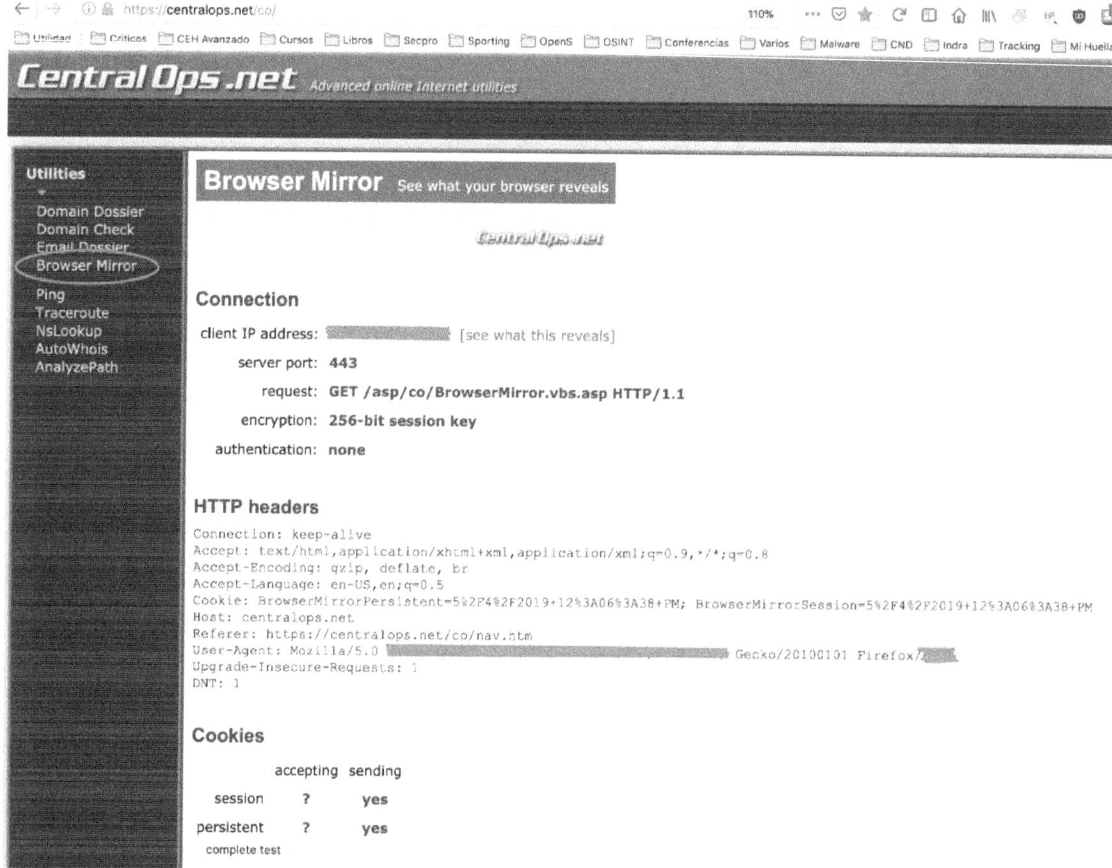

Y esto no es todo; con algunas tecnologías podemos saber hasta la dirección IP interna de tu máquina; así que la pregunta es: como evito entregar tantos datos a quien no quiero.

Existen muchas herramientas que nos pueden ayudar, comencemos con los navegadores orientados hacia la privacidad.

Navegadores basados en la privacidad:

BRAVE
https://brave.com/

Este navegador ya trae incluidas muchas herramientas y configuraciones orientadas a proteger tu privacidad; bloquea contenidos no deseados, como por ejemplo: Avisos Publicitarios, Mecanismos de Tracking creados para seguir y vigilar tu actividad en línea, etc.; además este navegador es muy rápido.

EPIC BROWSER
https://www.epicbrowser.com/

Este navegador bloquea la toma de huellas de tu maquina, ultrasonido de sitios, criptominado, tracking de redes sociales y más ataques contra tu privacidad; vale la pena darle una mirada; una de las cosas más útiles es que trae un proxy incorporado; un proxy es un mecanismo que permite ocultar tu trafico, haciéndolo pasar por uno o más servidores hasta llegar a su destino final; de esta manera tu IP no va a ser vista y si alguien escucha tu tráfico, no va a poder entenderlo.

Veamos a que me refiero con ocultar tu IP; vamos primero a detectar que dirección IP estamos usando en el lugar que me encuentro:

Usemos el sitio: https://whatismyipaddress.com/ (1) desde el Epic sin el proxy habilitado (2); muestra la IP: 191.95.49.178 en Bogotá (3).

David F. Pereira Q.

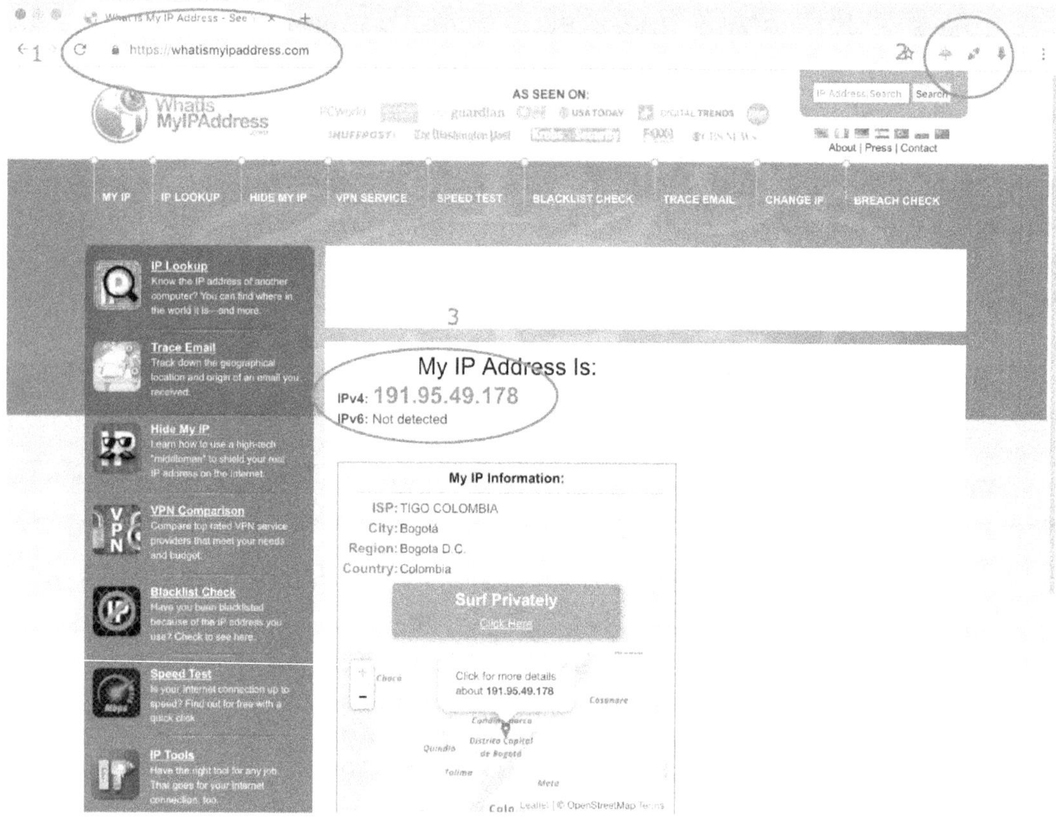

Y ahora probemos con el proxy habilitado.

Seleccionamos conectarnos desde la costa Este de los Estados Unidos:

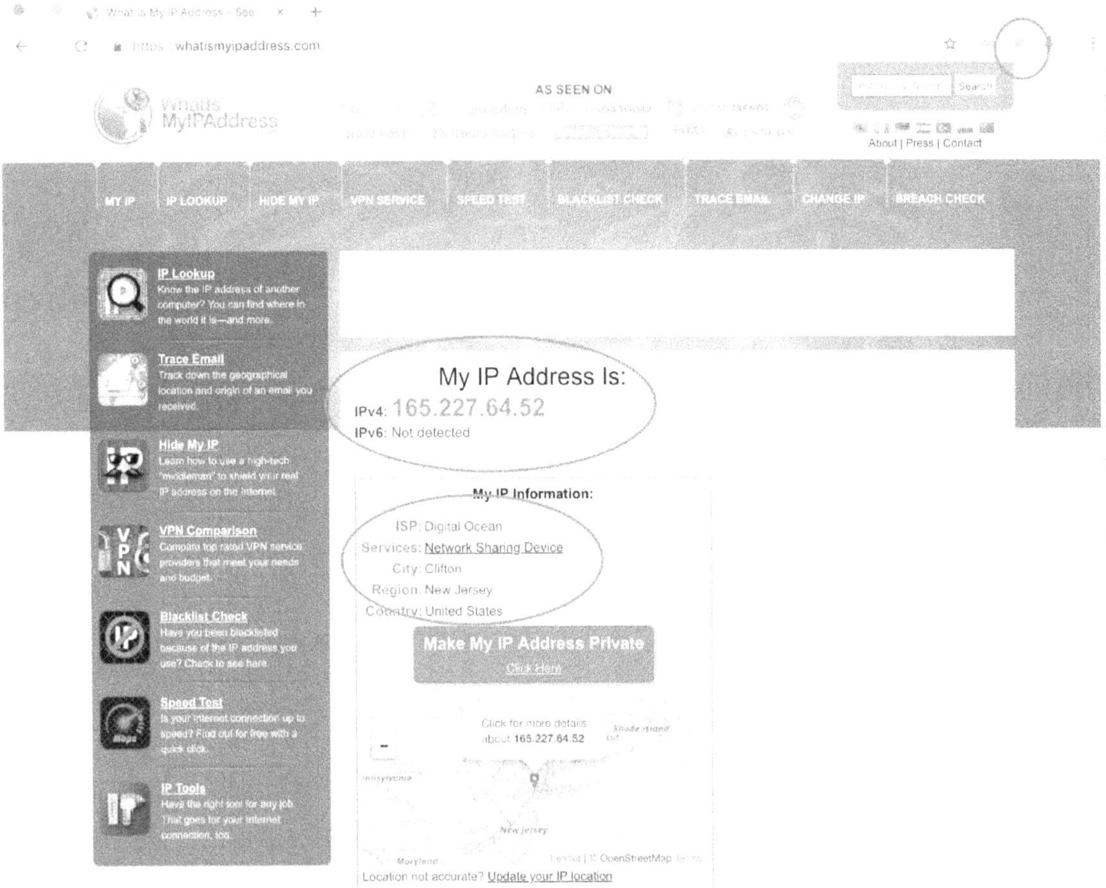

Y aparecemos conectados desde Clifton New Jersey;

Así que en cualquier sitio que naveguemos, esa es la IP y la ubicación que vamos a mostrar…. genial, no?

Bueno, vamos más profundo, hablemos de VPN (Virtual Private Network – Red Privada Virtual);

LAS VPN

Si deseas aun más anonimidad y protección acerca de tu trafico y tu IP, siempre vas a poder utilizar una VPN; ¿en qué consisten las VPN?

Es muy simple; pensemos que en nuestra conexión de internet como en una carretera; luego construimos un túnel por donde van a viajar los automóviles, camiones, etc. sobre esa misma carretera; si alguien mira el túnel desde afuera, sólo ve la construcción, pero no tiene idea de cuantos automóviles, camiones o de que clase de vehículos están circulando a través del túnel; eso hace la VPN; crea un canal cifrado dentro de tu conexión normal para que tengas un nivel más alto de privacidad.

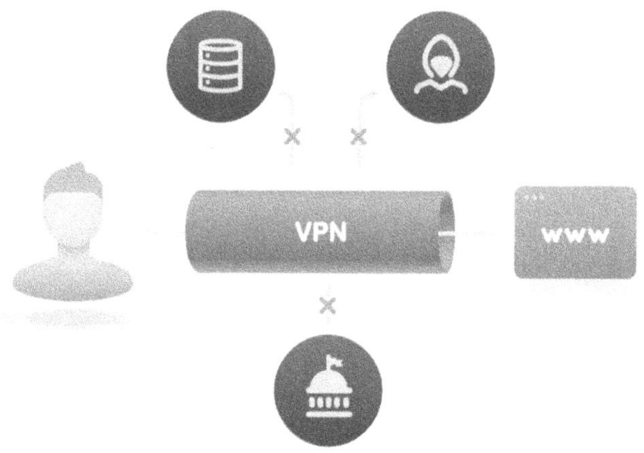

Tomado de: https://nordvpn.com/features/military-grade-encryption/

Existen muchos servicios de VPN, algunos gratuitos, otros de pago; mi recomendación es que si estas interesad@ en una VPN busques una económica pero que sea paga; recordemos que cuando un producto es gratis…. TU eres el producto, es decir realmente NADA es gratis.

En este enlace puedes ver un trabajo muy concienzudo realizado por That One Privacy Site, https://thatoneprivacysite.net/#simple-vpn-comparison en donde hacen una comparación de servicios de VPN en el mundo, tomando factores como privacidad, anonimato, precio, características, etc.; con los gráficos y datos de ese sitio vas a poder tomar una decisión informada.

Yo personalmente recomiendo una muy eficiente con presencia en muchos países que se llama NordVPN; https://nordvpn.com es muy simple de instalar y usar; solo la descargas, instalas, inicias sesión con tu usuario y seleccionas en un mapa el lugar desde donde te quieres conectar.

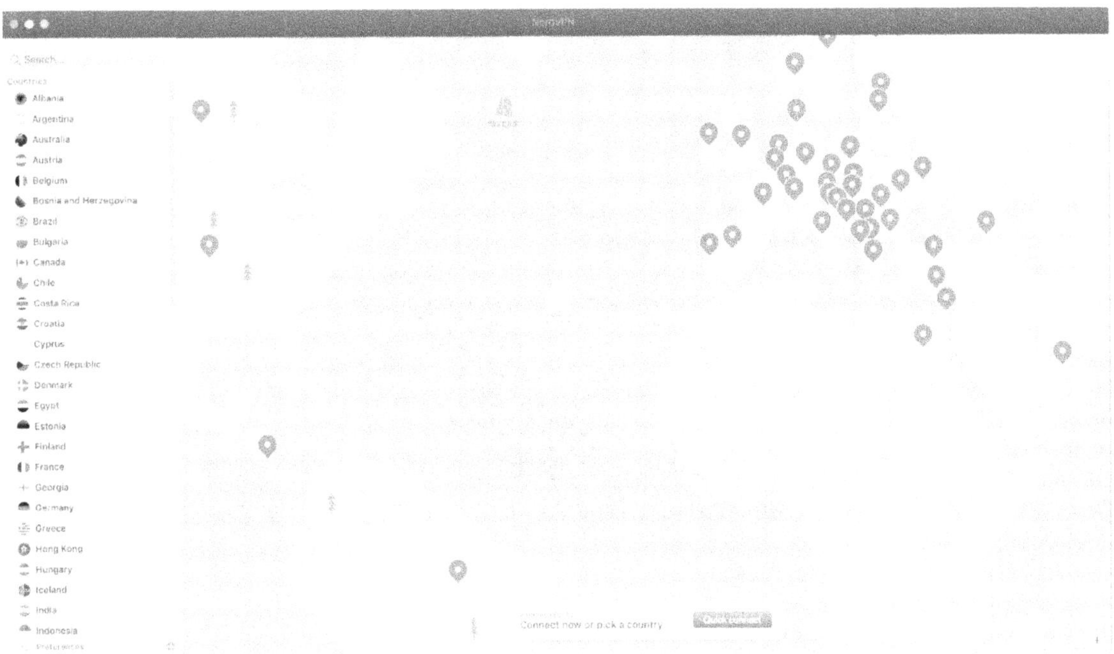

¿Bueno… y que más puedo hacer para proteger mi privacidad?

Los AddOns o adicionales para tu navegador

Como sabes existen muchos navegadores; tenemos Microsoft Edge, Explorer, Firefox, Chrome, etc.

Para cada uno de ellos existen diferentes herramientas o AddOns que podemos instalar a modo de botones u opciones adicionales; voy a hablarte de algunas de las herramientas que nos ayudan a protegernos.

Netcraft Anti Phishing Toolbar
https://toolbar.netcraft.com/

Como su nombre lo indica, nos permite detectar sitios falsos, de phishing o potencialmente peligrosos para nosotros; basta con navegar el sitio en cuestión con nuestra barra previamente instalada en nuestro navegador, y hacer click sobre el ícono de netcraft

y listo la herramienta nos muestra con una barra el nivel de riesgo del sitio.

Si la barra aparece en verde, el sitio es legitimo; pero si tiene un porcentaje de rojo, es mejor tomar precauciones; a continuación te muestro un sitio malicioso:

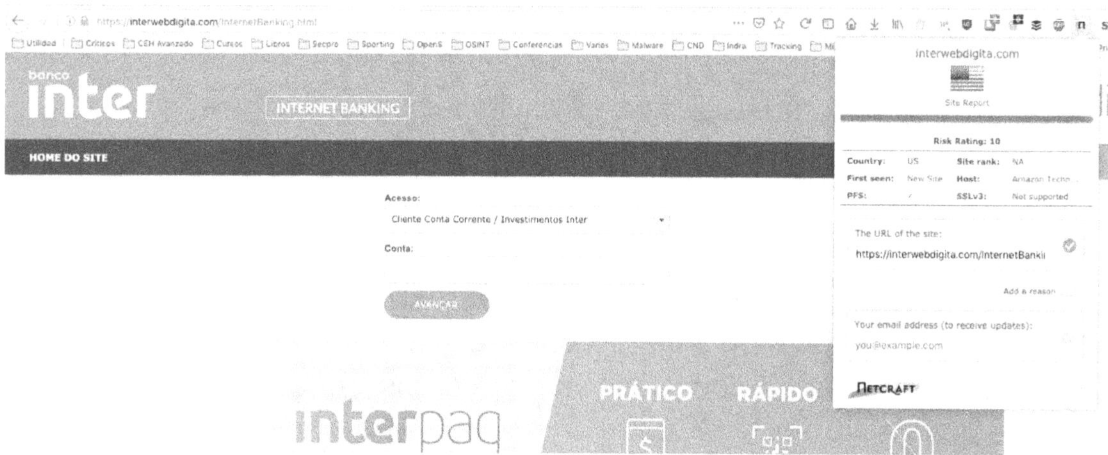

Como ves la barra esta totalmente en rojo; incluso antes de visitarlo el netcraft nos muestra una alerta:

Para terminar de hablar de netcraft, lo puedes instalar en:

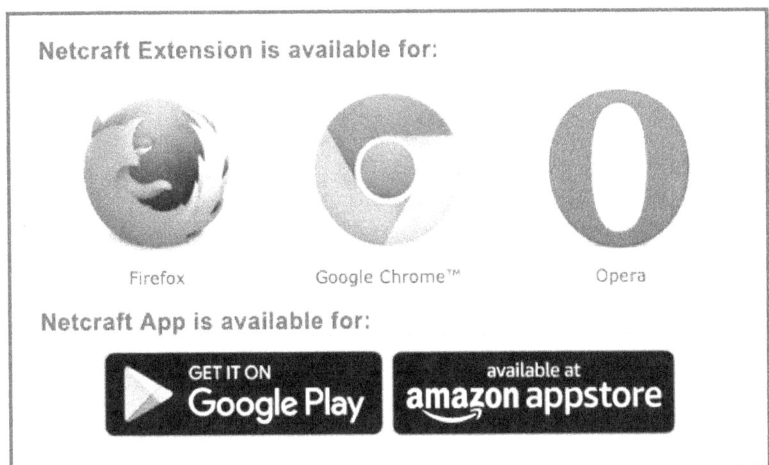

uBLOCK
https://www.ublock.org/

Este es un bloqueador de avisos publicitarios y trackers o rastreadores; es muy simple y practico; no requiere mayor configuración más allá de instalarlo y listo.

Lo puedes instalar en:

David F. Pereira Q.

Esta herramienta bloquea los avisos emergentes o PopUps que son horribles y muy peligrosos en los casos que te encuentres distraid@ y hagas click en donde no debes, teniendo como resultado incluso una potencial infección;

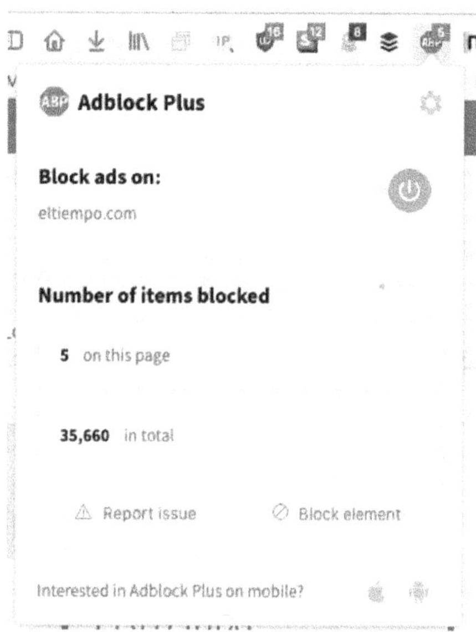

Lo puedes instalar en: Chrome, Firefox, Internet Explorer, Safari, Edge (beta), Opera, Yandex Browser, incluso existe Adblock Browser (Android) y Adblock Browser (iOS).

Hay muchas más herramientas destacables como:

Privacy badger de la EFF (Electronic Frontier Foundation), entidad que hace una gran labor protegiendo nuestra privacidad; https://www.eff.org/es

PRIVACY BADGER:
https://www.eff.org/es/node/99095

GHOSTERY:
https://www.ghostery.com/

Para terminar sobre el tema de anonimidad, algunos navegadores como Firefox Edge, etc. tienen la opción de navegación privada o incógnita, que básicamente se refiere a bloquear los trackers o rastreadores de los que hemos hablado anteriormente y no conservar tu historial de navegación almacenado dentro de tu máquina; no obstante tu dirección IP sigue siendo vista por los sitios que visites, los favoritos que agregues quedan grabados en tu maquina y los archivos que descargues permanecen intactos.

La navegación incógnita o privada es una alternativa viable, pero personalmente te recomiendo instalar las herramientas de las que hemos hablado previamente.

David F. Pereira Q.

Una cosa más; expliquemos las Cookies;

Cookies

Una Cookie en un navegador (Seguro has visto algún mensaje referente a ellas al navegar en internet) es simplemente un archivo de texto muy pequeño que le sirve al sitio que visitaste para tener un registro acerca de ti, lo que visitaste, de cuando lo hiciste, de cuanto tiempo duraste, entre otros datos de trazabilidad; funcionan más o menos así:

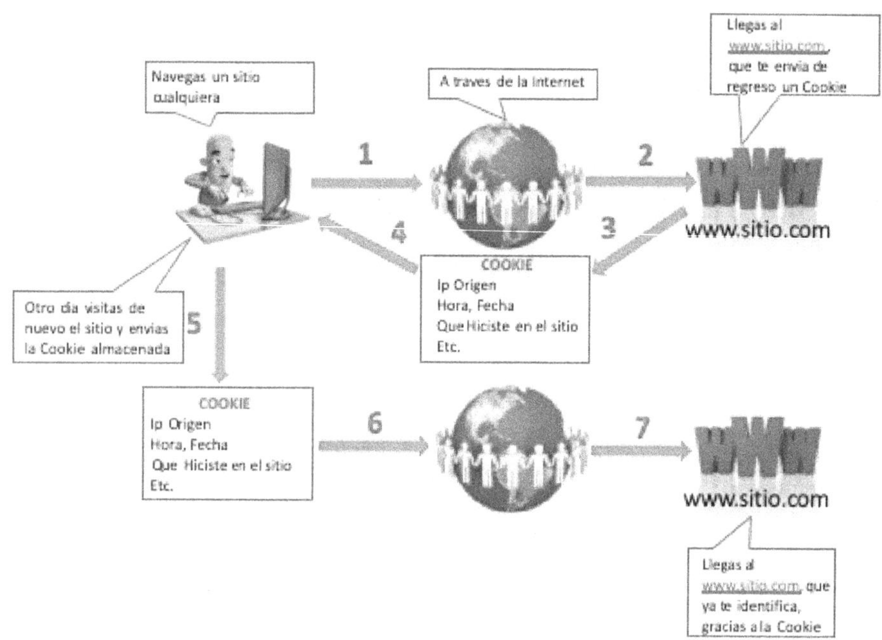

Por ahora creo que esta bien con nuestra privacidad; como siempre si quieres saber más, déjame un mensaje en Twitter: @davidpereiracib o en mi canal de YouTube: https://www.youtube.com/c/DavidPereira

Ya estoy Hackead@?

Una de las principales preocupaciones que tenemos en este mundo de internet, las comunicaciones, etc. es saber: ¿Ya estoy Hackead@? Es decir, ¿mis datos ya se habrán filtrado en alguna parte? ¿Ya los habrán vendido a alguien?...

Esta pregunta es difícil de contestar; normalmente la recomendación es que revises con cuidado tu extracto de tarjetas de crédito y cuentas bancarias, estés atent@ a los correos de tu banco y revises periódicamente tus saldos; pero pues acá te vamos a mostrar un par de sitios que puedes consultar para determinar si tus claves de correo o de algún portal han sido vulneradas por alguien.

';--HAVE I BEEN PWNED?
https://haveibeenpwned.com/

En este sitio digitas tu cuenta de correo que normalmente usas para registrarte en portales, sitios web, etc. y él te muestra si alguno de los sitios en donde usaste tu cuenta y creaste una contraseña fue hackeado.

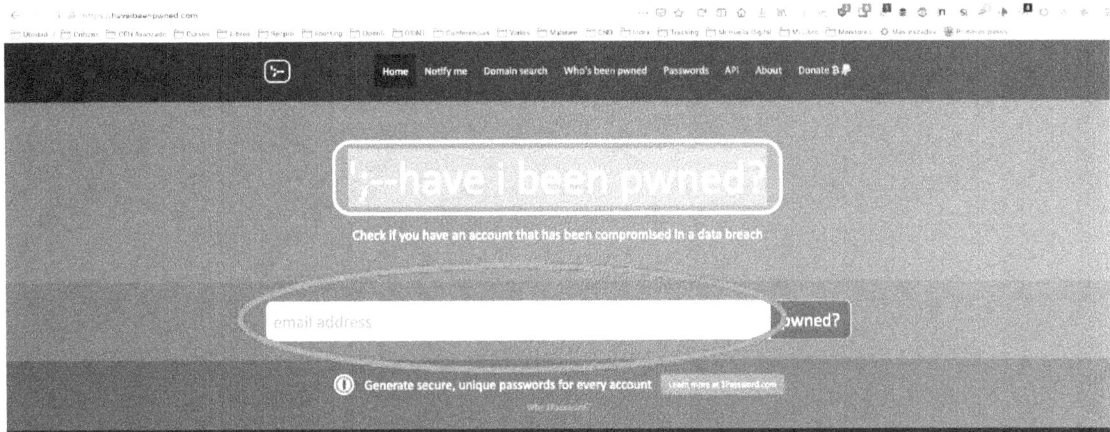

Hay varios sitios similares a éste, en donde podrás realizar una comprobación similar:

https://intelx.io/

https://spycloud.com/

https://ghostproject.fr/

https://haveibeensold.app/

https://www.dehashed.com/

¿ESTE SITIO ES SEGURO? ... SE VE COMO RARO...

Cuando visitamos un sitio web, no podemos estar totalmente seguros de que sea un sitio legítimo, o que no tenga algún trasfondo malicioso, por ejemplo usar nuestro computador para minar monedas digitales a favor de un delincuente; dado este factor, existen algunos sitios que nos ayudan a determinar las intenciones y legitimidad de cualquier sitio web; basta con examinar la dirección del sitio en duda para saberlo.

Veamos un par de herramientas:

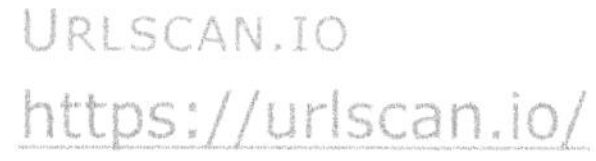

Urlscan.io
https://urlscan.io/

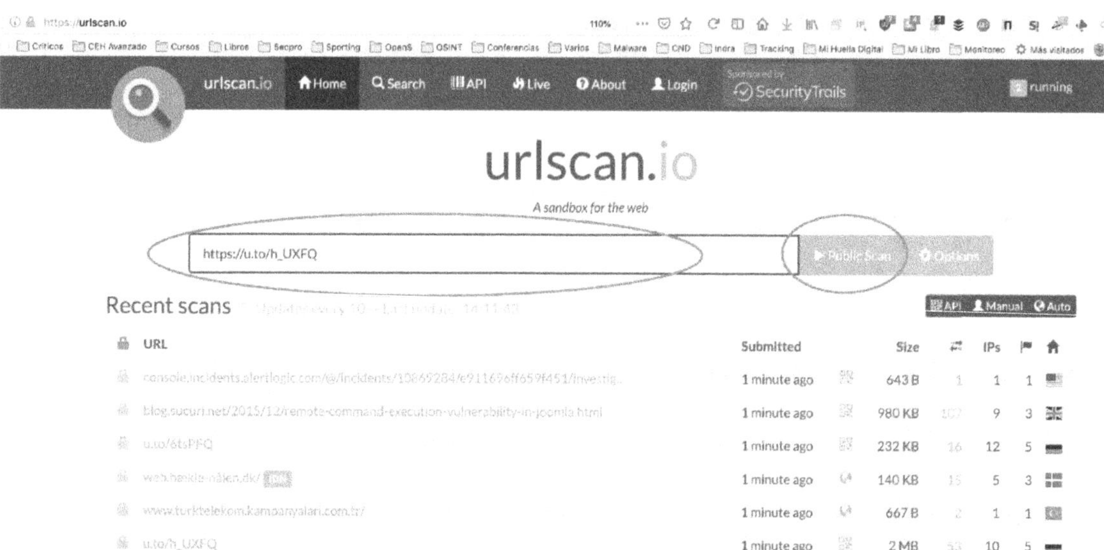

Solo tienes que colocar la dirección del sitio que quieres verificar en el campo señalado en rojo en la imagen y hacer click en el botón verde que dice "Public Scan"; después de un momento, recibirás el resultado del análisis del sitio; en la imagen veras que vamos a analizar un sitio MALICIOSO que mina criptomonedas con las victimas que lo naveguen.

Miremos el resultado:

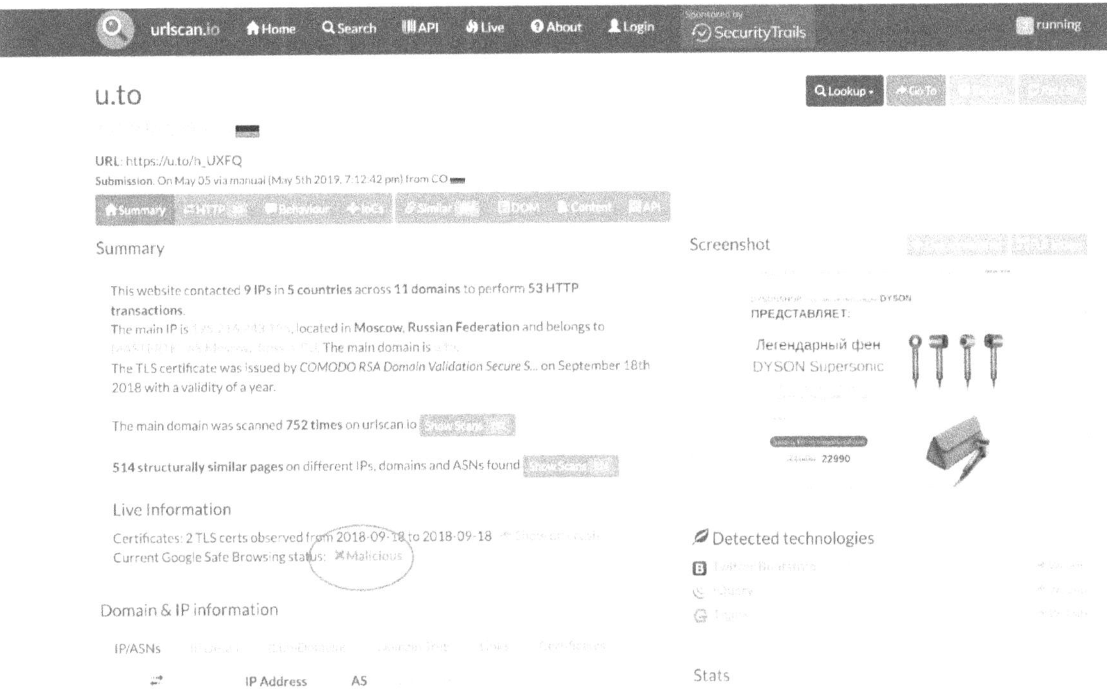

Nos da un indicador malicioso de Google Safe Search; mi recomendación es que con un solo indicador malicioso detectado, mejor te abstengas de visitar el sitio.

Existen varios servicios alternativos que nos pueden ayudar también:

URLVOID
https://www.urlvoid.com/

David F. Pereira Q.

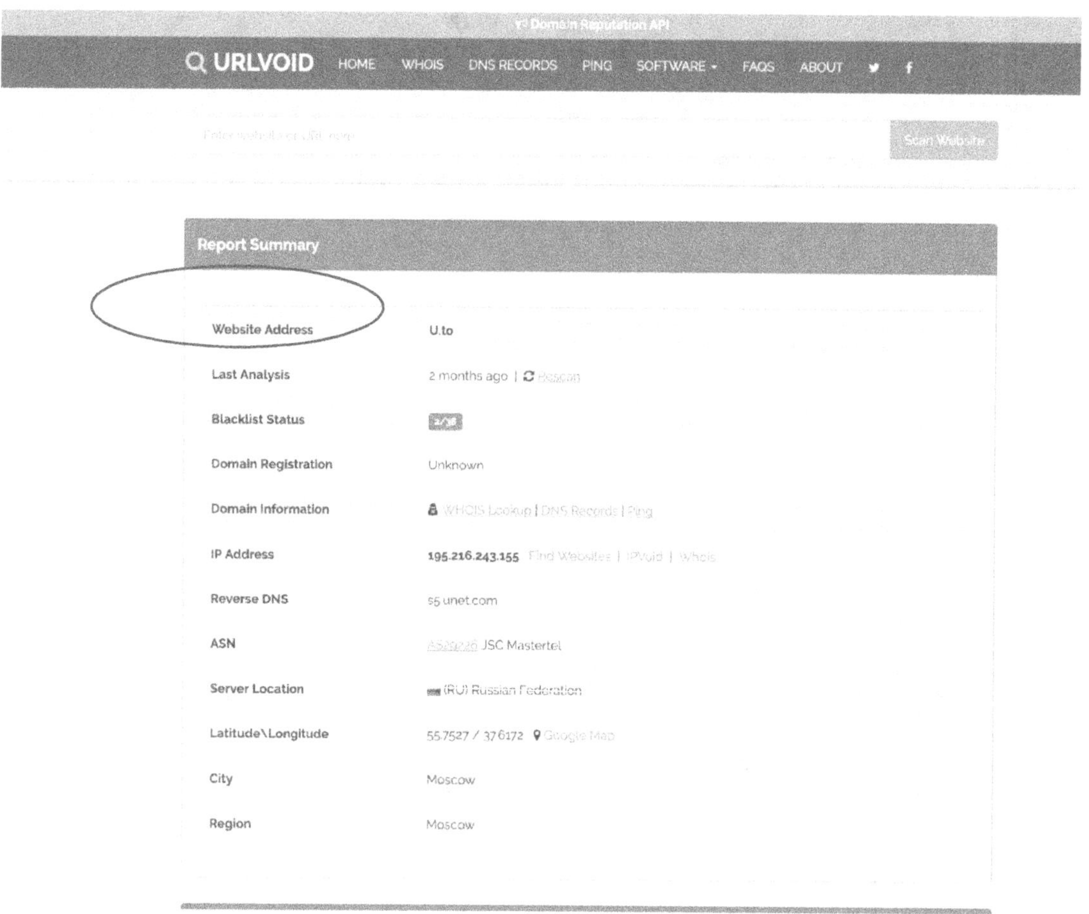

https://sitecheck.sucuri.net/

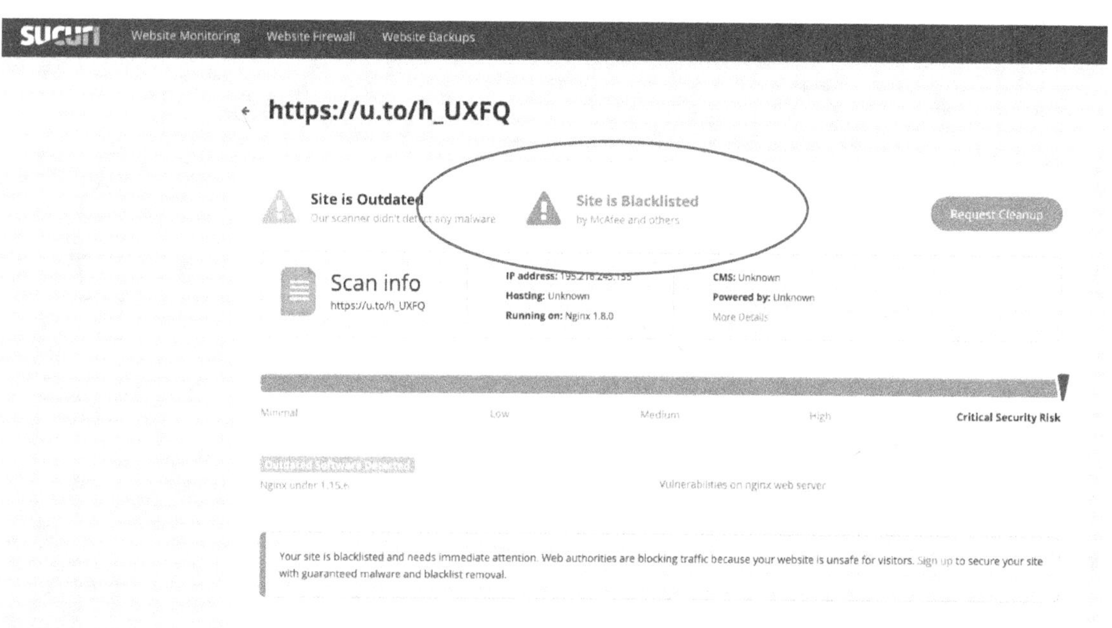

RECOMENDACIONES FINALES PARA USO DE REDES SOCIALES

1. No aceptes a cualquiera que te envíe una invitación, no importa lo hermos@ que aparezca en la foto o las bonitas cosas que te diga.
2. No aceptes imágenes ni archivos de personas que no conozcas a través de Messenger, o similares.
3. Mantén tus actividades en reserva, es decir si vas a viajar, a estar fuera de tu casa, etc. NO LO DIVULGUES.
4. Cuidado con las fotos que publicas y dónde las publicas… ya vimos lo que podrias estar filtrando con ellas.
5. Búscate tu mism@ en redes sociales y revisa que aparece sobre ti…; es mejor prevenir.

CAPÍTULO 3

MIS CONTRASEÑAS

Las contraseñas o claves de acceso son una constante en nuestra vida diaria; las usamos para acceder al correo electrónico personal, al de la empresa, a tus redes sociales, etc.

Este mismo factor se puede volver un problema para nosotros dado que nos vemos obligados a recordar una gran cantidad de claves, desembocando muchas veces en escribirlas en un papelito que tratamos de guardar celosamente, pero que si cae en las manos inadecuadas va a generarnos un dolor de cabeza enorme.

La creación de contraseñas seguras para muchos es un misterio, pero en realidad hay una técnica muy simple para hacer claves robustas la cual va a hacerle muy triste la vida al delincuente; veamos:

ERRORES COMUNES

1. Muchas personas tratan de crear claves fáciles de recordar, por ejemplo, fechas de nacimiento, número de identificación, nombre de esposo, esposa, hijos, familiares, mascotas, lugar de nacimiento, etc. y por culpa de esta práctica los delincuentes nos roban nuestros datos!!!; es relativamente fácil para el delincuente encontrar estos datos en tu Facebook!

2. Crear contraseñas demasiado simples para no olvidarlas;
   algunas de las claves más utilizadas por las personas son:
   123456
   Password
   12345678
   Qwerty
   12345
   Abc123
   Passw0rd
   Clave1234
   Clave123

También combinan país y año o mes y año:

   Colombia2018
   Colombia2019
   Abril2019

3. Usan la misma clave para muchos servicios, así que si el delincuente logra encontrarla, gran parte de tu información va a ser comprometida.

4. Reusar contraseñas, es decir, tienen 2 o tres claves y les cambian solo una letra o símbolo y con eso piensan que ya son seguras o que la clave es diferente; ej.

   Colombia2019
   Luego… Colombia2019*
   Luego… Colombia2019*-
   Luego …C0lombia2019

5. Uso de una misma clave durante muuuuucho tiempo; es decir pusiste una clave y la dejaste así para siempre; lo recomendable es cambiar periódicamente tus claves, digamos, cada 3 meses.

CÓMO SE CREA UNA CONTRASEÑA SEGURA… Y QUE NO SE TE OLVIDE

Así que a partir de hoy vamos a cambiar nuestras claves de esta forma:

Coloquen varias palabras juntas e intercalen algunos símbolos y números; por ejemplo:

C0lombiaP@triaM&a

El1ngeniosoHidalg0D0nQuijot3.

Est@Clav3esM4sSegur4*

Par1s-Españ@-Al3mania

T0to-N3ron-0n1x

G1n0-Lind@-R1ngo-0nix

Es útil usar espacios también, pero algunos portales no los permiten.

Pueden unir nombres de ciudades, de libros de personajes de ficción, de lo que ustedes quieran; entre más personal, mejor; es decir pueden ser las ciudades que has visitado desde tu juventud, el nombre de las mascotas que has tenido en su orden intercalando símbolos, etc.

David F. Pereira Q.

Si quieres saber que tan fuerte es tu clave, puedes probar un par de sitios que te lo van a mostrar; es decir te van a dar como resultado cuanto tiempo se demoraría alguien en descifrar tu clave. ATENCION: No digites tu clave tal como la usas; Escribes algo parecido a tu clave y ves el resultado; no nos interesa que el sitio almacene tus verdaderas claves....verdad?

How Secure Is My Password
https://howsecureismypassword.net/

Kaspersky Secure Password Check
https://password.kaspersky.com/es/

TENGO MUCHAS CLAVES, ME VOY A VOLVER LOC@

Bueno hasta aquí ya tenemos claro como crear contraseñas seguras, ahora vamos a ver cómo podemos manejar esa cantidad enorme de claves que necesitamos para entrar a cada servicio; es decir necesitas clave para tu correo personal, otra para el corporativo, otra para Facebook, otra para Instagram, etc…

Existen herramientas llamadas Gestores de Contraseñas, que nos ayudan a mantener nuestro universo de contraseñas y acceder a ellas con una sola clave;

Veamos una de ellas:

LAST PASS
https://www.lastpass.com/es

Una ventaja enorme es que LastPass puede ser instalado en TODOS nuestros dispositivos; (Celular, tableta, PC, MAC)

Hacemos click sobre Conseguir LastPass Free:

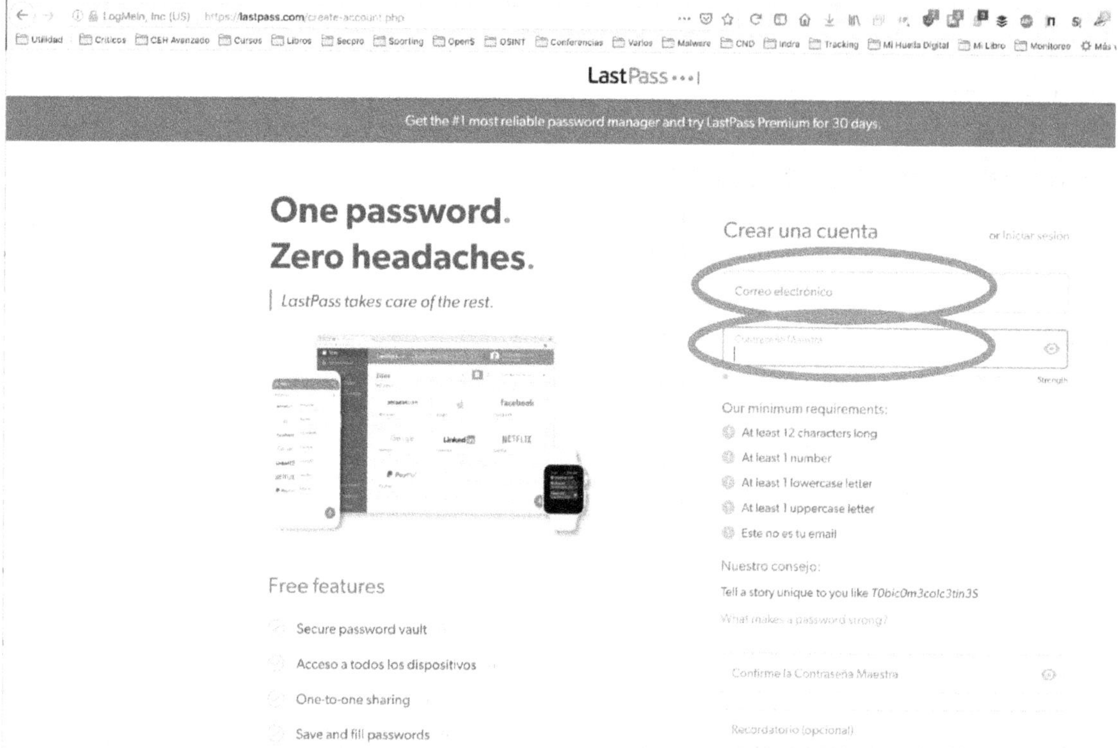

Creas tu cuenta con una contraseña maestra, es decir, la clave que te va a permitir acceder a todas las demás contraseñas de nuestros servicios.

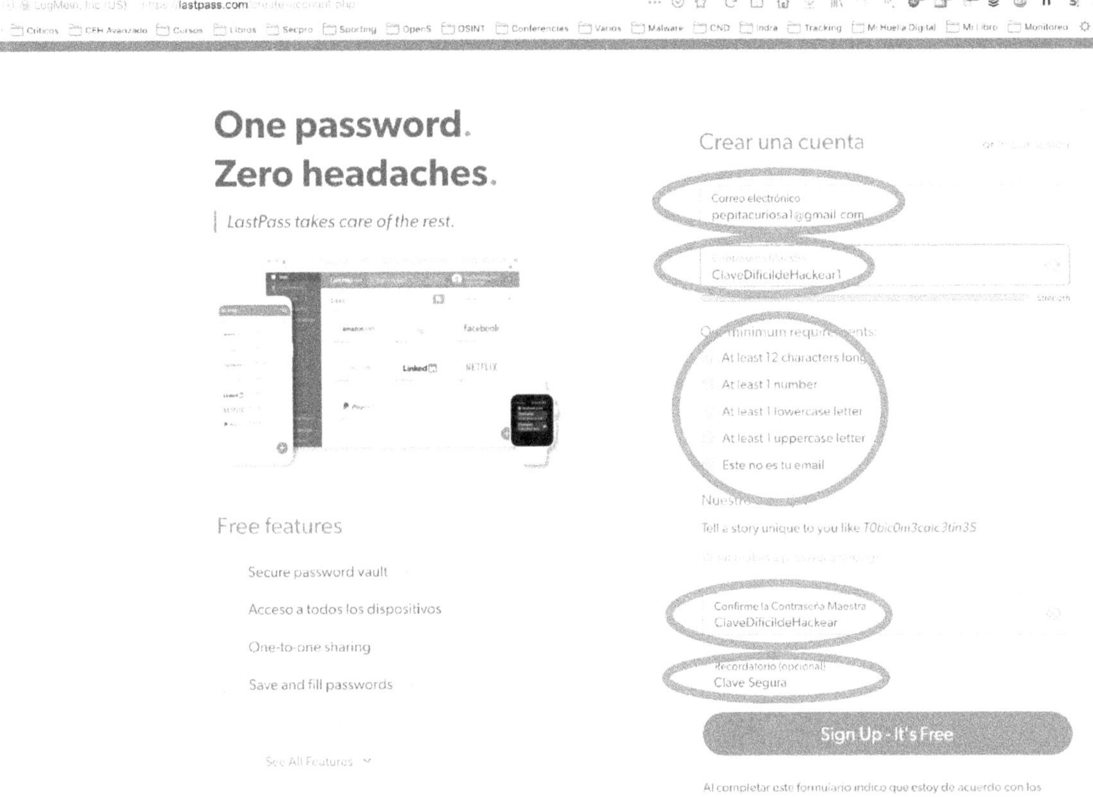

Vemos que nos exigen ciertos parámetros que nuestra clave debe cumplir:

- Mínimo 12 Caracteres
- Por lo menos 1 número
- Por lo menos una letra minúscula
- Por lo menos una letra mayúscula
- Que no sea tu mail

Debes colocar un recordatorio de tu clave, por si acaso tienes que recuperarla por que la olvidaste.

Luego, ya podemos ir agregando contraseñas de cada servicio;

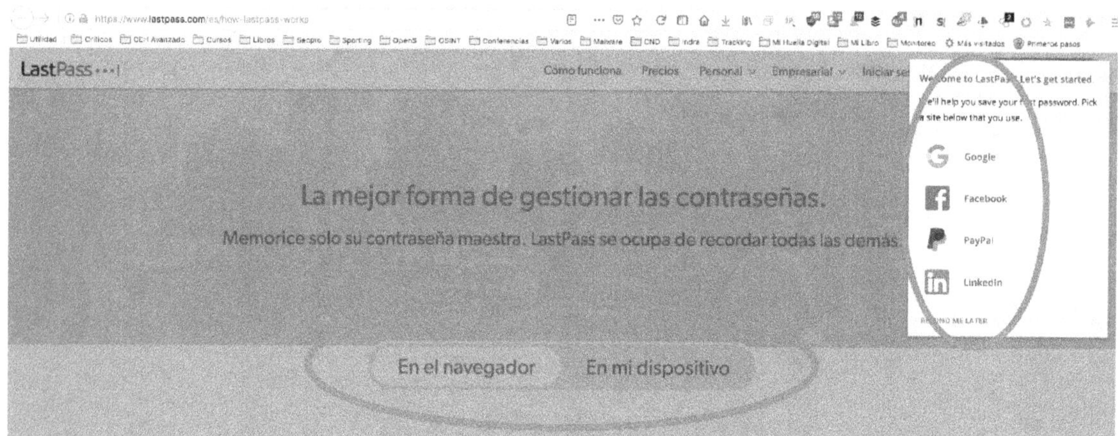

Seleccionemos por ejemplo Gmail (Google): vamos al ícono que nos creó el LastPass en la barra del navegador:

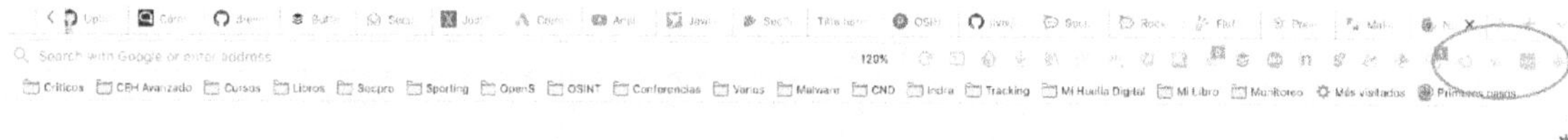

Nos aparece el menú del LastPass:

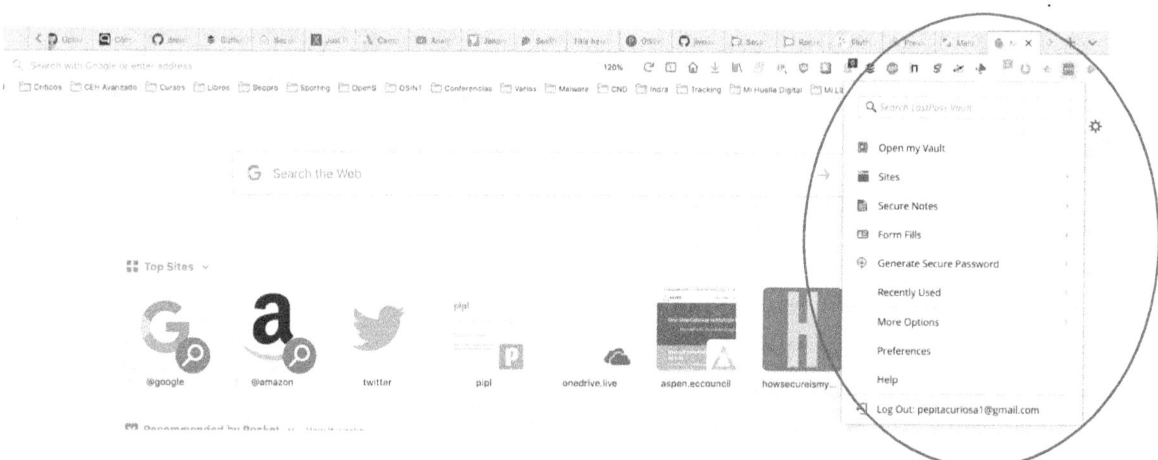

Ahí seleccionamos "Open my Vault"

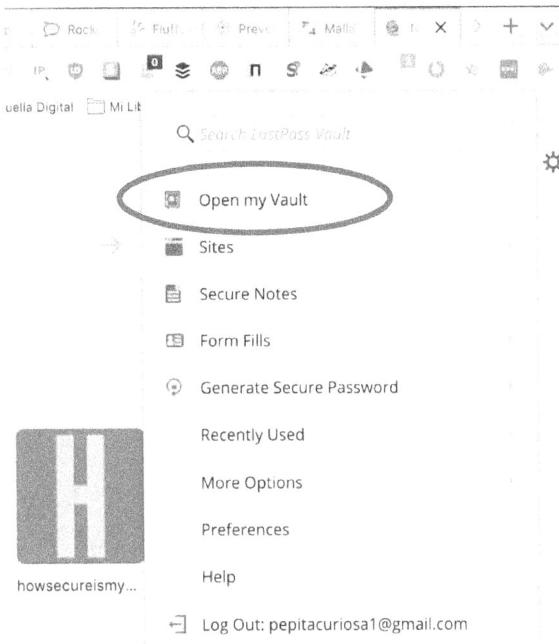

Recibimos esta pantalla, y seleccionamos Add Site:

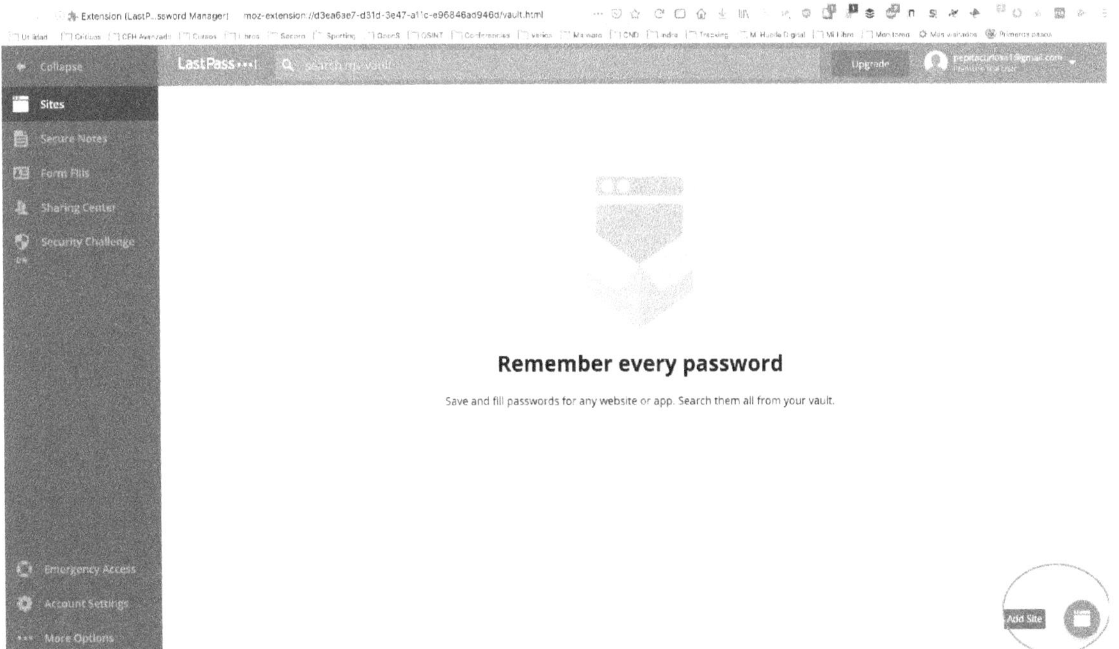

Al posicionarnos en Add Site se nos presentan varias opciones adicionales:

- **Add new Folder:** (Puedes crear carpetas con distintas contraseñas para distintos Sitios)

David F. Pereira Q.

- **Share ítem:** (Puedes compartir contraseñas con otras personas)
- **Add Secure Note:** (Puedes crear notas y recordatorios protegidos por esta herramienta, tipo números de cuenta bancaria, tarjetas de Crédito, etc.

Remember every password

Save and fill passwords for any website or app. Search them all from your vault.

Por ahora hagamos click sobre Add Site:

Recibimos esta pantalla en donde digitamos los datos correspondientes; si quieres ver las opciones avanzadas, las despliegas y seleccionas la que desees activar, como por ejemplo iniciar sesión automáticamente en la aplicación, etc.

72

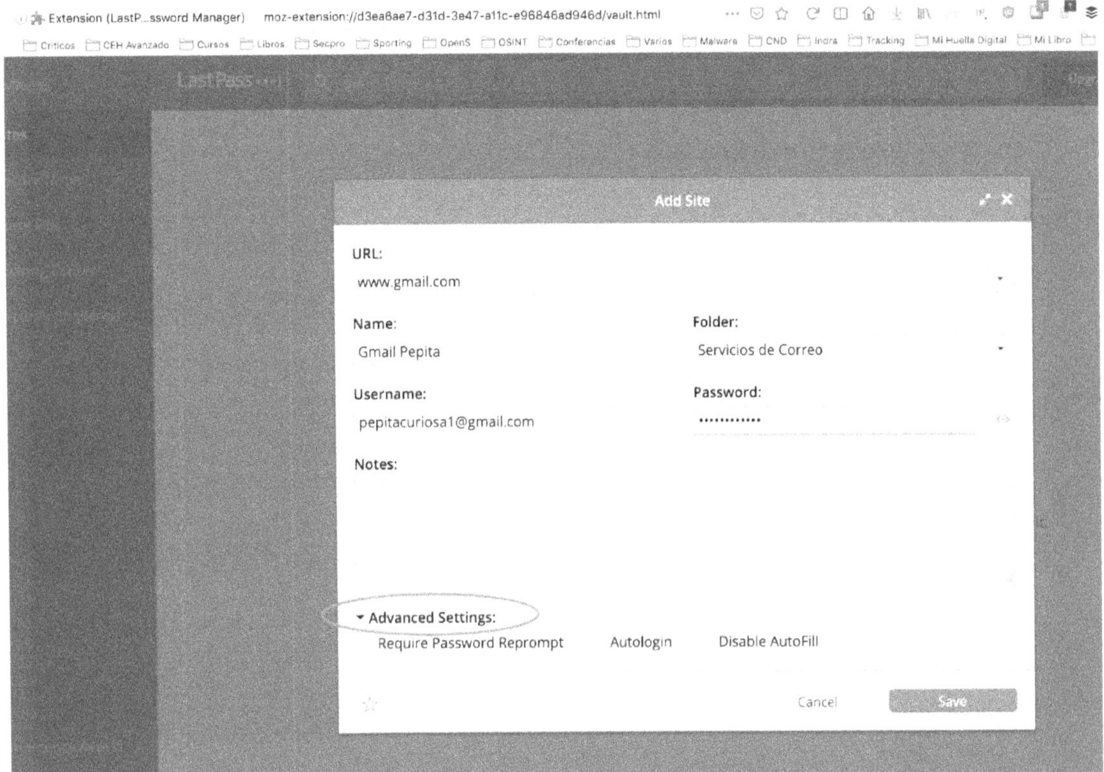

Por ahora solo colocamos las opciones principales y damos "Save"; y ya tendríamos listo nuestro primer servicio almacenado con su correspondiente contraseña.

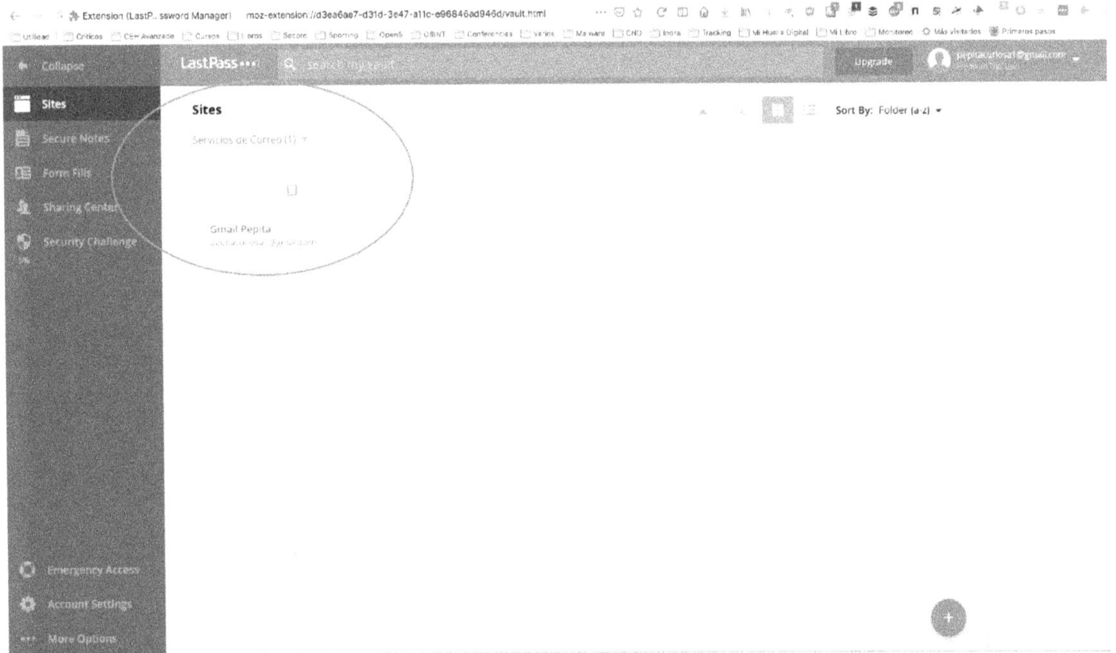

David F. Pereira Q.

La próxima vez que deseemos entrar a al correo de Gmail de Pepita, solo tenemos que hacer click sobre el ícono de Last Pass 🔲 en el campo de la clave en Gmail: (el número 1 aparece cuando hay una clave almacenada para el sitio.

Sólo haces Click sobre el ícono de Last Pass y aparece la opción de inicio de sesión con la contraseña almacenada:

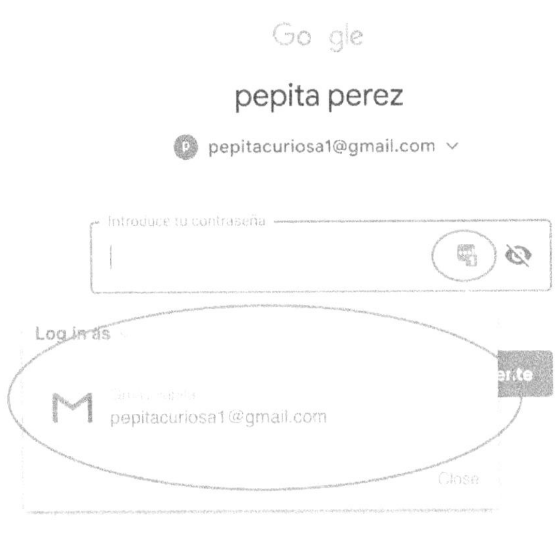

Al hacer click la contraseña se introduce automáticamente:

Solo haces click en siguiente y listo.

Como habrás visto puedes ir adicionando sitios manualmente o cuando hayas iniciado sesión en LastPass automáticamente te va a sugerir almacenar las claves.

David F. Pereira Q.

Miremos con Facebook, por ejemplo: el LastPass aparece al lado de cada campo: el del Correo electrónico y el de la Contraseña:

Al hacer click sobre el ícono del LastPass nos dice que iniciemos sesión para grabar nuestras credenciales:

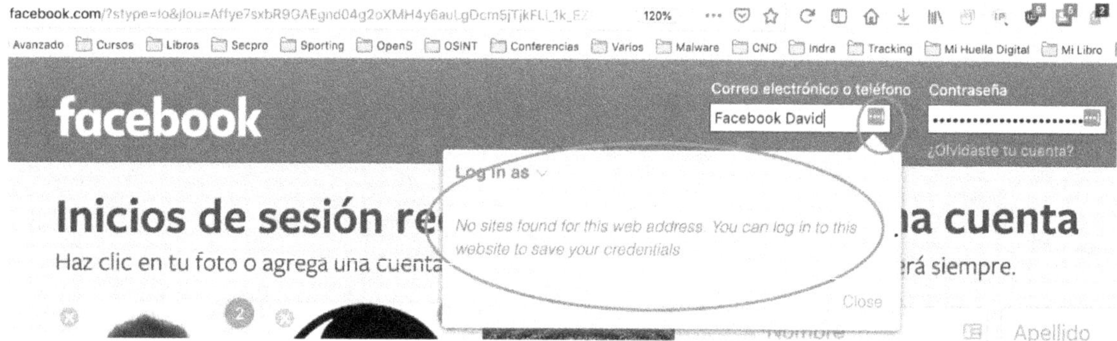

Al ingresar a nuestra cuenta nos pregunta si adiciona esos datos al Baúl de claves:

La próxima vez que vayas a ingresar, solo tienes que hacer click sobre el ícono del LastPass y te aparece un botón para iniciar sesión automáticamente:

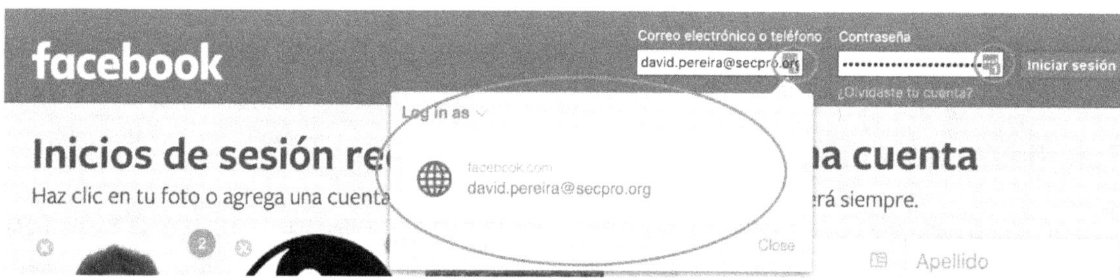

Recomendaciones:

- Tu clave maestra de LastPass debe ser lo suficientemente robusta.
- Cuando termines de usar tu computador, cierra la sesión de LastPass, para que nadie más pueda acceder a tus claves; si dejas la sesión abierta, cualquiera con acceso a tu computador podría acceder a tus servicios.

Si quieres cerrar automáticamente la sesión de LastPass cuando cierres tu navegador, puedes configurarlo en las preferencias de la herramienta:

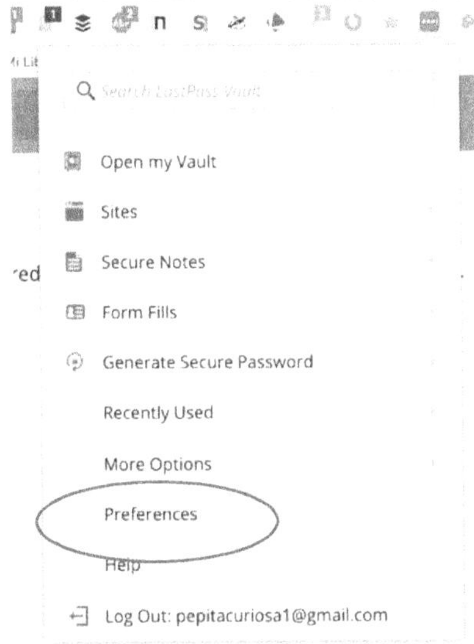

Luego vamos al menú General y seleccionamos: "Automatically Log out…." Y si quieres que se cierre automáticamente por tiempo de inactividad pues seleccionas la opción inmediatamente inferior: "Automatically Log out after idle (mins) y escoges después de cuantos minutos de inactividad debe cerrarse la sesión de LastPass; después haces click en "Save", y listo.

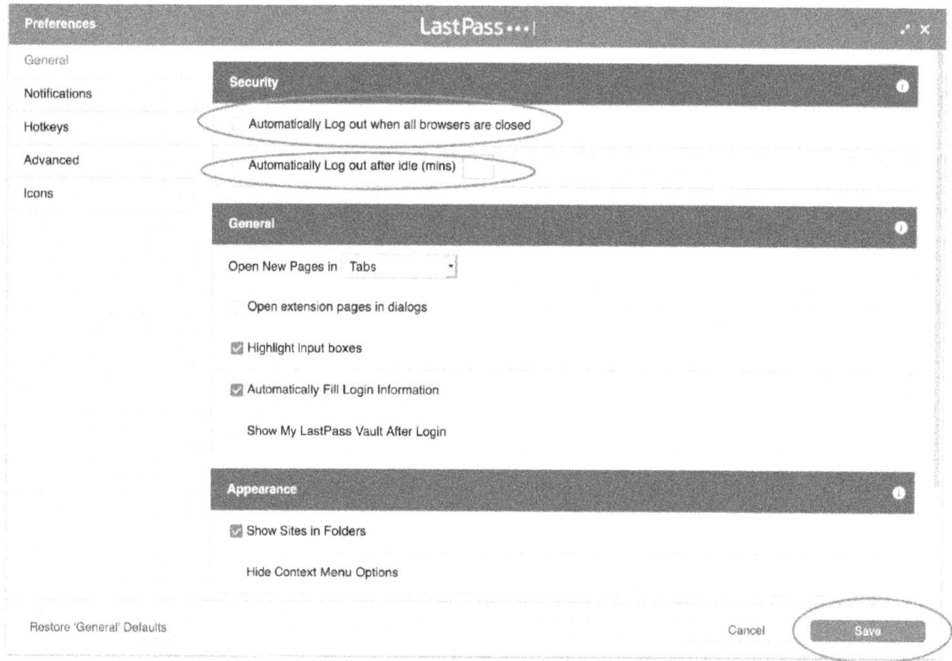

Existen otras herramientas similares como:

https://keepass.info/

https://1password.com/es/

Autenticación Multifactor (2FA)

Una recomendación final acerca de las contraseñas y la autenticación en distintos portales o servicios, es que actives lo que técnicamente se llama "Autenticación Multi Factor"; esto quiere decir que para ingresar a un servicio no solo se necesita la clave, sino algo adicional, por ejemplo algo que tienes (Un Número de verificación enviado a tu celular) o algo que eres (Identificación biométrica, por ejemplo, tu huella dactilar o la pupila de tu ojo, como en las películas o tu cara como en algunos celulares); es mucho más seguro que solo tener una clave;

No te puedo explicar el proceso para cada servicio por que en cada caso es diferente, pero como siempre la invitación es a que me plantees tus dudas o inquietudes en:

Twitter:@davidpereiracib o en mi canal de YouTube:
https://www.youtube.com/c/DavidPereira.

CAPÍTULO 4

CÓMO PROTEJO MIS DISPOSITIVOS

En este Capitulo vamos a hablar de herramientas y recomendaciones que puedes instalar y seguir para hacer tus dispositivos más seguros;

VAMOS A ASUMIR DE AHORA EN ADELANTE QUE EL SISTEMA OPERATIVO QUE TIENE TU COMPUTADOR ES WINDOWS 10.

Si tienes un Sistema Operativo distinto y no logras encontrar o entender como realizar los pasos que mencionamos a continuación, por favor me dejas un mensaje en tu canal favorito de Youtube: https://www.youtube.com/c/DavidPereira y ya te hago un video sobre el tema.

Es un error muy común pensar que con solo instalar un Antivirus o Antimalware, podemos estar tranquilos o es suficiente; recuerden que las amenazas vienen de muchas formas diferentes y un Antivirus es solo una de las herramientas que siempre debemos tener instaladas; lo más importante en realidad es nuestra actitud y conciencia al usar nuestros dispositivos; recuerden la frase con la que comenzamos este libro:

LA DECISIÓN DE SER O NO SER UNA VÍCTIMA DEL CIBERDELINCUENTE, ESTÁ EN TUS MANOS.

Muy bien, ya después de estar filosóficos y profundos, vamos a iniciar;

MEMORIAS Y DISPOSITIVOS DE ALMACENAMIENTO USB:

La primera recomendación es que no conectes indiscriminadamente cualquier memoria USB o dispositivo de almacenamiento, dado que pueden venir infectados con algún tipo de Malware; no existe defensa perfecta en contra de este tipo de riesgo, pero una defensa que SIEMPRE debemos tener en nuestro computador es un antimalware.

Los Ciberdelincuentes muchas veces usan memorias USB como medio de infección; las dejan "abandonadas" en un lugar de alto tráfico de personas como un restaurtante, la puerta de una oficina, al lado de la impresora de la empresa, etc. en un ataque que se llama "Baiting".

ANTIMALWARE

Existen muchas herramientas que puedes instalar para proteger tu Windows y otras que simplemente puedes ejecutar en la línea de comandos….(No se preocupen, luego les explico esa parte).

Comencemos con herramientas antimalware;

No quiero seguir sin explicar un poco sobre las herramientas antivirus y antimalware; antiguamente existían las dos clasificaciones, pero actualmente son básicamente lo mismo, es decir herramientas que ayudan a detectar y combatir el software malicioso, no solamente los virus sino otras amenazas; existe una clasificación muy grande de software malicioso, pero no los voy a aburrir con esa parte, (ya saben si quieren más información: Twitter: @davidpereiracib o en mi canal de YouTube: https://www.youtube.com/c/DavidPereira); así que después de esto veamos algunas herramientas antimalware:

Mi recomendación es usar una herramienta paga, básicamente por el soporte que el fabricante te podría brindar en caso de que lo necesites; no obstante, muchos, si no la mayoría de fabricantes de antimalware tienen versiones gratuitas que son buenas pero que obviamente carecen de ventajas que las versiones pagas si tienen.

Windows viene de fábrica con un antivirus bastante poderoso llamado Windows Defender; para configurarlo hacemos click sobre el botón de Windows y luego seleccionamos la configuración (el ícono del engrane)

Recibimos una pantalla con las diferentes opciones de configuración, así:

Bajamos un poco para ver la opción de "Actualización y seguridad";

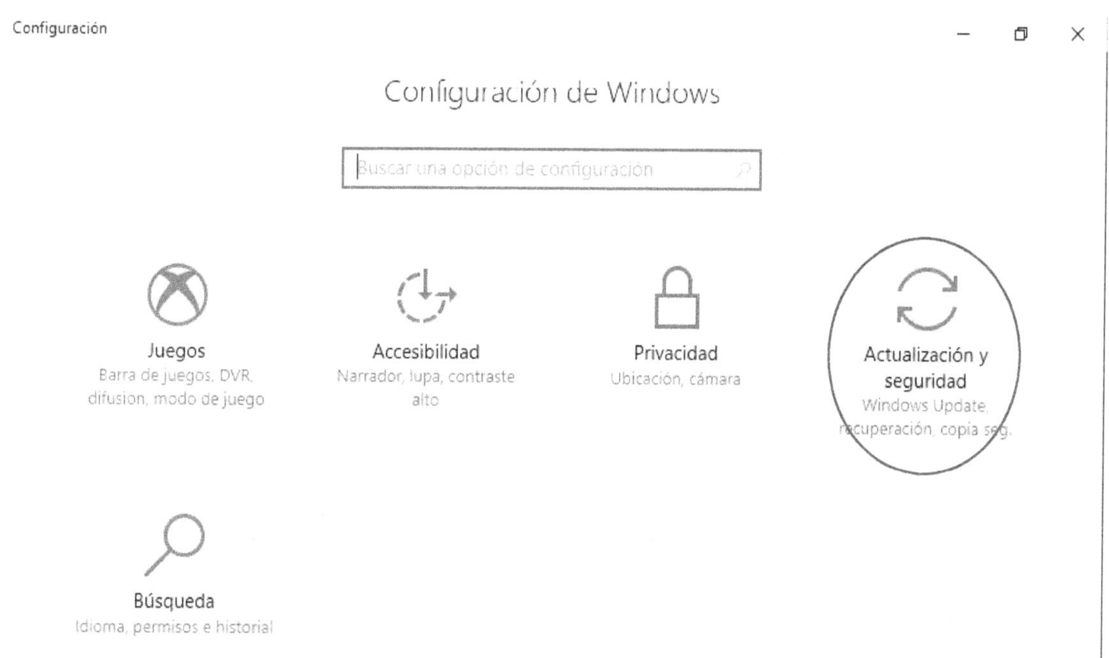

Escogemos luego la opción: "Windows Defender"

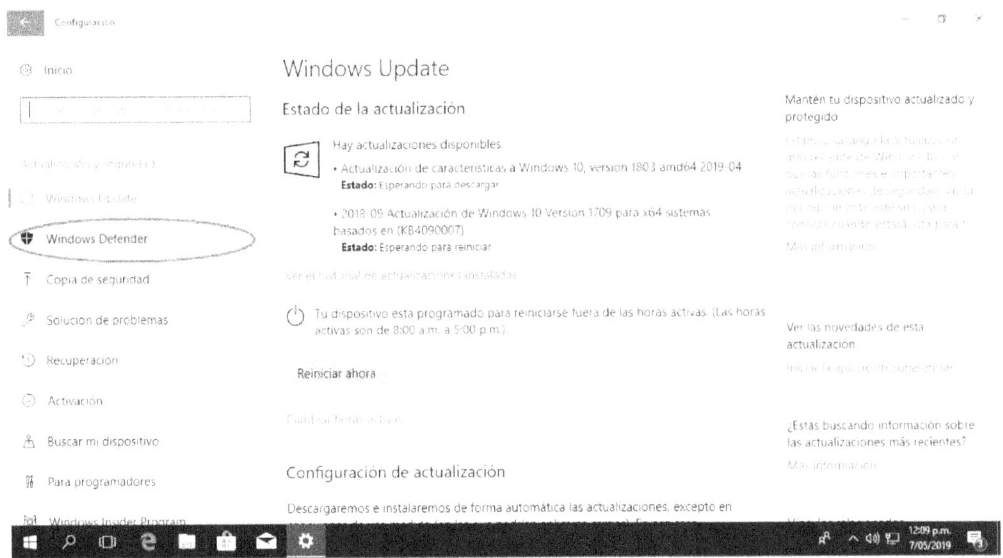

Debería aparecernos activado el antivirus;

Si tienes preguntas o necesitas una explicación más profunda:

Twitter: @davidpereiracib o en mi canal de YouTube:
https://www.youtube.com/c/DavidPereira

Por otro lado, tenemos antivirus de casas especializadas en el tema como es el caso de Kaspersky; si quieres probarlo, aquí te explico que hacer:

KASPERSKY FREE ANTIVIRUS
https://latam.kaspersky.com/free-antivirus

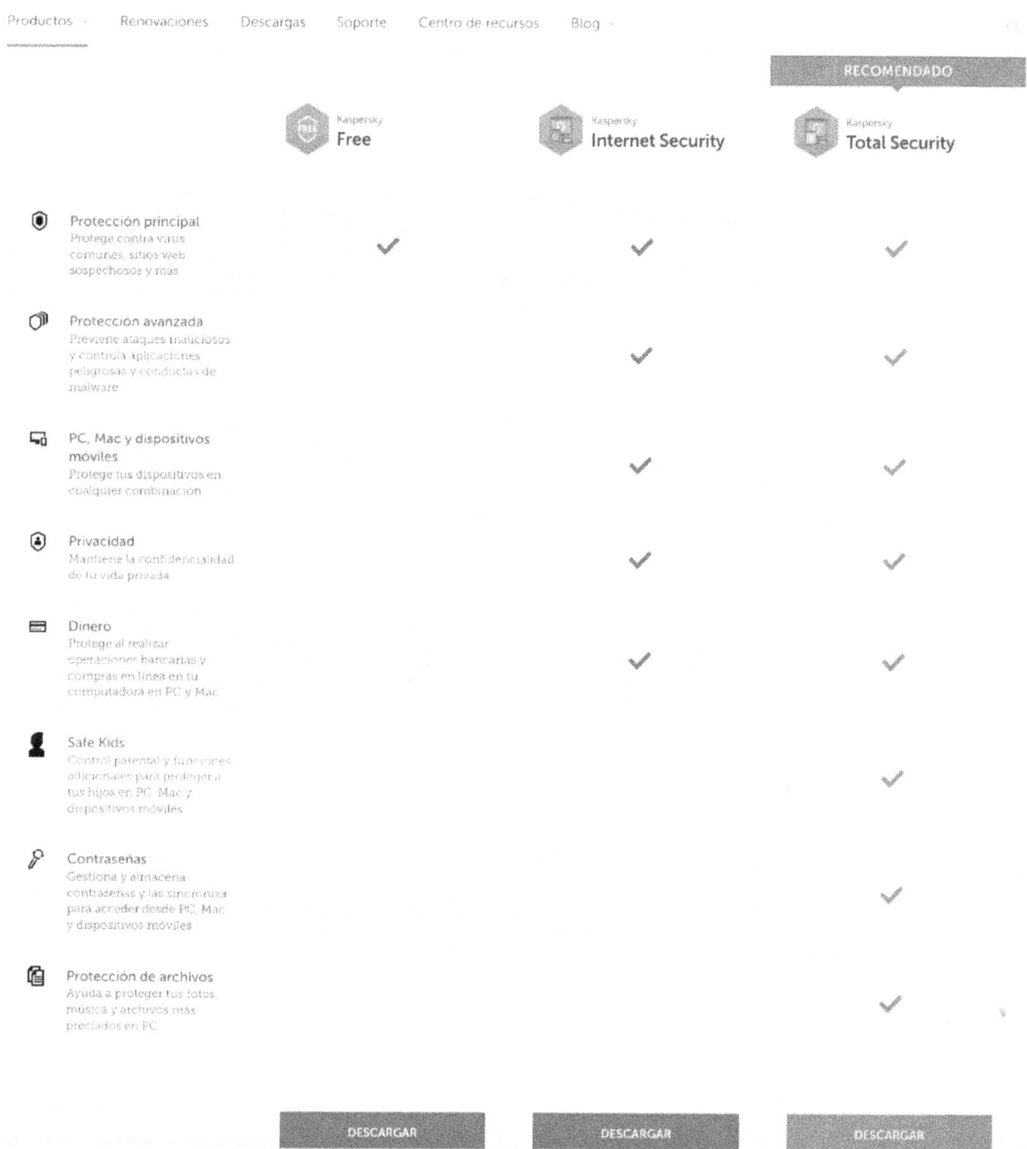

Como les decía, las versiones pagas tienen muuuchas más opciones y ventajas, pero si el dinero es un factor, por lo menos instalemos la versión gratuita; es muy simple:

Vamos a la URL que mostramos al inicio y seleccionamos "Descargar Ahora":

Escogemos de acuerdo con nuestro sistema operativo; en la imagen tenemos el instalador para Windows; seleccionamos "Descarga Ahora", y luego nos aparece el cuadro de descargas en donde seleccionamos salvar.

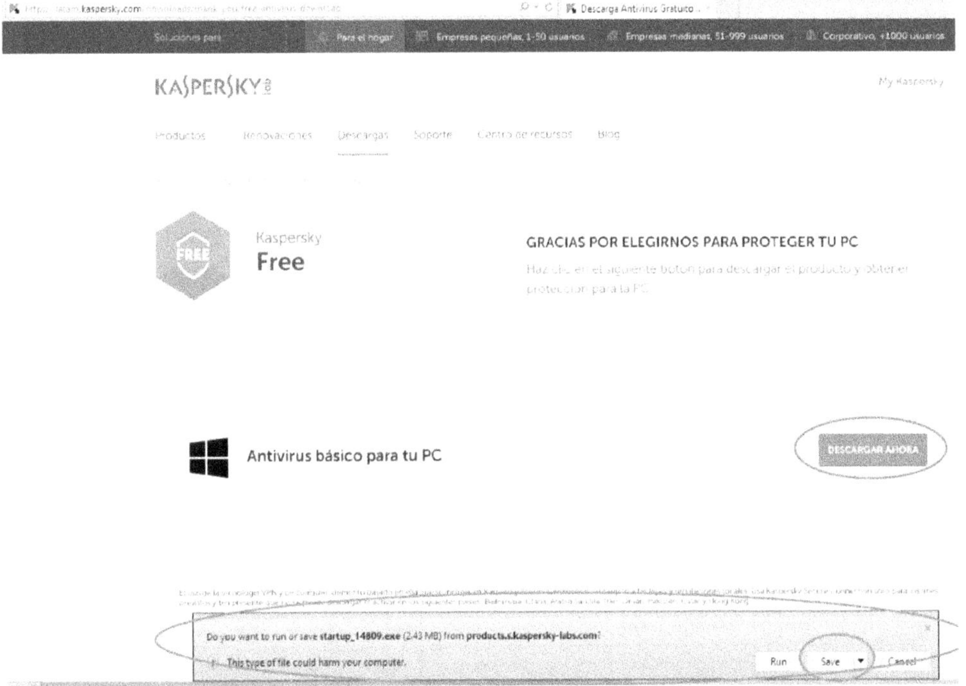

David F. Pereira Q.

Una vez termine la descarga, procedemos a ejecutar el instalador.

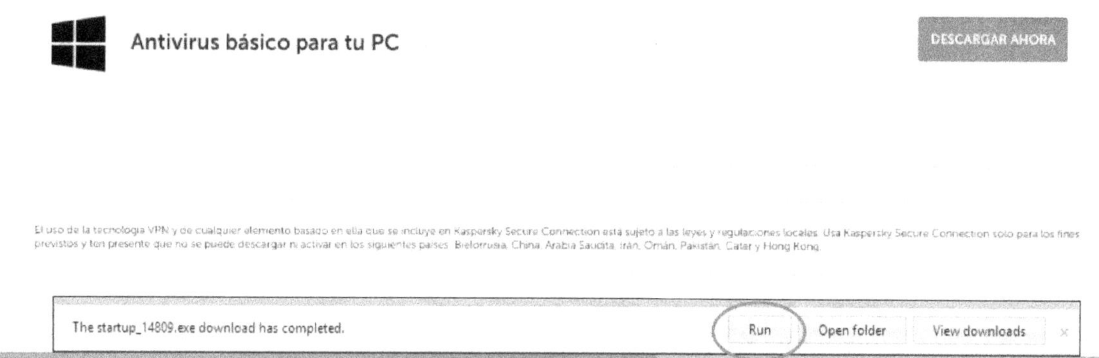

Recibimos una pantalla como esta:

Luego una, mostrando el proceso de instalación;

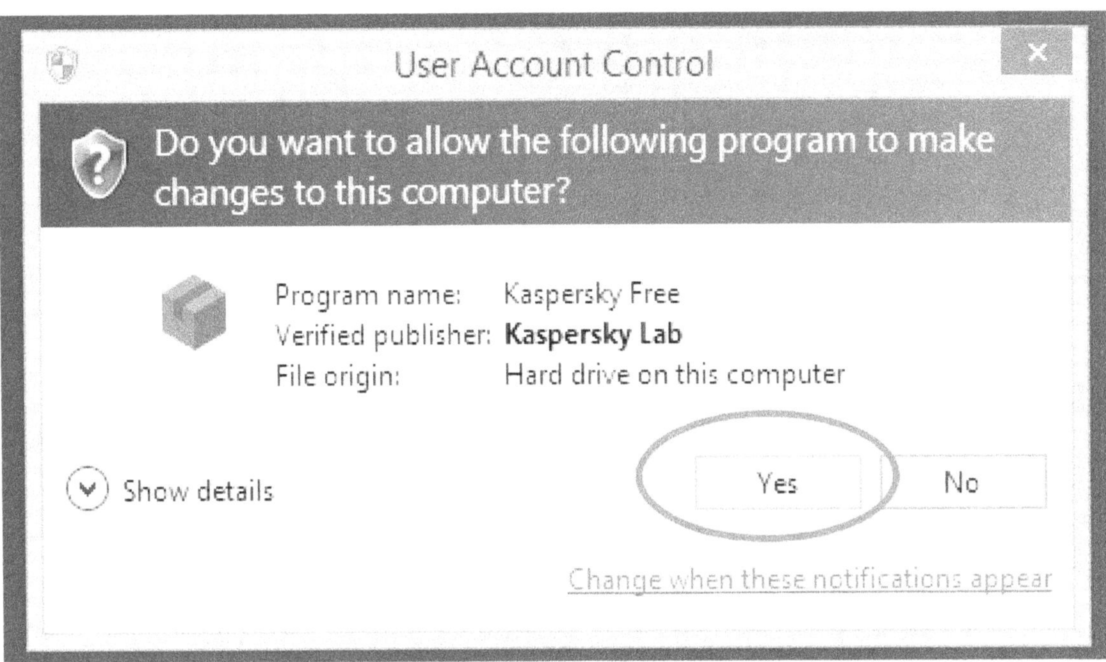

Hacemos click en Si, o Yes, dependiendo el idioma del Windows.

En la siguiente pantalla damos continuar;

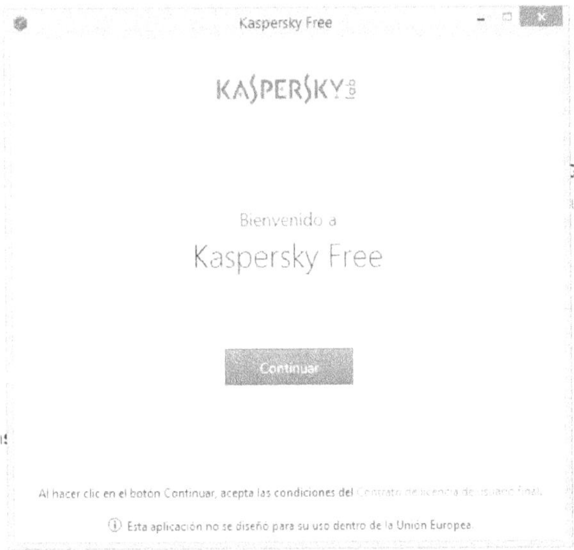

En la siguiente pantalla, nos dicen que estamos listos para la instalación y nos ofrecen participar en un programa de Kaspersky para informarles algunos datos remotos; tu decides si aceptas o no;

Luego damos click en instalar.

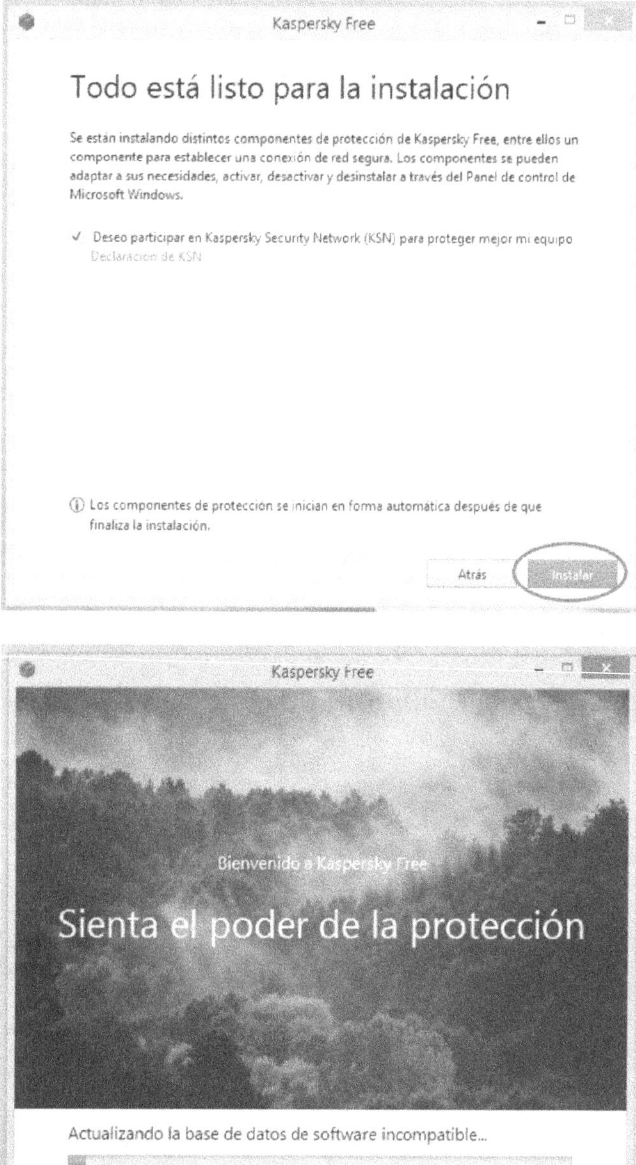

Seleccionamos las opciones recomendadas y las aplicamos:

Y termina la instalación:

Es recomendable crear una cuenta en Kaspersky; si ya la tienes, no es necesario;

David F. Pereira Q.

Creamos la cuenta:

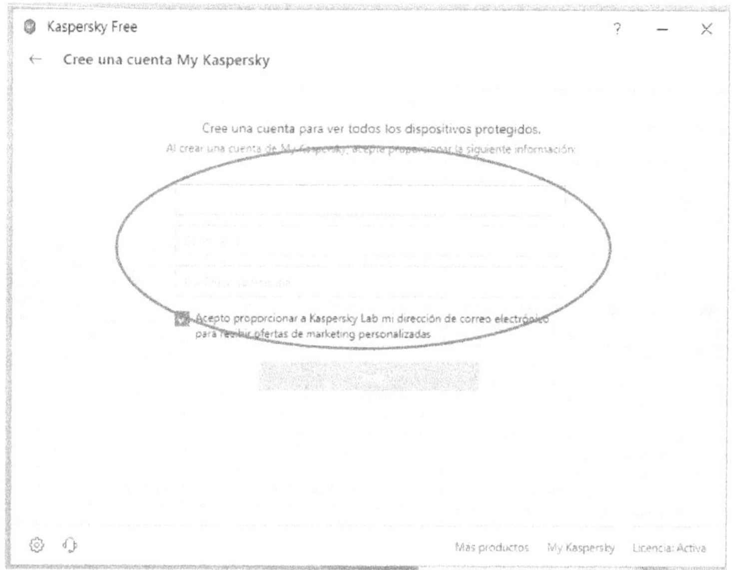

Listo, ya la creamos:

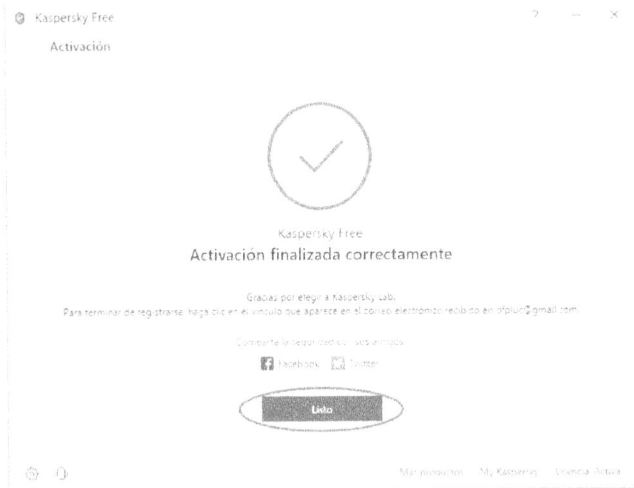

Luego tenemos la pantalla de opciones principales; es recomendable iniciar con una actualización de las bases de datos de la herramienta.

David F. Pereira Q.

Actualizamos:

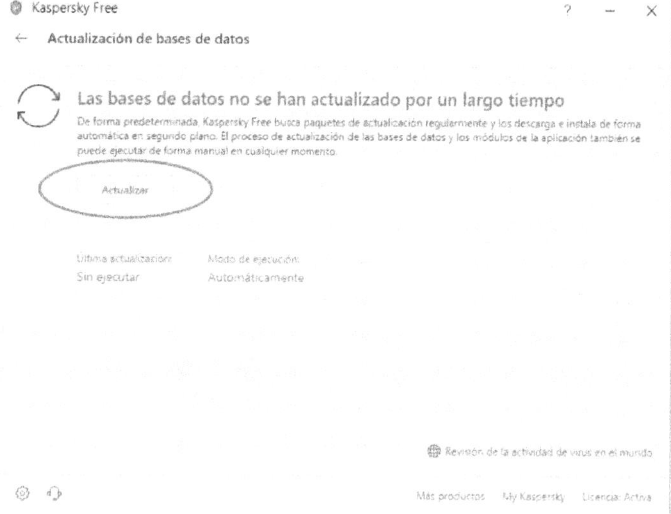

Una vez termine la actualización, podemos hacer un rastreo de nuestra máquina buscando malware:

Podemos seleccionar un rastreo completo o revisar nuestras memorias USB, etc.

David F. Pereira Q.

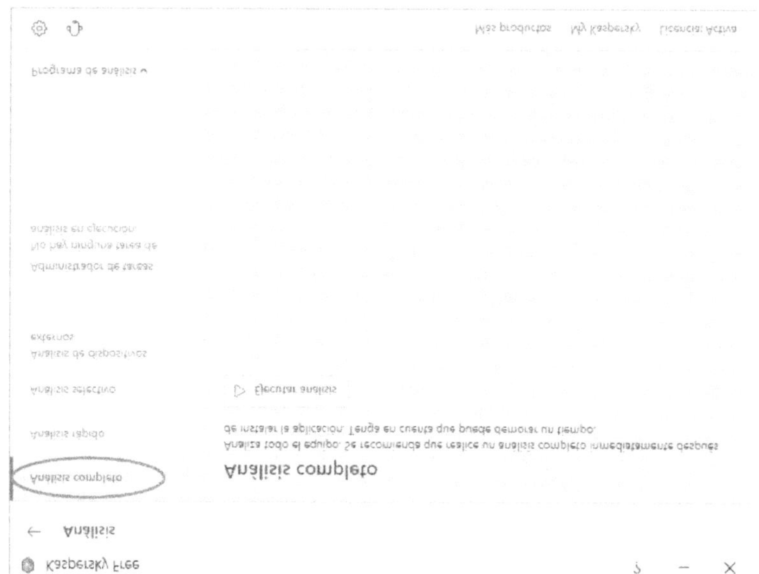

Tenemos muchas más herramientas antimalware gratuitas:

https://www.avast.com/es-co/free-antivirus-download

https://www.avg.com/es-co/free-antivirus-download

https://www.avira.com/es/free-antivirus-windows

Como siempre, si tienes dudas o inquietudes: Twitter: @davidpereiracib o en mi canal de YouTube: https://www.youtube.com/c/DavidPereira

EL FIREWALL

El Firewall es una herramienta que nos ayuda a proteger nuestra máquina contra atacantes que nos quieran hacer daño a través de la red en donde estemos conectados, ya sea una red cableada o inalámbrica.

Windows trae un firewall muy simple de configurar; para nuestro caso, lo que nos importa es que se encuentre activado con las opciones que trae por defecto, es decir las opciones originales.

Para acceder al firewall vamos al conocido menú de configuración:

Luego puedes escribir firewall en el campo de búsqueda y de la lista que te aparece, puedes escoger Firewall de Windows Defender:

David F. Pereira Q.

Para saber que estamos protegidos, verificamos que los escudos que representan cada una de las protecciones para cada red a donde nos conectemos estén en verde:

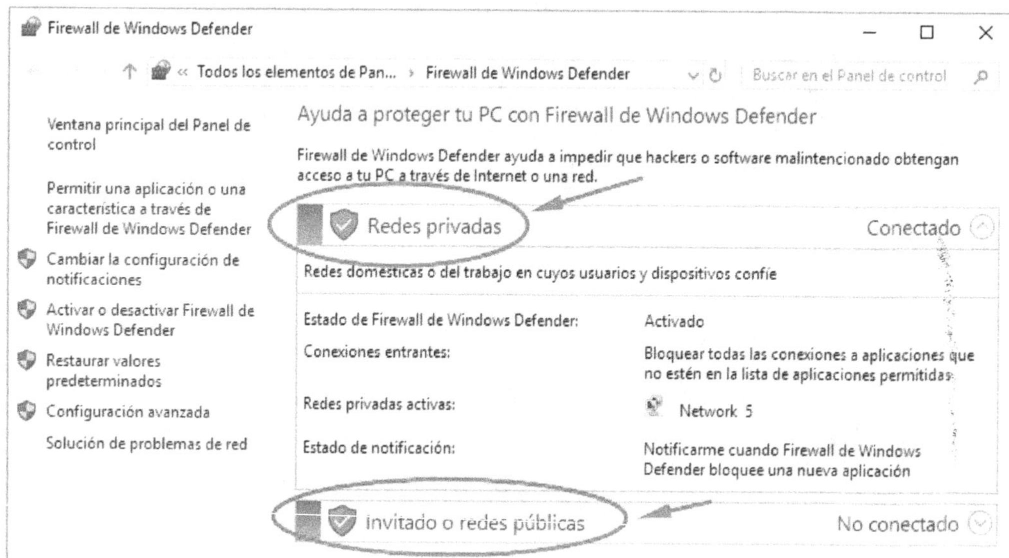

Si te llegaras a encontrar con algo diferente, es decir el firewall desactivado con el escudo en rojo:

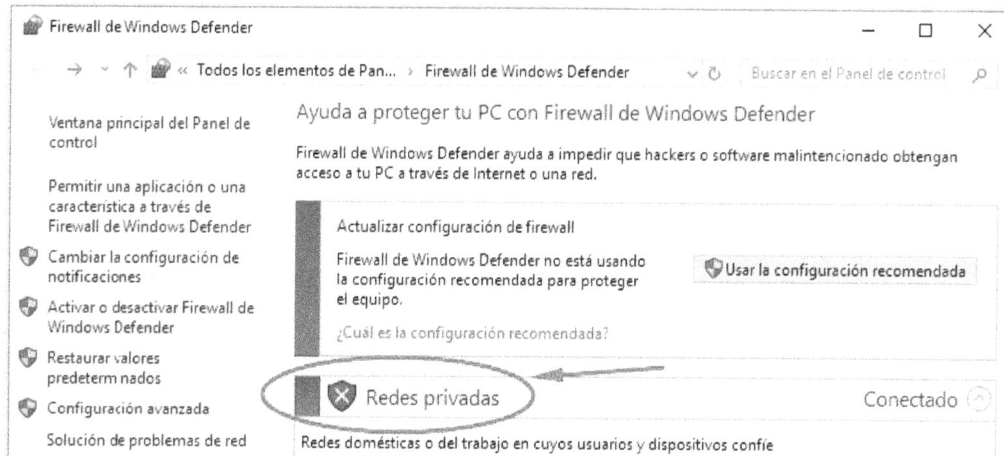

Debes arreglarlo de la siguiente forma: haces click sobre el menú de "Activar o desactivar Firewall de Windows Defender":

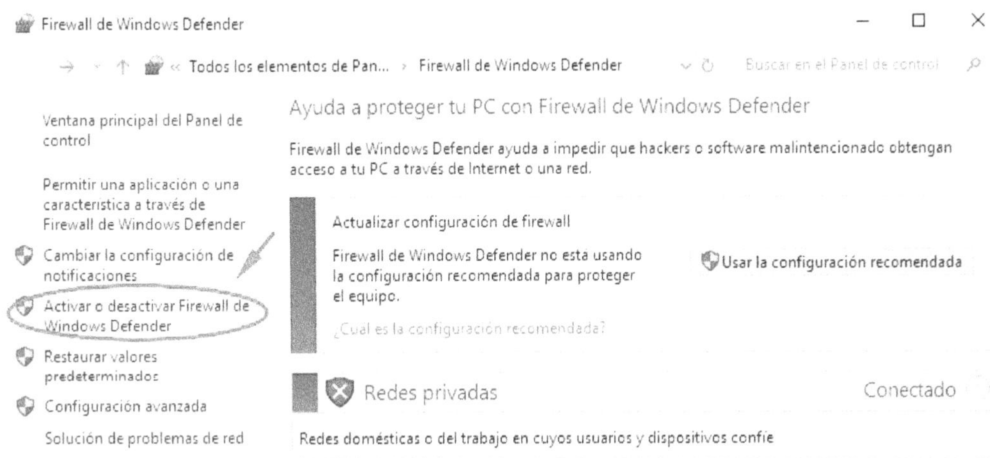

Vas a buscar cual de las redes tiene la protección desactivada, es decir el escudo en rojo y seleccionas el escudo en verde, es decir "Activar Firewall de Windows Defender" y haces click sobre aceptar:

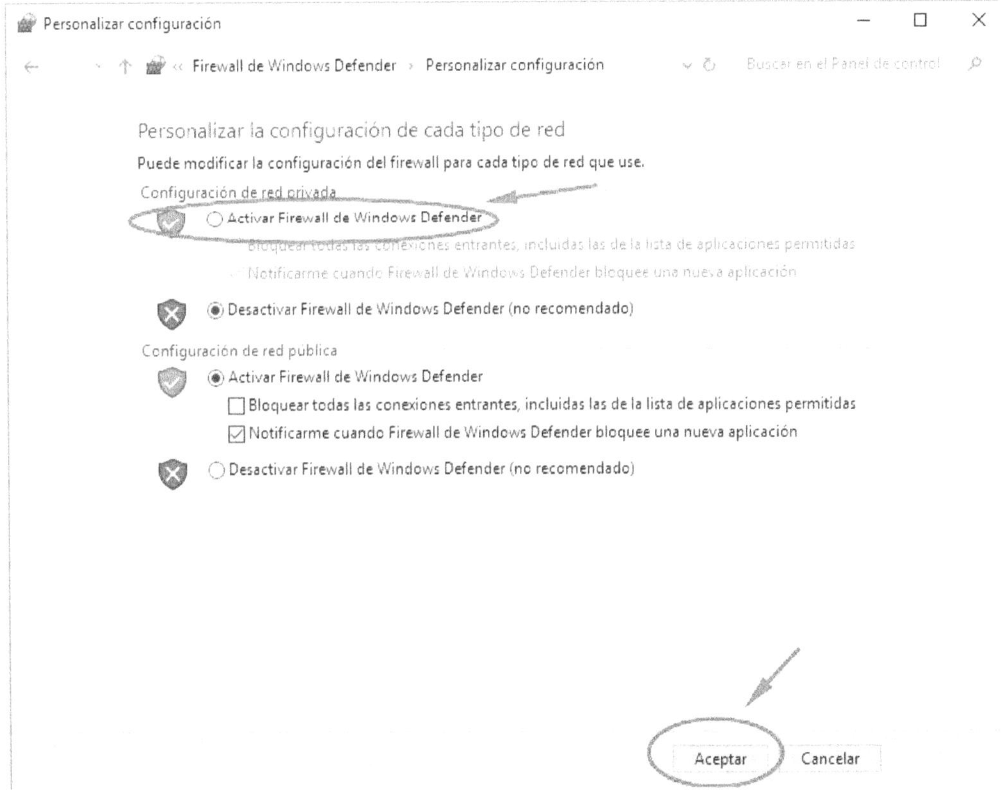

Y así todo debería Volver a la normalidad y estaríamos mejor protegidos.

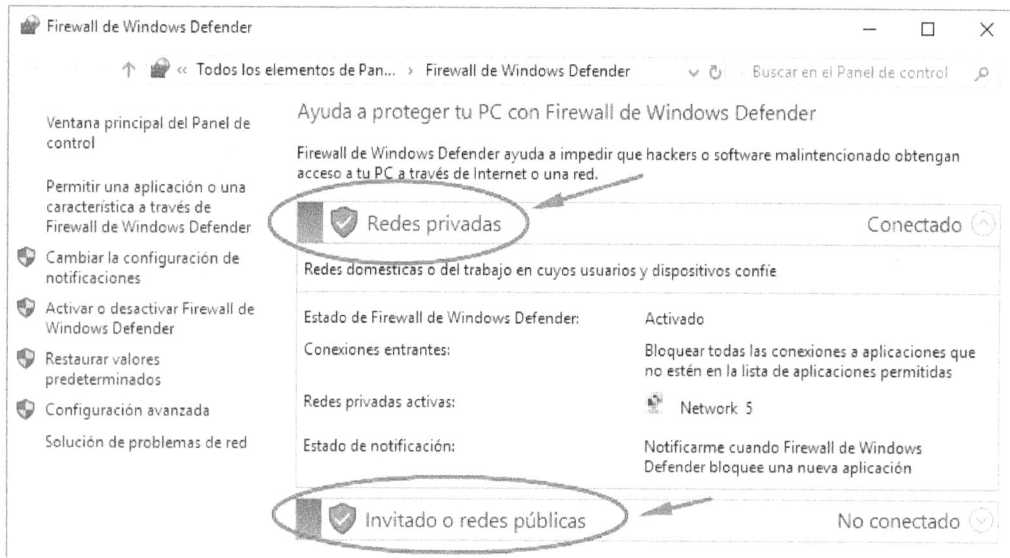

LAS ACTUALIZACIONES

Nuestros Sistemas Operativos (Windows, Linux, Android) normalmente requieren actualizaciones periódicas, ya sea para corregir errores, mejorar funcionalidad o agregar nuevas opciones.

Es útil tener nuestras máquinas al día; cada uno de los diferentes sistemas operativos tiene mecanismos para esto; vamos a mostrar Windows, por ser el más utilizado, pero como siempre, si necesitas explicación sobre otra plataforma: Twitter: @davidpereiracib o en mi canal de YouTube: https://www.youtube.com/c/DavidPereira.

Windows 10 tiene una herramienta llamada "Actualización y Seguridad", la cual ya viene por defecto activada de manera automática y solo debes aceptar instalar las actualizaciones; vemos la opción: Hacemos click sobre el botón de Windows y luego seleccionamos la configuración (el ícono del engrane).

Recibimos una pantalla con las diferentes opciones de configuración, así:

David F. Pereira Q.

Bajamos un poco para ver la opción de actualización:

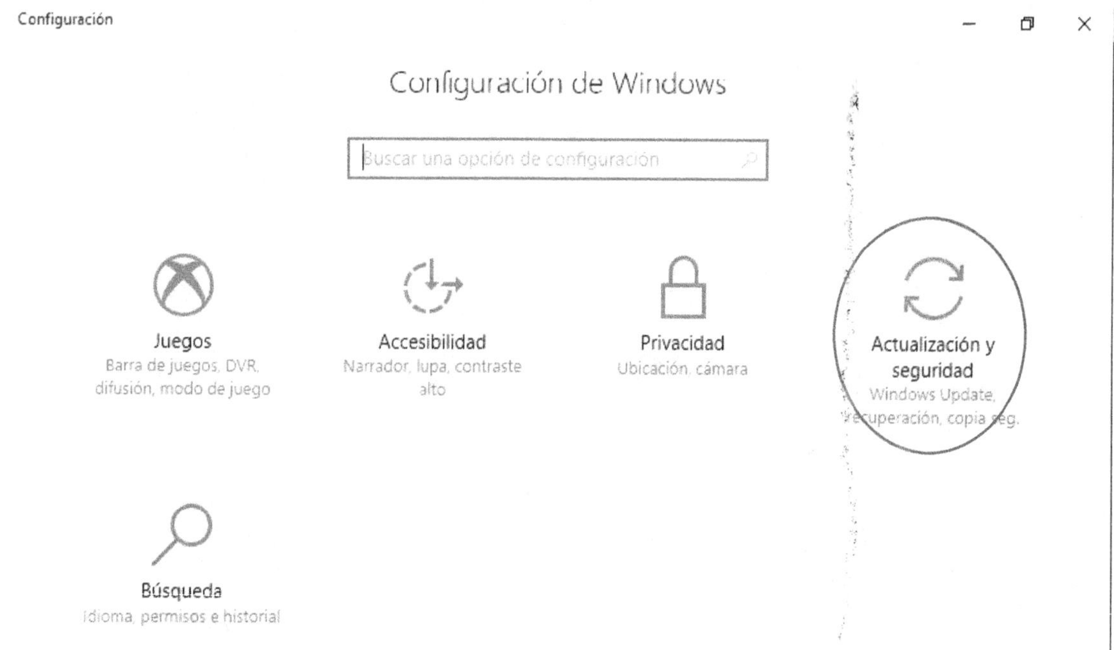

Al hacer click nos lleva a esta pantalla, en donde sólo tenemos que hacer click sobre "Corregir Problemas" y seguir las instrucciones.

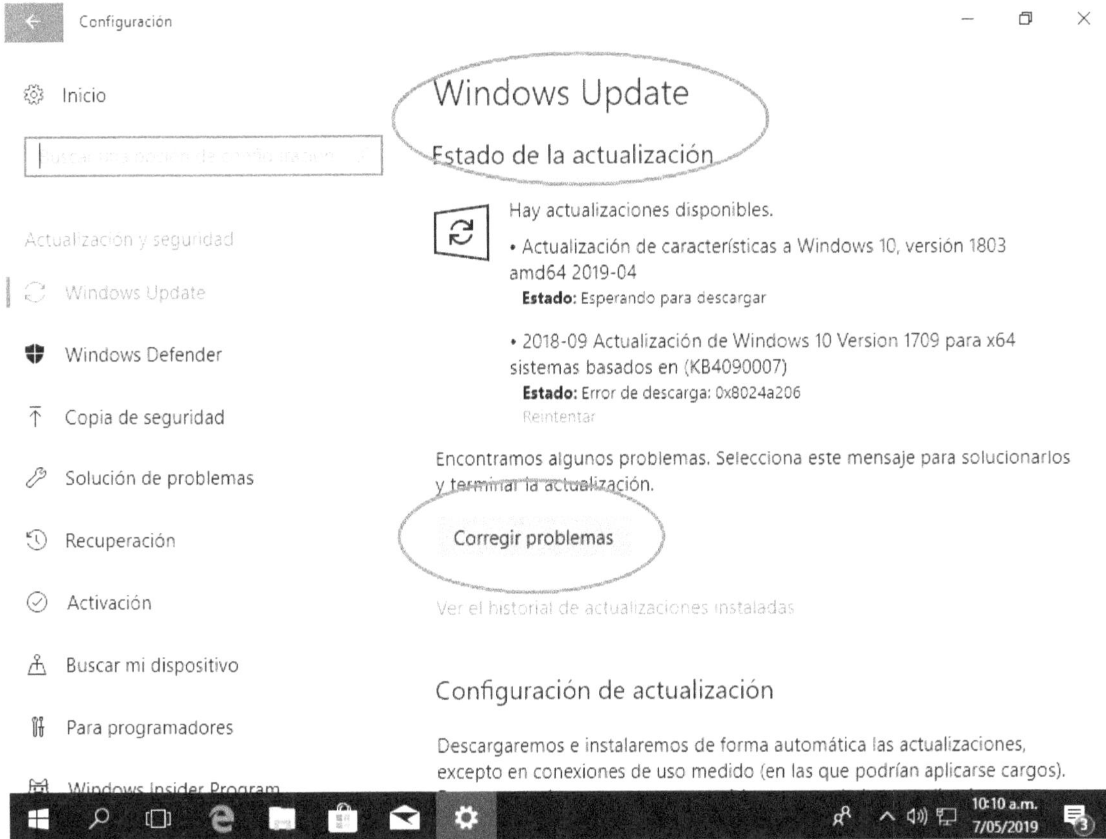

En esta misma pantalla al lado izquierdo podemos configurar el Windows Defender, del cual ya hemos hablado;

Ya vimos como mantener actualizado nuestro sistema operativo, pero ¿que pasa con las aplicaciones que están instaladas en nuestra máquina?

Existe una herramienta interesante llamada SUMo (Software update monitor) que se encarga de detectar qué aplicaciones tenemos instaladas en nuestra máquina y nos avisa acerca de cuales requieren actualización; veamos como funciona:

SUMo - Software Update Monitor
http://kcsoftwares.com/index.php?sumo

Hacemos click sobre el botón de "Download"

Escogemos SUMo, seleccionamos download y esto permite la descarga del archivo sumo_lite.

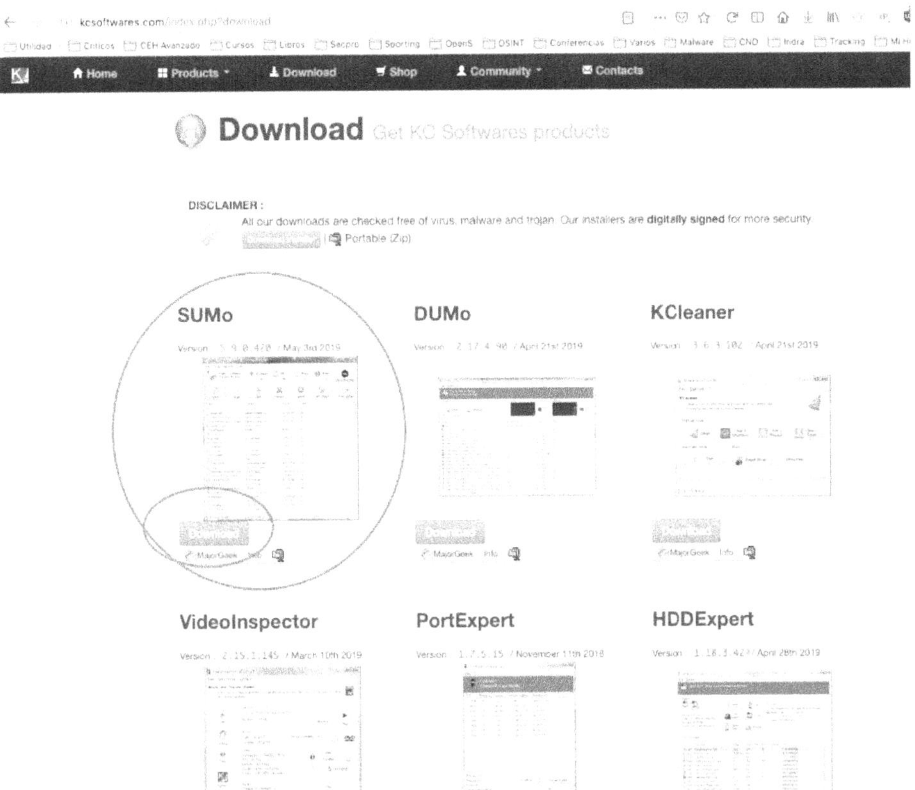

Una vez tengamos el archivo sumo_lite, le damos doble click:

Aparece esta pantalla y hacemos click en "Si" para instalarlo

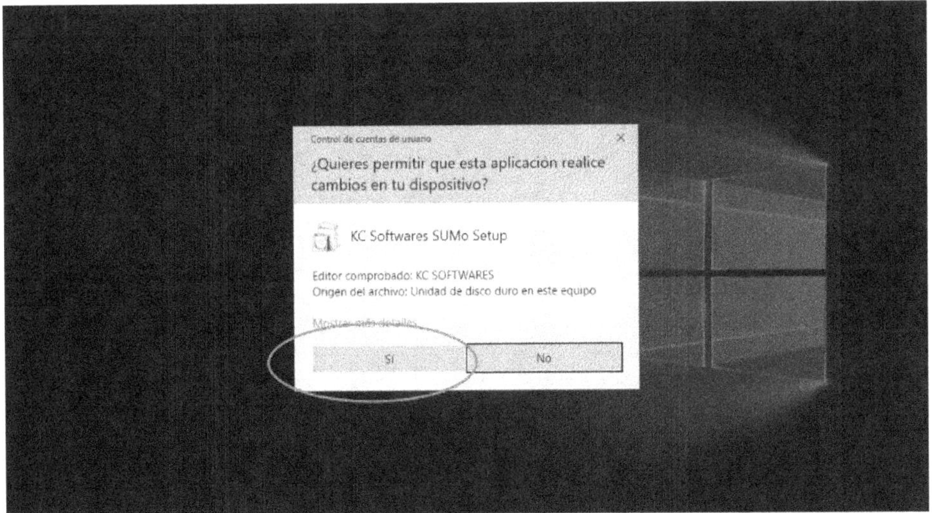

En la siguiente pantalla, aceptamos el acuerdo:

David F. Pereira Q.

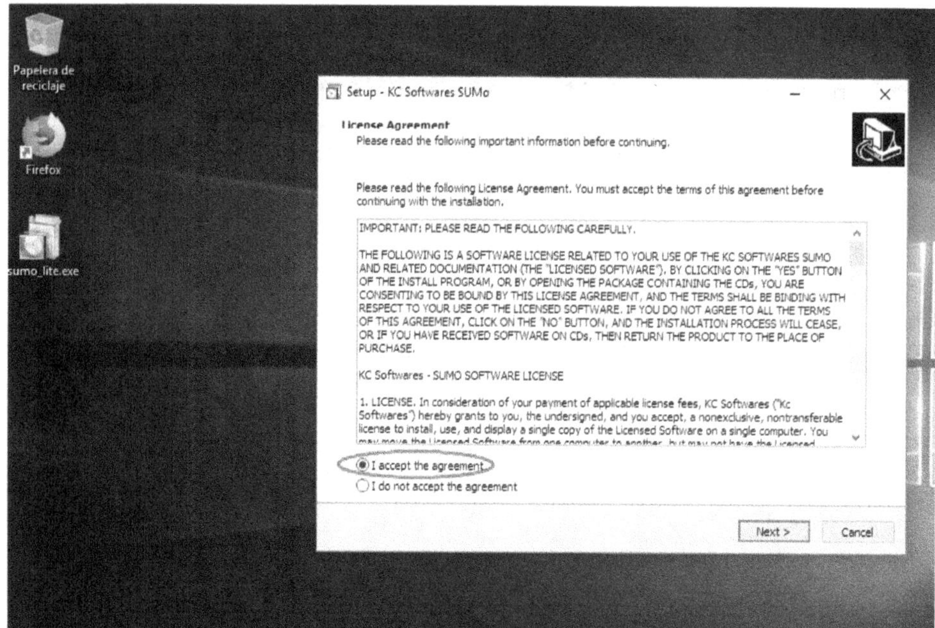

Damos click en siguiente aceptando la ruta sugerida:

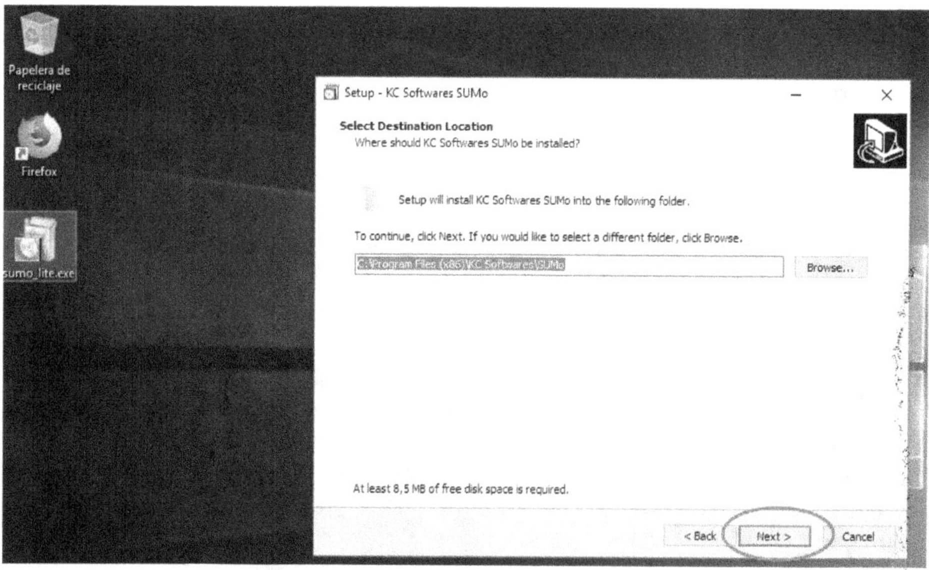

De nuevo aceptamos el nombre sugerido:

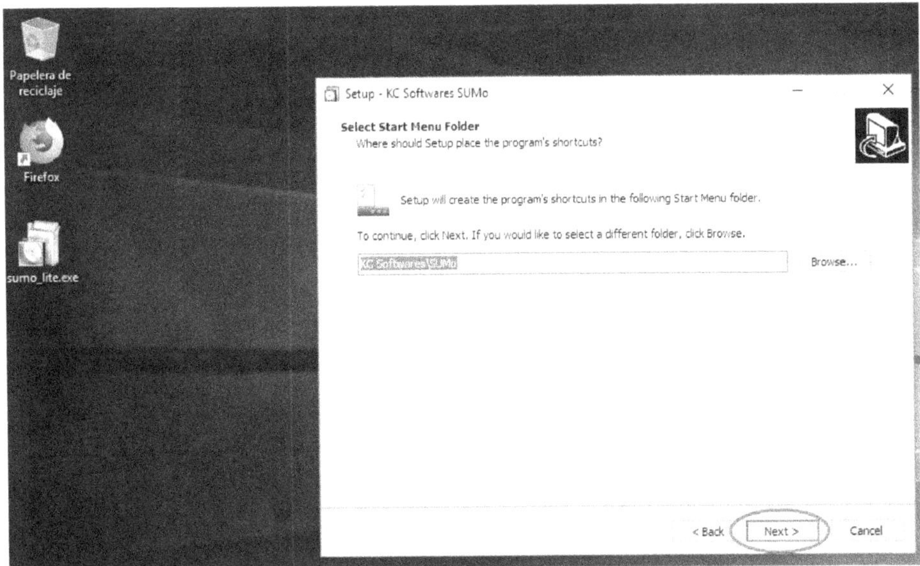

Dejamos las opciones por defecto para crear un ícono en el escritorio y un grupo en el menú de inicio, etc.:

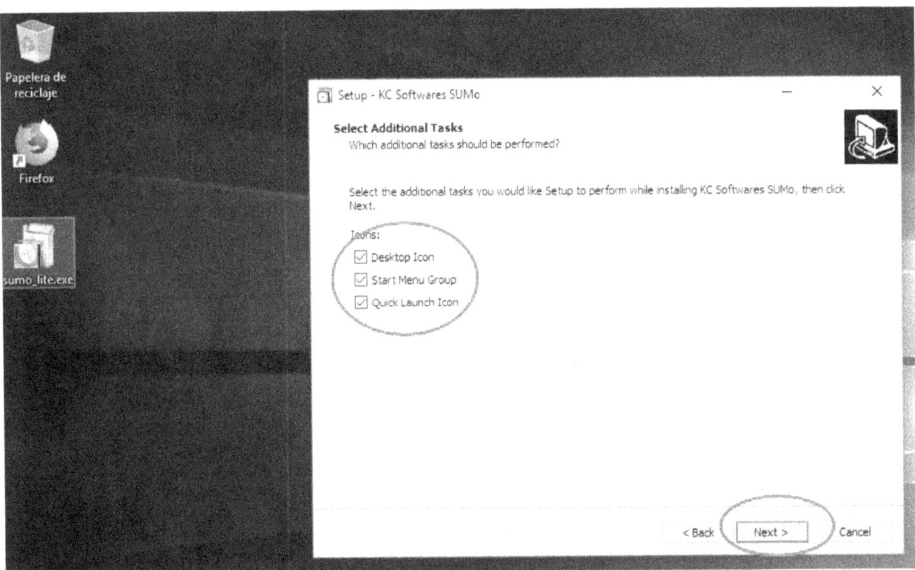

Por fin estamos listos para instalar:

David F. Pereira Q.

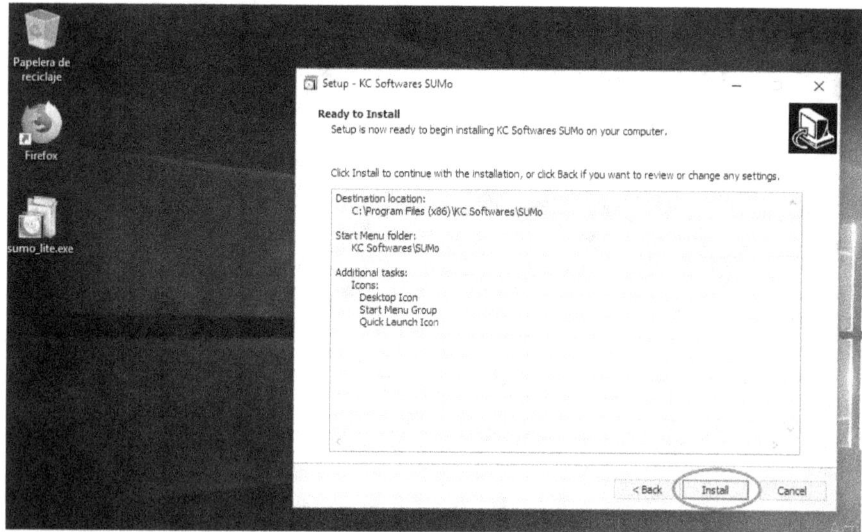

Finalizamos la instalación y lanzamos el SUMo:

Al ejecutarlo, el asistente nos ofrece detectar automáticamente el software instalado:

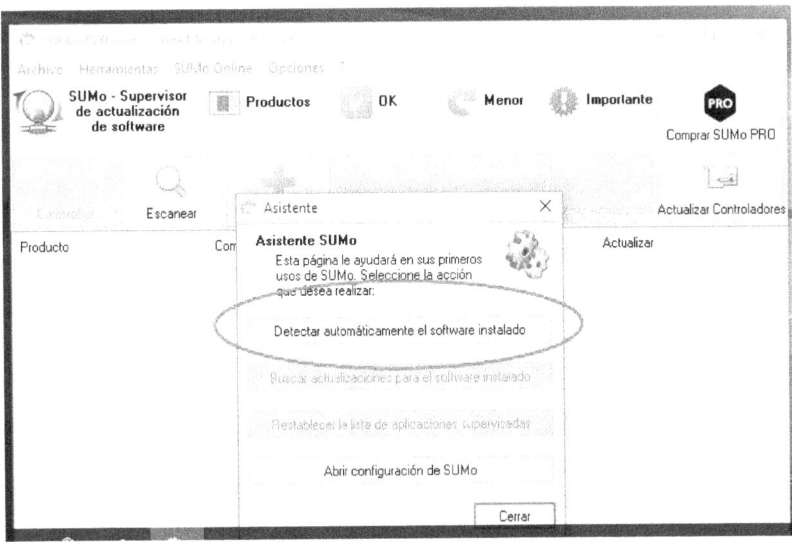

Después de ejecutarlo tenemos la opción de buscar actualizaciones para el software instalado o cerrar la pantalla:

Pidámosle que busque actualizaciones:

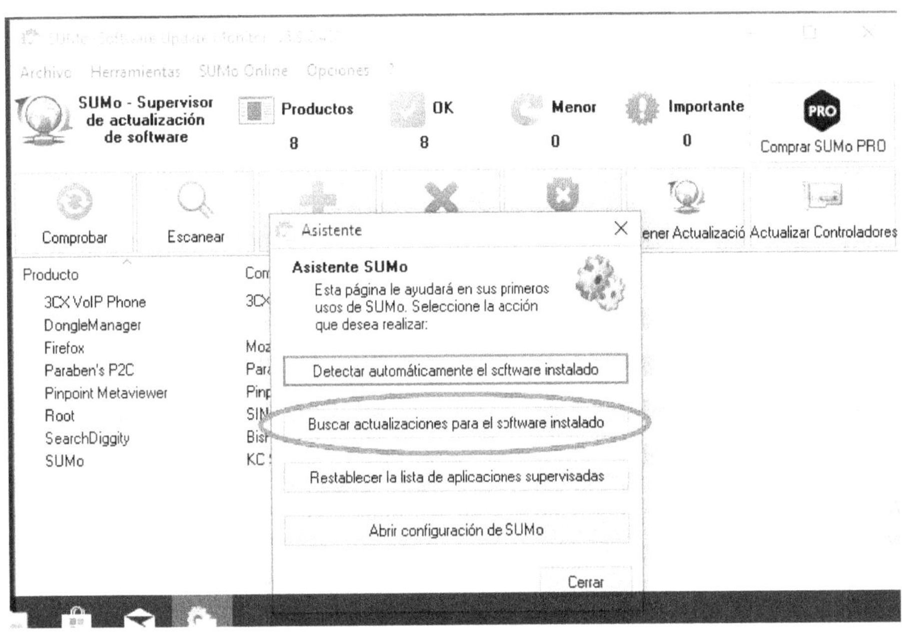

Luego cerramos esa ventana emergente:

David F. Pereira Q.

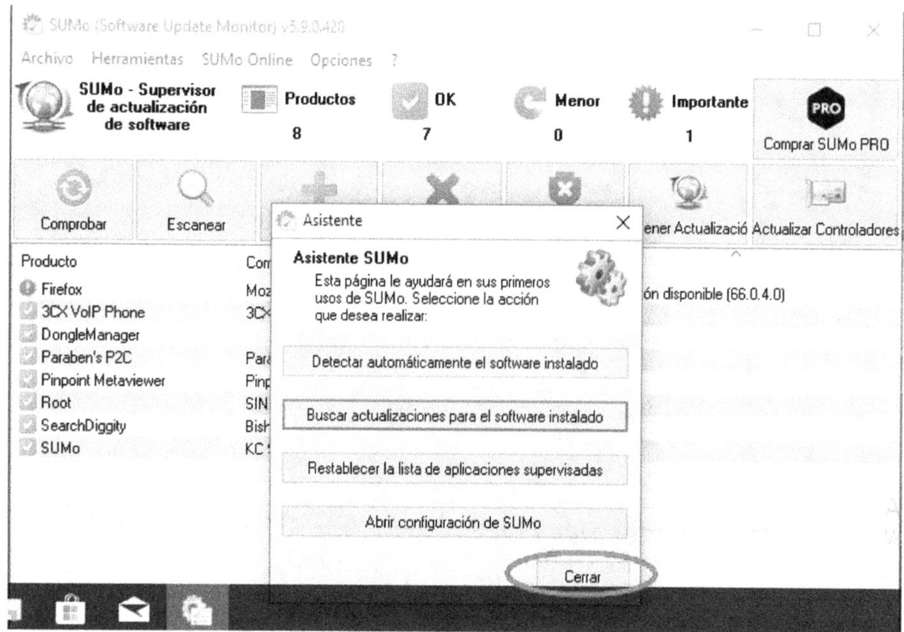

Y ya podríamos seleccionar para cada aplicación si descargamos la actualización con la aplicación SUMo o si las descargamos directamente de Internet; lo importante es que ya sabríamos cuales de nuestras aplicaciones podrían ser vulnerables por estar desactualizadas;

Al hacer click derecho sobre cualquier aplicación, obtenemos un menú en donde podemos seleccionar desde donde descargar la actualización; la versión paga permite hacerlo desde la pagina de cada fabricante.

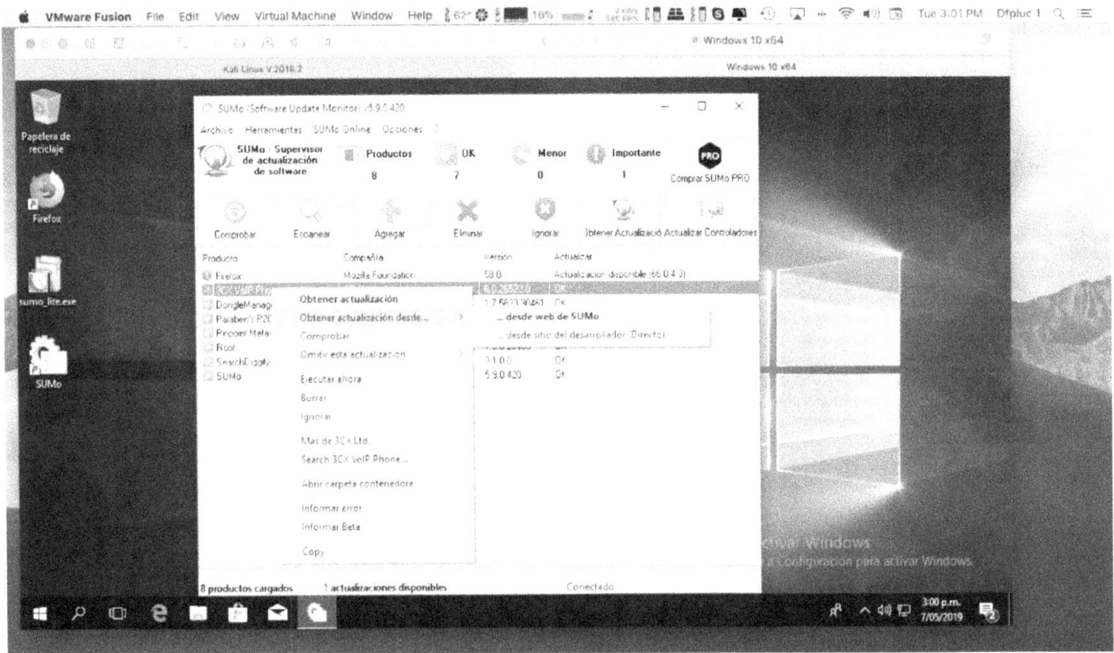

Como siempre si tienes dudas: Twitter: @davidpereiracib o en mi canal de YouTube: https://www.youtube.com/c/DavidPereira

LAS COPIAS DE SEGURIDAD (BACKUP)

Es MUY importante tener un respaldo de nuestros datos, en caso de que ocurra un desastre con nuestro computador, tableta o celular;

Puede pasar que se dañe, lo roben o que seamos víctimas de un malware que nos destruya los datos, pero si tenemos copia…pues NO HAY PROBLEMA!!. Así que mis queridos lectores vamos a aprender como hacer una copia de respaldo para dormir tranquilos; para esto vamos a necesitar un dispositivo de almacenamiento que reciba esos datos; puede ser un disco duro externo, una memoria USB o incluso un servicio de Nube o Cloud en donde copiar nuestra información; acá vemos imágenes de Discos Duros y Memorias USB, solo por si acaso:

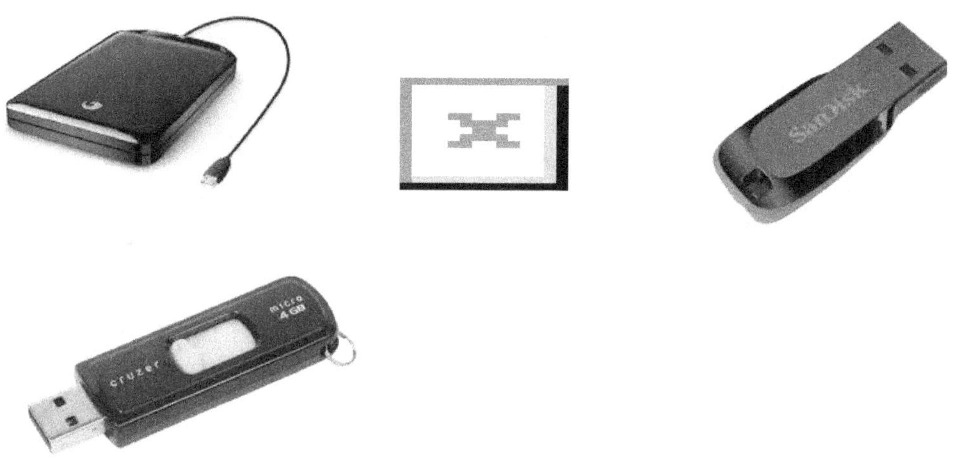

Bueno, digamos que ya tenemos conectado un disco duro externo o una memoria USB a nuestro computador y queremos hacer un a copia de seguridad.

Vamos a validar que el computador ya reconozca nuestro disco o memoria USB; esto es muy fácil, solo vamos a irnos al explorador de windows; ese iconito con forma de carpeta que tenemos en la barra de menú, le damos click:

Al abrirlo recibimos algo así:

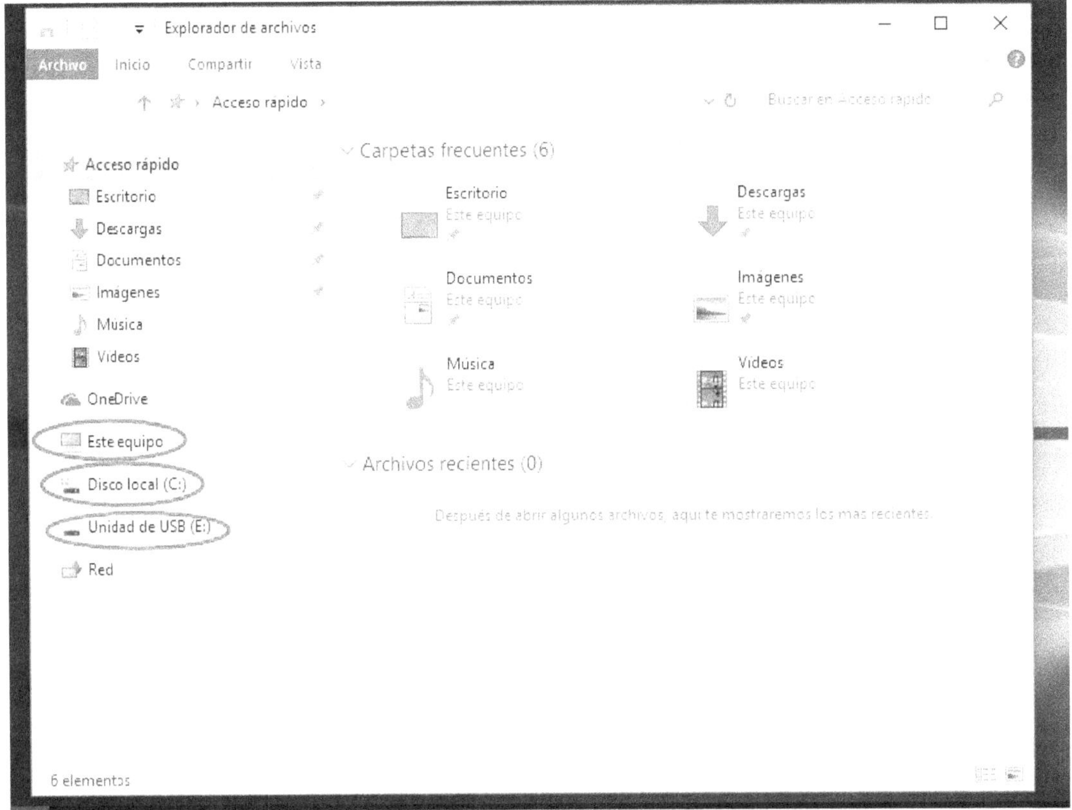

Verás que debajo de la opción este equipo, aparecen las distintas unidades de almacenamiento que tengas; acá es bien importante entender que tu disco duro SIEMPRE va a aparecer con la letra "C:" (También la letra D: casi siempre se reserva para discos duros o para tu unidad de CD-ROM, DVD o BlueRay) y las demás unidades van en orden alfabético, es decir si conectas una USB probablemente aparezca como "E:" y si conectas también un Disco Externo, aparecerá como "F:" y así sucesivamente;

Si quieres ver qué tienes guardado en cada unidad, simplemente haces click sobre la que quieres consultar, por ejemplo la memoria USB que tenemos con la letra "E:"

David F. Pereira Q.

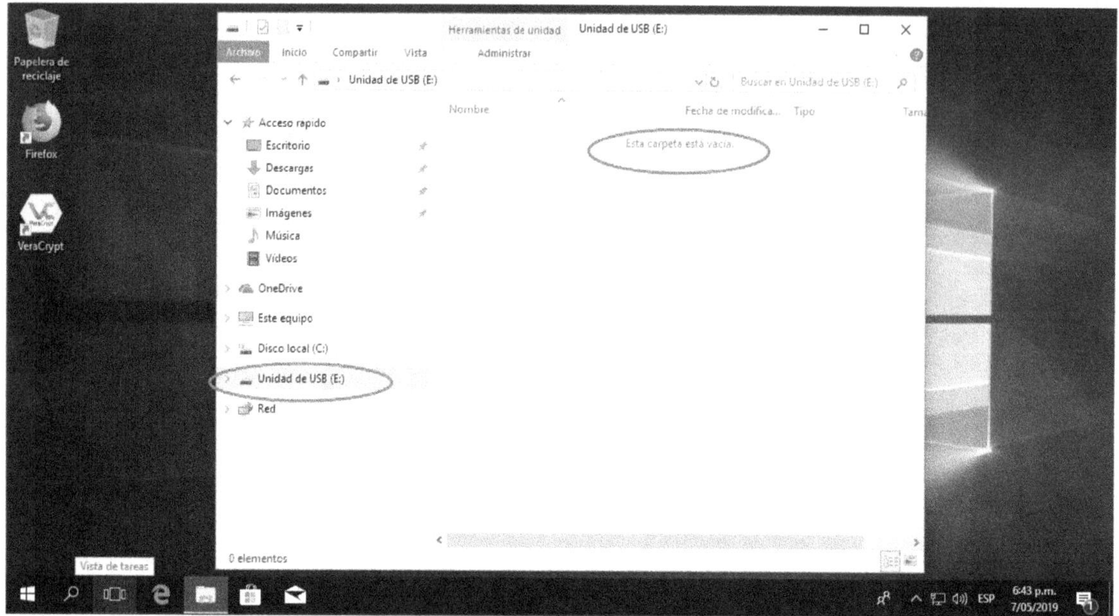

Vemos que nuestra memoria USB esta vacía, lista para recibir nuestra copia de seguridad (Backup).

Hay algo muy importante a tener en cuenta: el tamaño o capacidad del dispositivo que va a recibir tu copia de seguridad; si es demasiado pequeño en relación con el disco duro de tu computador, no vas a poder hacer la copia completa de tu sistema.

Bueno volvamos a la Copia de Seguridad: para esto vamos al botón de inicio de Windows, y escribimos "Copia" y veremos la opción de "Configuración de copia de seguridad"; esa es la que vamos a seleccionar.

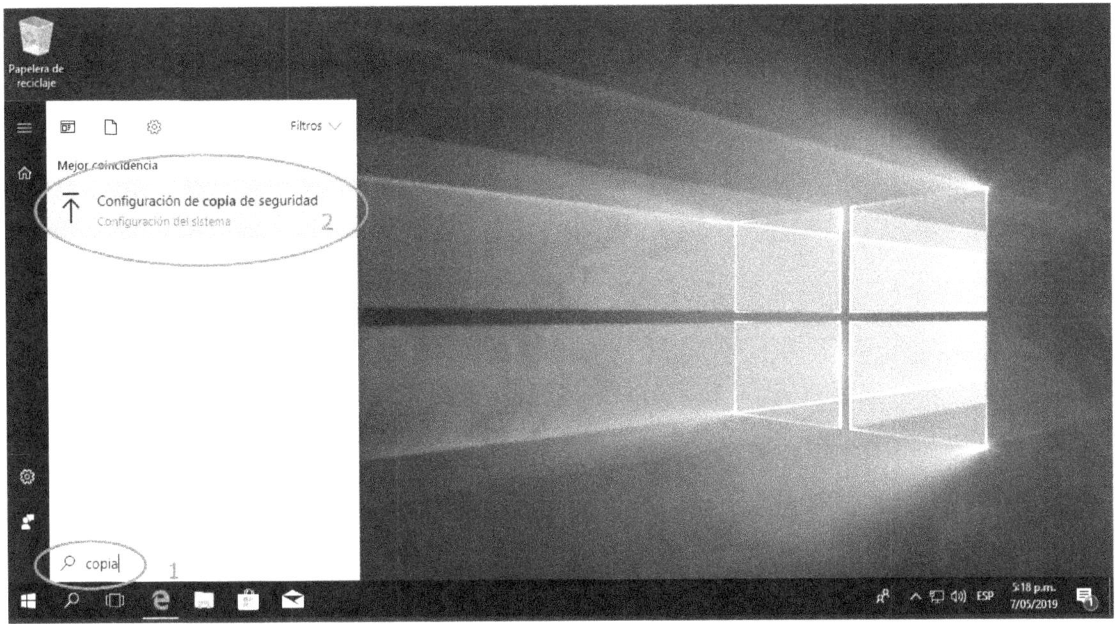

Nos recibe una pantalla como la que viene a continuación; en ella seleccionamos el símbolo + en donde dice Agregar una unidad:

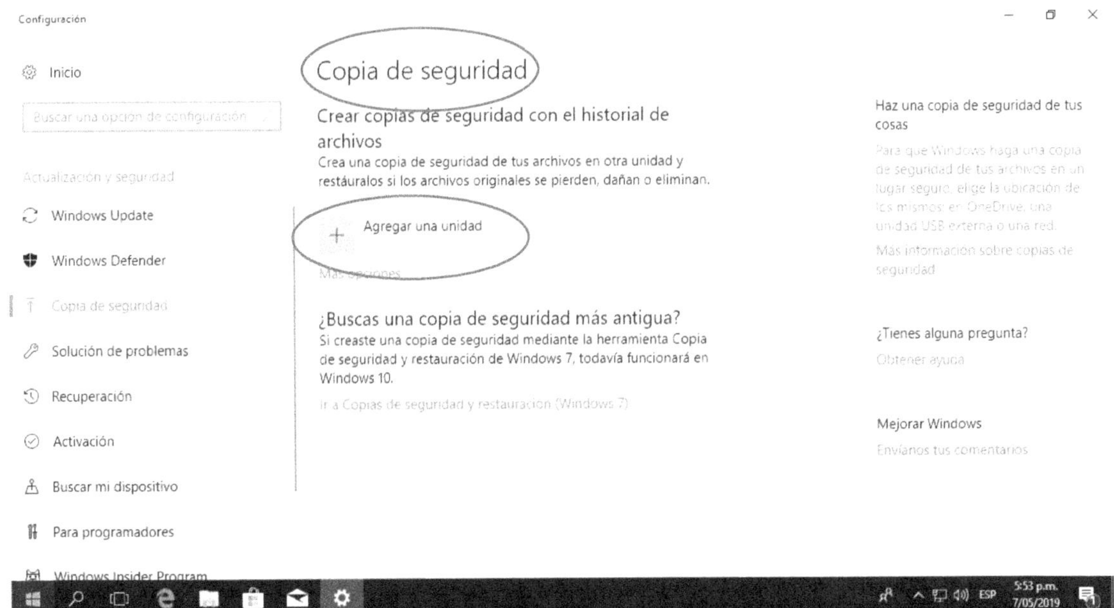

Seleccionamos el símbolo + en donde dice Agregar una unidad;

Nos aparece nuestro Disco Extraible (Memoria USB):

David F. Pereira Q.

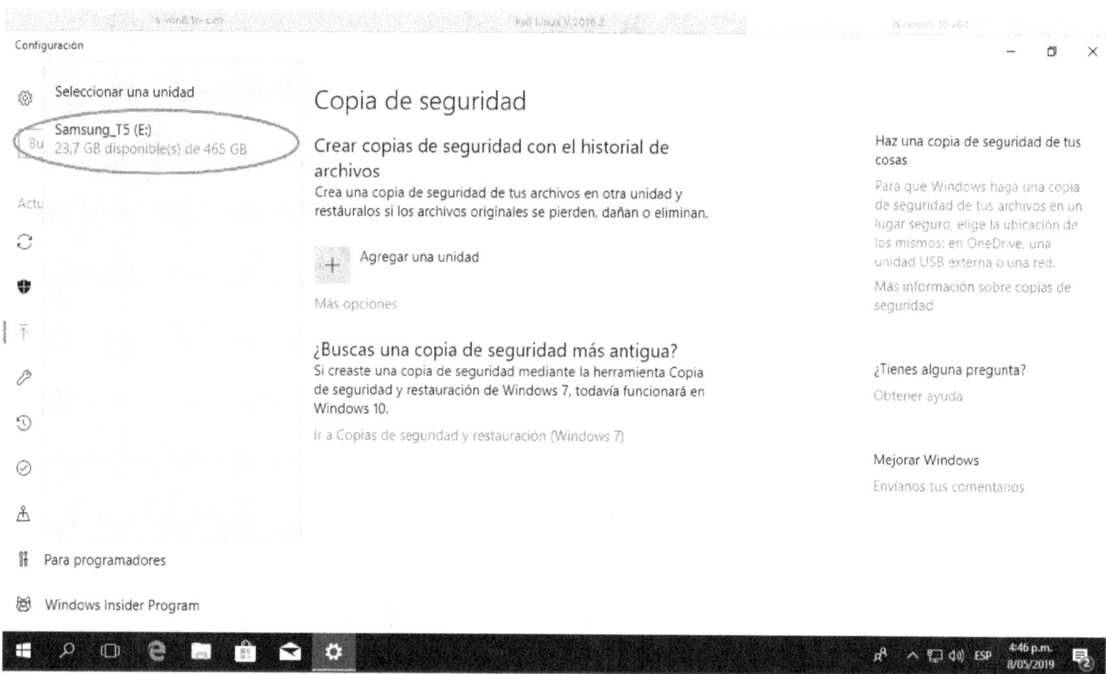

Luego haces click sobre la unidad que quieres utilizar (Disco USB); es posible que se cierre el asistente; a veces es recomendable reiniciar la maquina después de haber hecho este procedimiento, pero si ya te aparece una pantalla como la que mostramos a continuación, no es necesario reiniciar.

En la opción: "Crear automáticamente una copia de seguridad de mis archivos" selecciona activado:

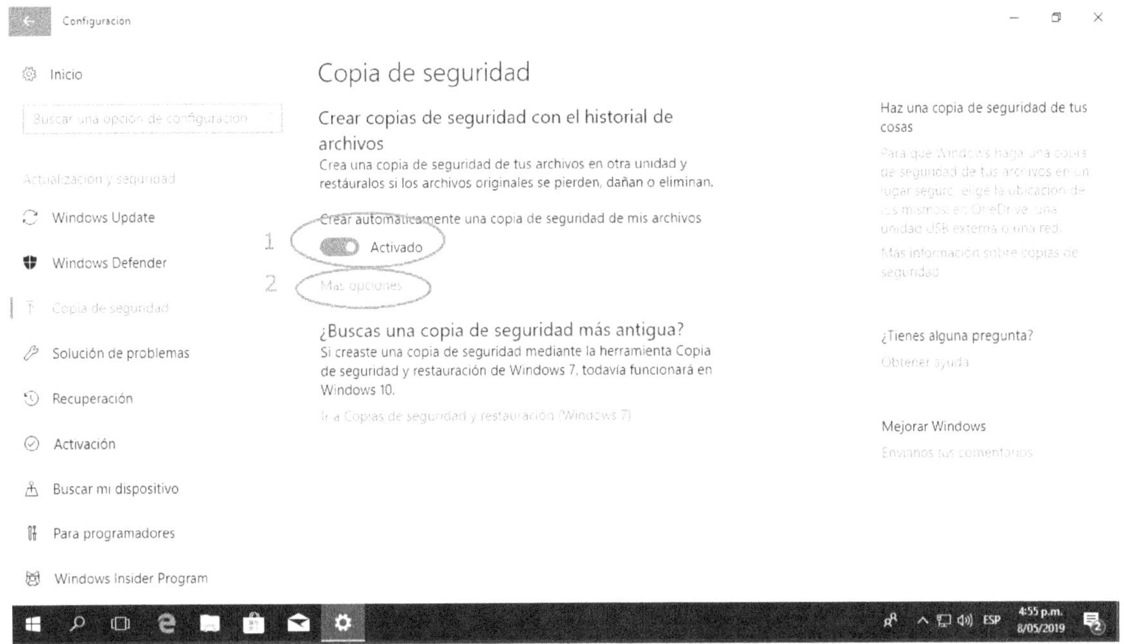

Y luego vamos a más opciones, para poder seleccionar y configurar nuestra copia:

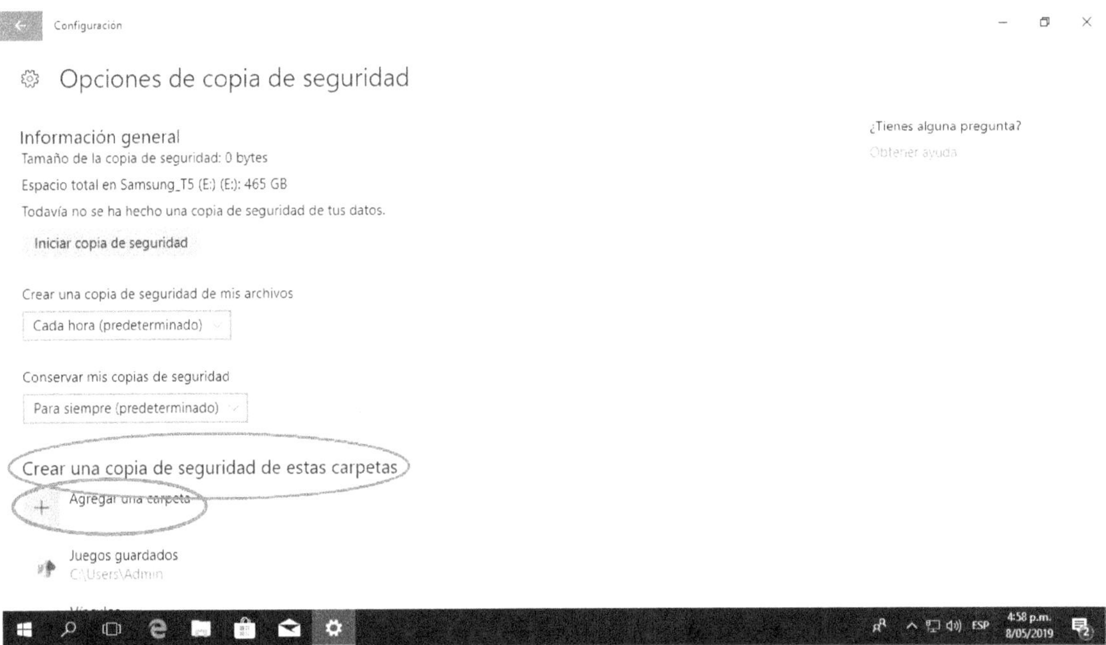

Allí en la opción de "Crear una copia de seguridad de estas carpetas" nos muestra algunas carpetas que ya vienen seleccionadas por defecto; revisa la lista y decide si debes agregar alguna carpeta más;

David F. Pereira Q.

si quieres agregar alguna otra, solo necesitas hacer click sobre

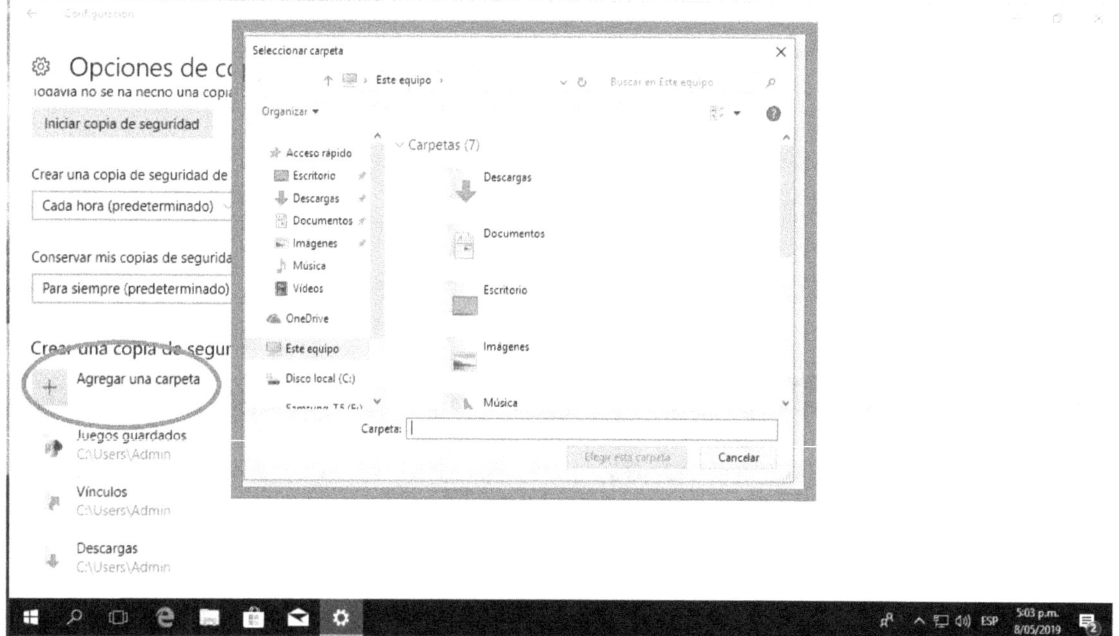

Y seleccionas la que quieras:

Luego, si sigues bajando también encontrarás la opción: "Excluir estas carpetas" por si quieres que no se realice copia de alguna de las que ya están seleccionadas.

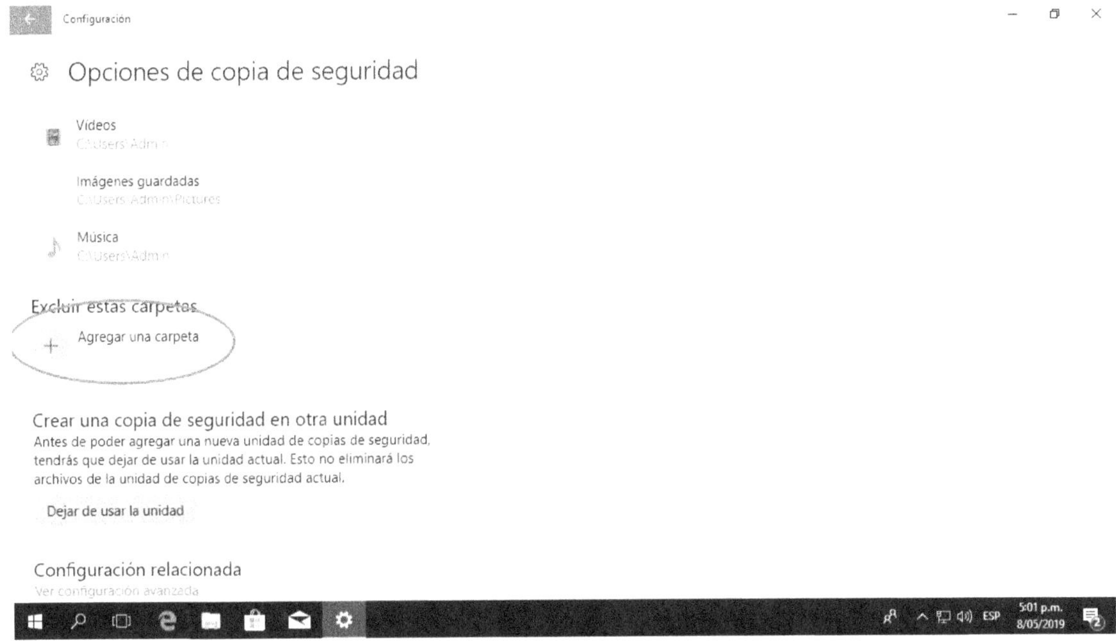

Vale, digamos que ya estas list@ para configurar la periodicidad; puedes escoger hacer copia cada hora, o cada día, etc. tu decides lo que sea mejor, pero ten en cuenta que cada copia que hagas va a ocupar espacio del disco destino.

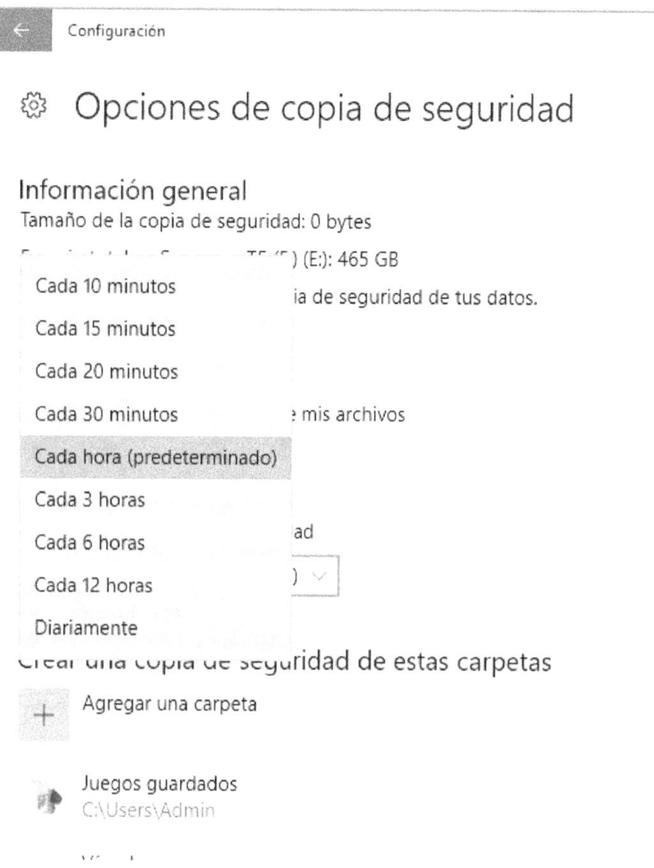

Por otro lado debes decidir si vas a conservar cada copia que hagas o si se van a sobrescribir una sobre otra, es decir que cada vez que hagas una copia, la anterior desaparezca.

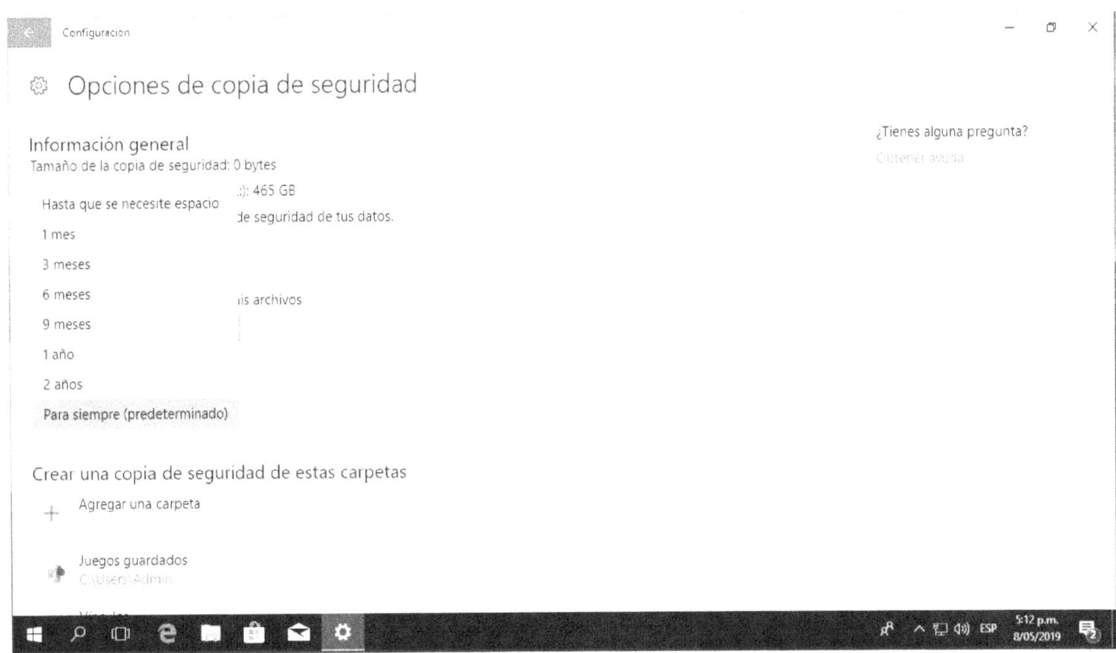

Si tus archivos cambian mucho, es mejor conservar las diferentes copias que hagas.

Ya solo tienes que hacer click sobre "Iniciar copia de seguridad" (1).

Si ya la realizaste, queda un registro (2) de cuándo fue la última copia realizada.

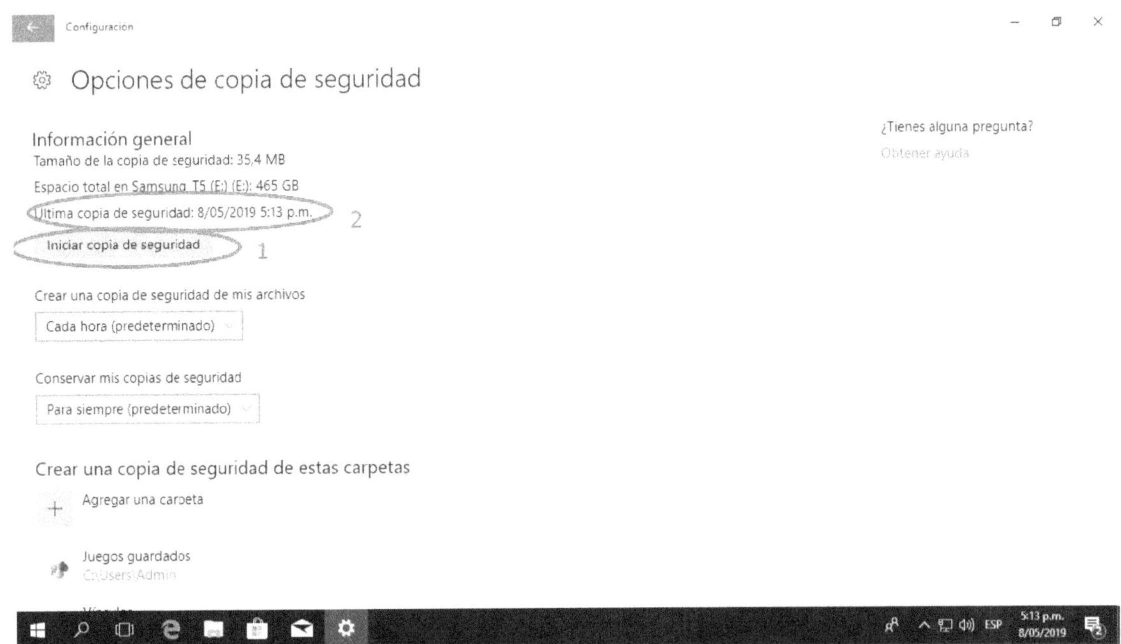

Restauración de la copia de seguridad

Digamos que por cualquier circunstancia quieres restaurar tus datos; en la misma pantalla de "Opciones de copia de seguridad" en la parte inferior encuentras "Restaurar archivos desde una copia de seguridad actual"

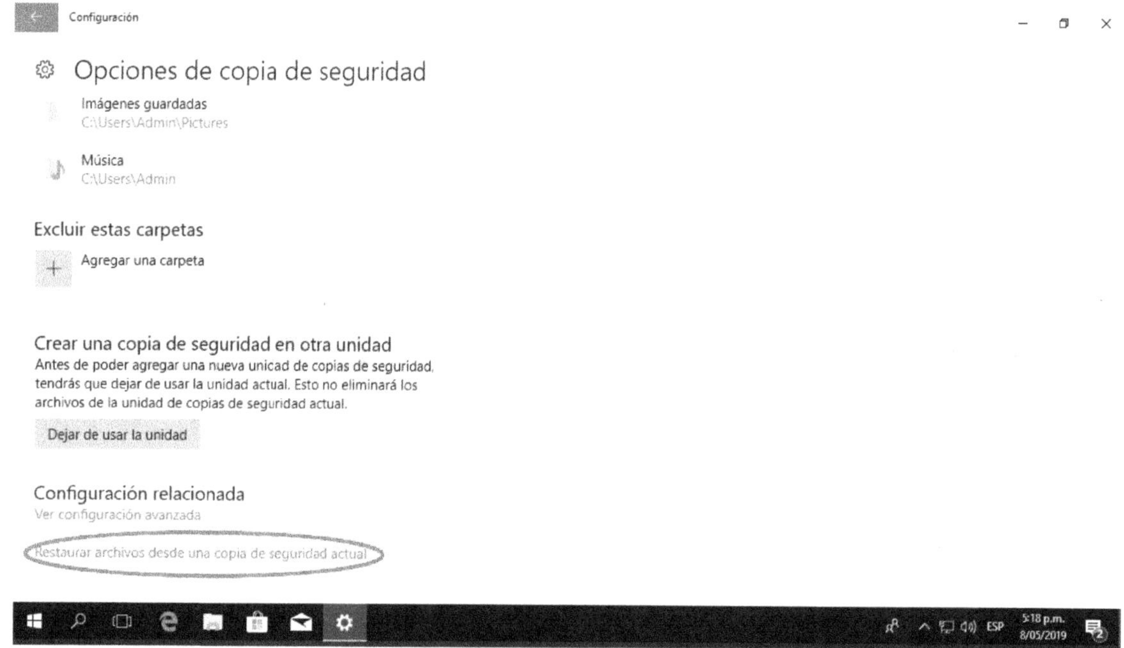

Al hacer click sobre esa opción, obtenemos el historial de copias y puedes seleccionar la carpeta que quieras restaurar; en la imagen hemos seleccionado "Documentos"; luego haces click sobre el botón verde:

Si deseas sólo restaurar algunos archivos, entras a la carpeta.

Luego te aparece la restauración ya realizada:

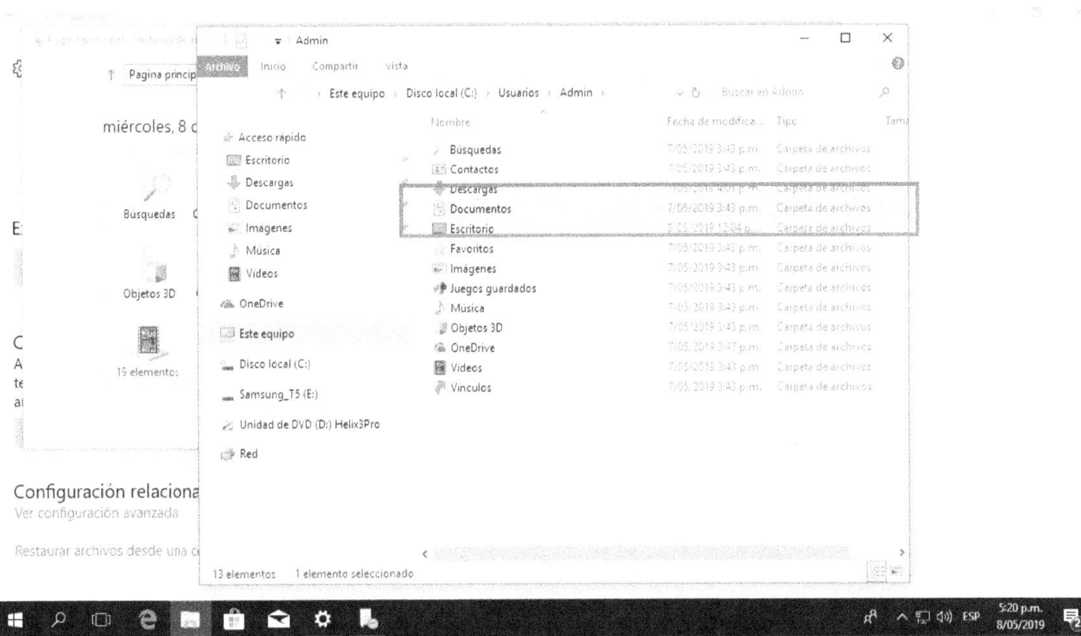

Y listo, simplemente validas que tus datos se hayan recuperado con éxito.

David F. Pereira Q.

EL CIFRADO DE DISCO

Cifrado equivale a aplicar unas instrucciones a nuestra información contenida en los dispositivos, con el objetivo de que si es robado o cae en manos inadecuadas, los delincuentes no puedan acceder a nuestros datos si no tienen la clave.

Para cada sistema operativo existen herramientas distintas; Windows trae una opción para poder proteger nuestros datos que se llama Bitlocker, pero solo esta presente en las versiones Pro;

Vamos a usar una herramienta llamada VeraCrypt que nos permite hacer lo mismo de forma gratuita.

VERACRYPT
https://www.veracrypt.fr/en/Downloads.html

Seleccionas el instalador de Windows (El que marcamos con un círculo rojo) y puedes guardarlo o ejecutarlo; para este caso simplemente lo vamos a ejecutar:

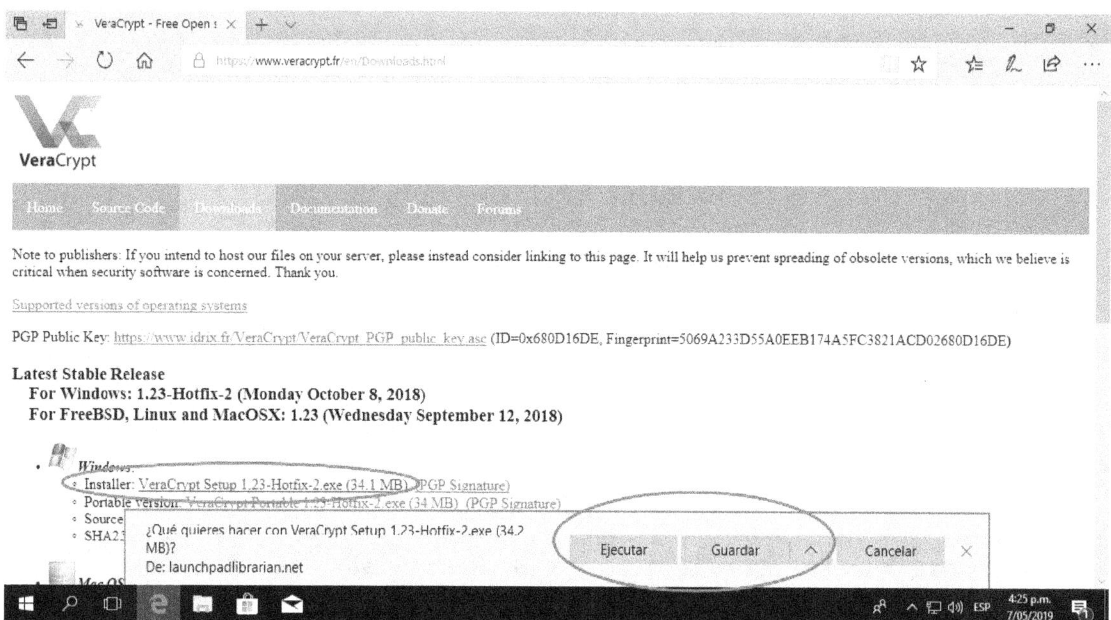

Nos aparece una ventana emergente en donde escoges el idioma para instalar y damos aceptar; para este caso, español.

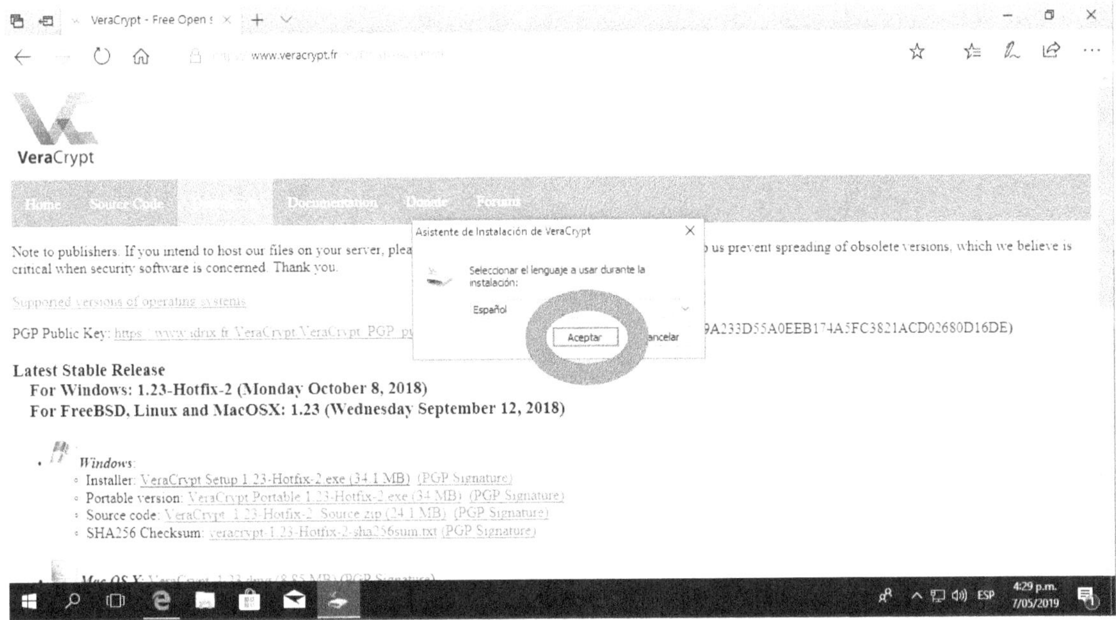

En la siguiente pantalla seleccionamos aceptar los términos de licencia y siguiente.

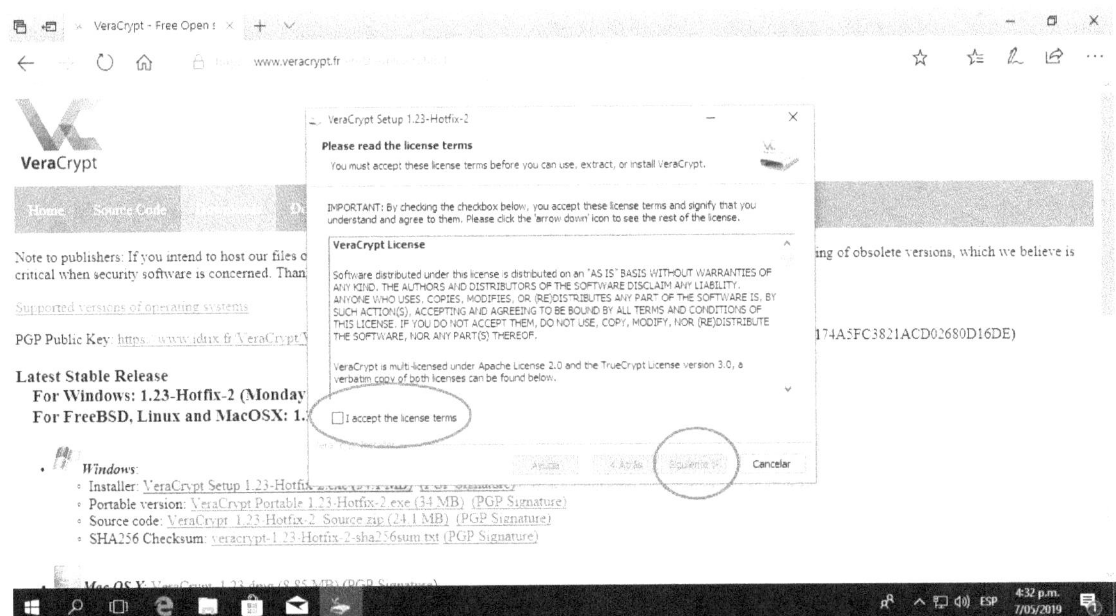

En la siguiente pantalla seleccionamos "Instalar" y damos siguiente:

David F. Pereira Q.

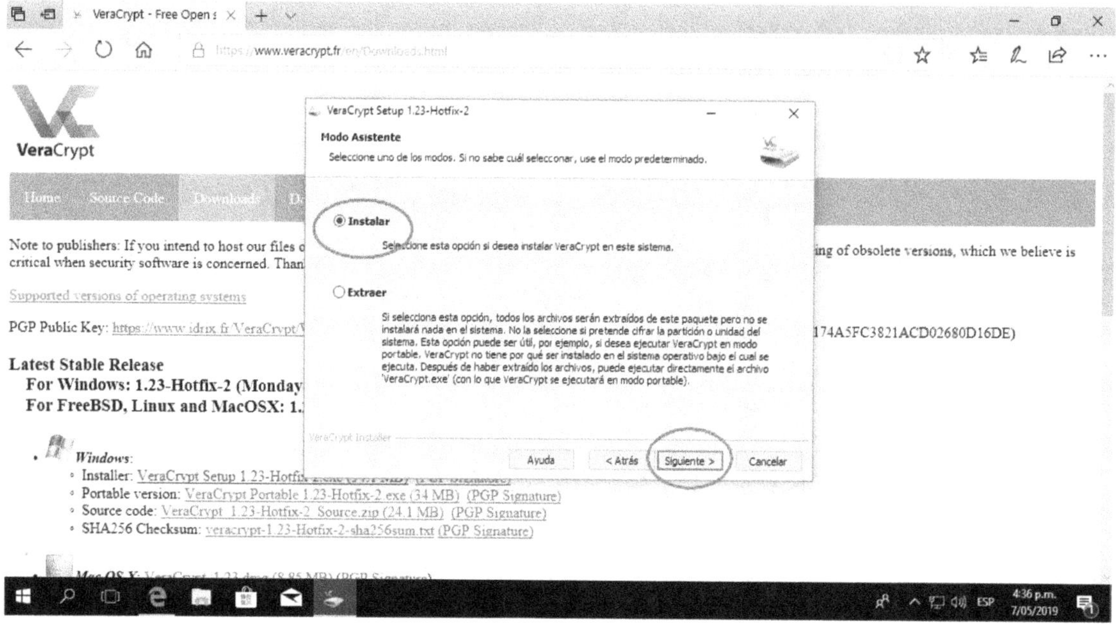

Escoges la ruta en donde se va a instalar la aplicación; podemos dejar las demás opciones como aparecen, ya que son las más normales y damos "Instalar"

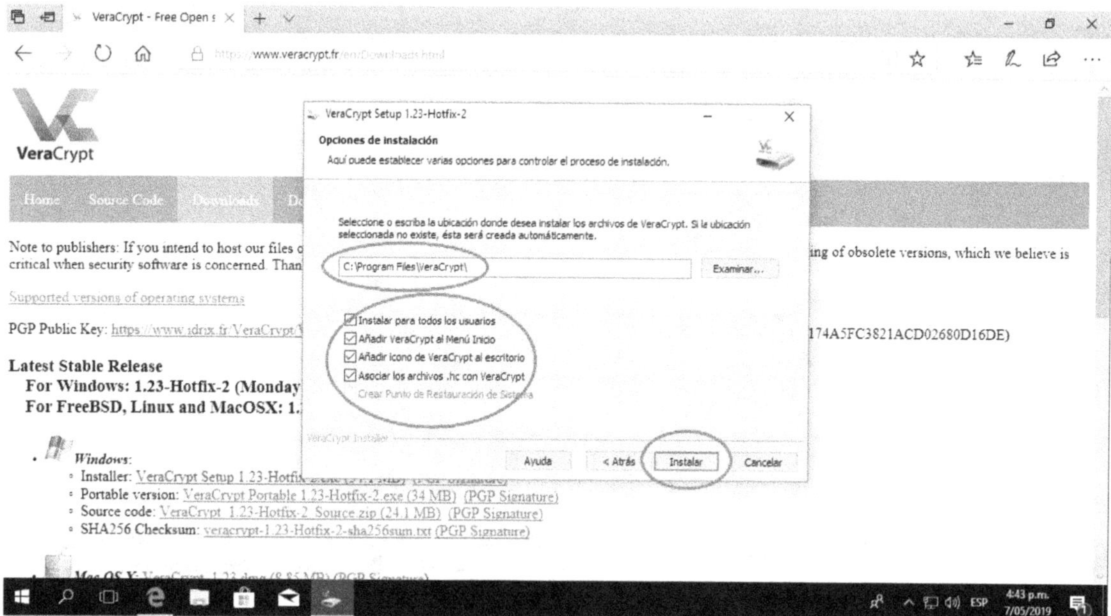

Al lograr instalar sin problemas, recibimos esta pantalla; hacemos click en "Aceptar":

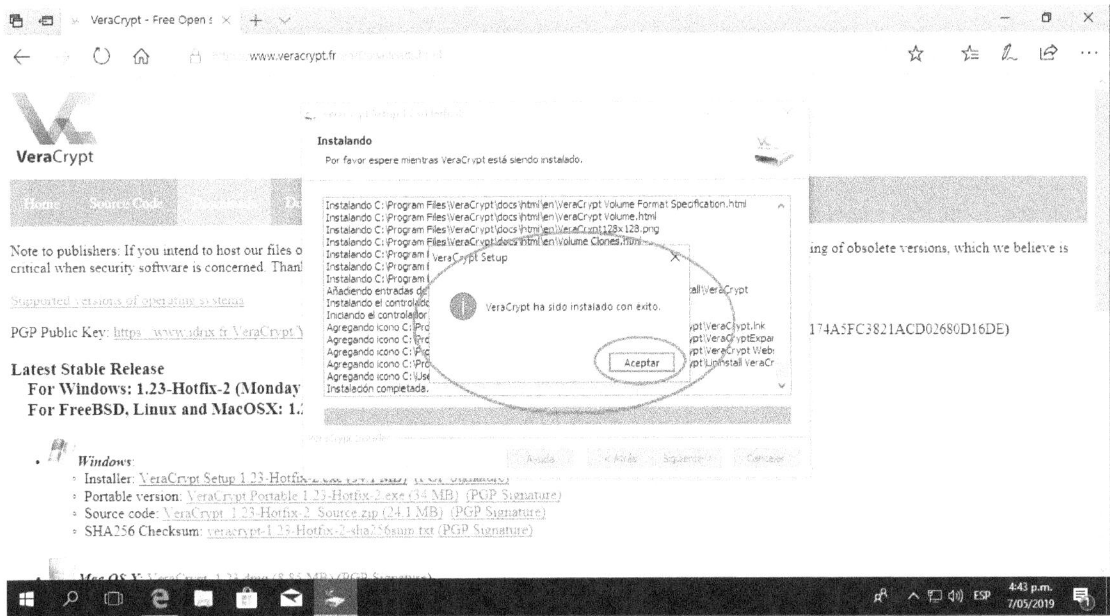

Al terminar nos aparece esta pantalla en donde simplemente seleccionas "Finalizar"

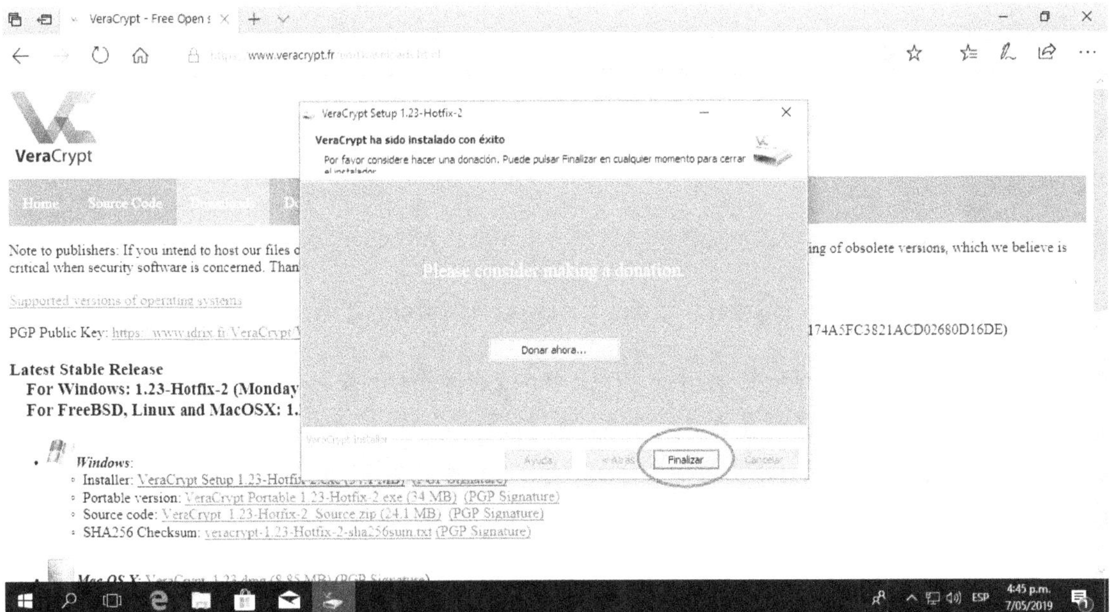

Luego nos ofrecen ver un tutorial; es muy útil, pero está en inglés, así que si no te sientes cómod@ leyendo en inglés, no te preocupes, yo te voy a ir guiando por todo el proceso en español y como siempre, si tienes dudas: Twitter: @davidpereiracib o en mi canal de YouTube: https://www.youtube.com/c/DavidPereira;

David F. Pereira Q.

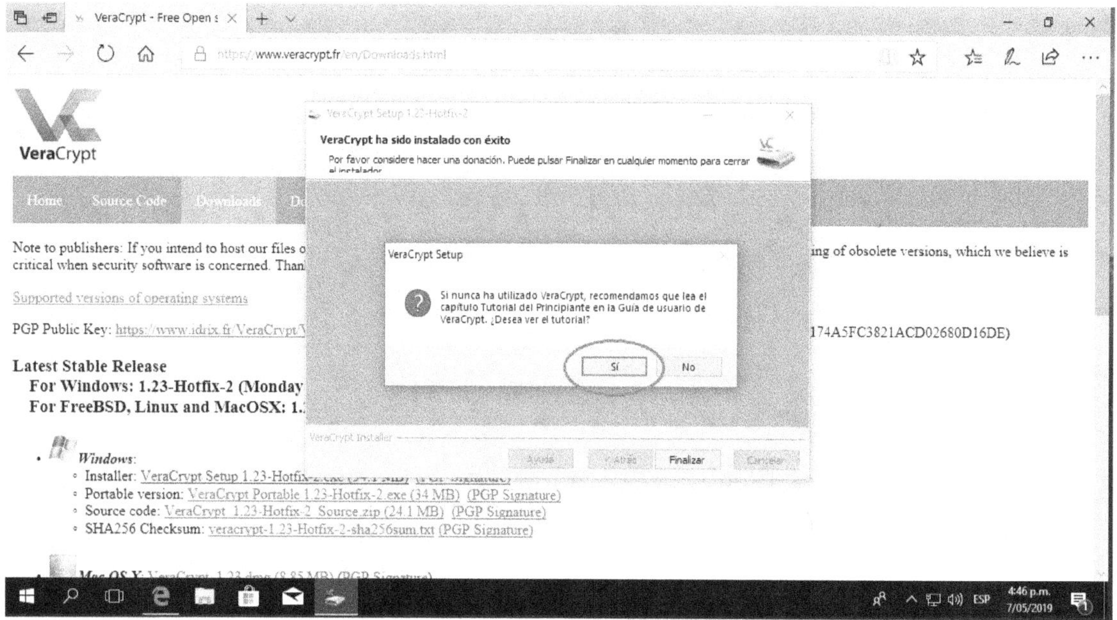

Le hayas dicho si o no, ya debemos tener este ícono en nuestro escritorio, que es nuestra aplicación de Cifrado: VeraCrypt;

Vale, ahora viene lo bueno: Cifrar nuestro Disco Duro….. Muahaha!!!

Mentiras!! es muy fácil pero si te recomendaría que antes de iniciar cualquier proceso como este, hayas sacado una copia de seguridad de tus datos (Backup), por si acaso… tu sabes que el fracaso siempre es una opción…jajaja; en el ítem anterior, explicamos cómo hacer una copia de seguridad de tus archivos, fotos, etc.

Bueno, asumiendo que ya tenemos copia de seguridad de toda la información importante, pues vamos a cifrar nuestro disco:

Primero ejecutamos la aplicación y obtenemos esta pantalla en donde vas a seleccionar la opción "Sistema".

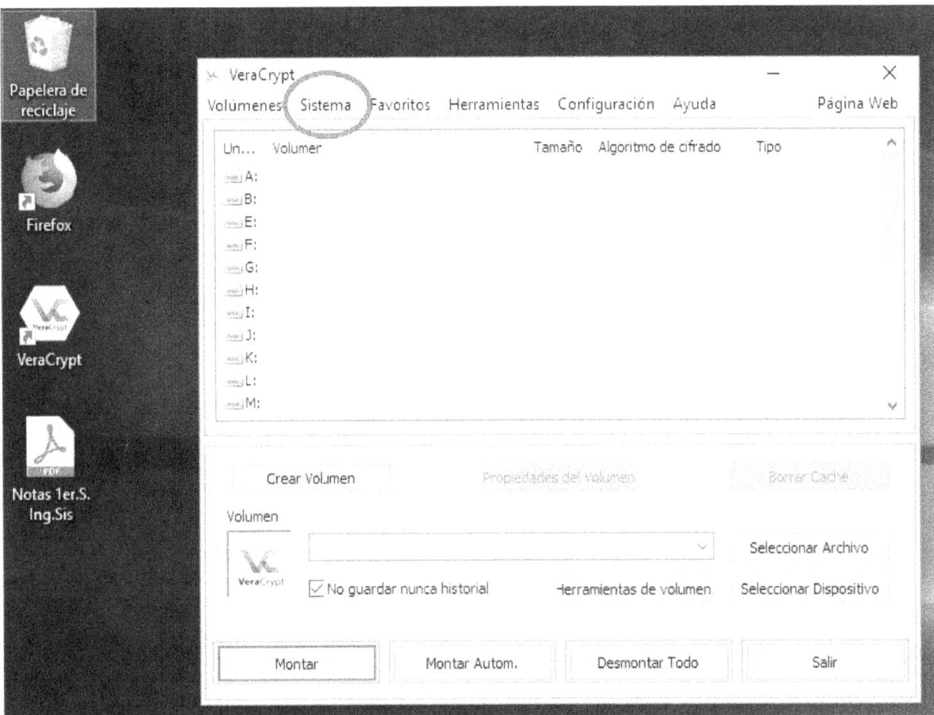

Una vez hecho esto, vamos a seleccionar: "Cifrar la Partición/Unidad de Sistema"

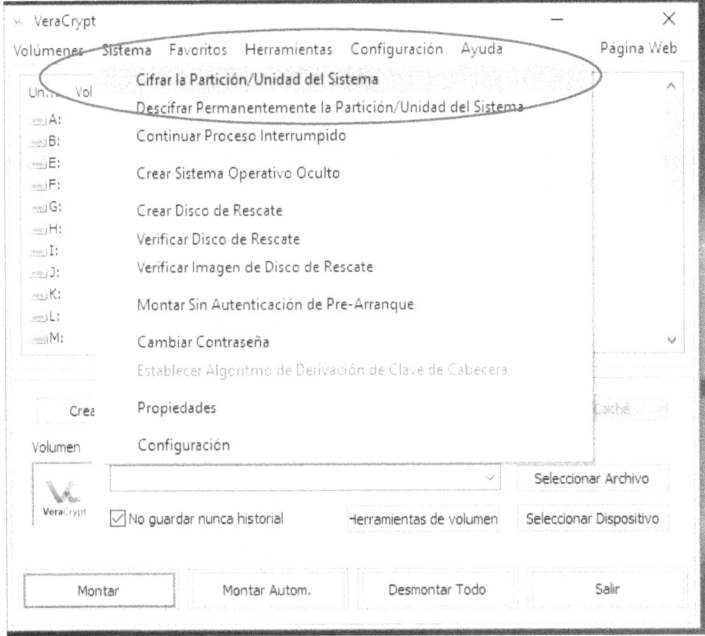

Seleccionamos cifrado normal, ya que no requerimos esconder nuestro Sistema Operativo, solo protegerlo.

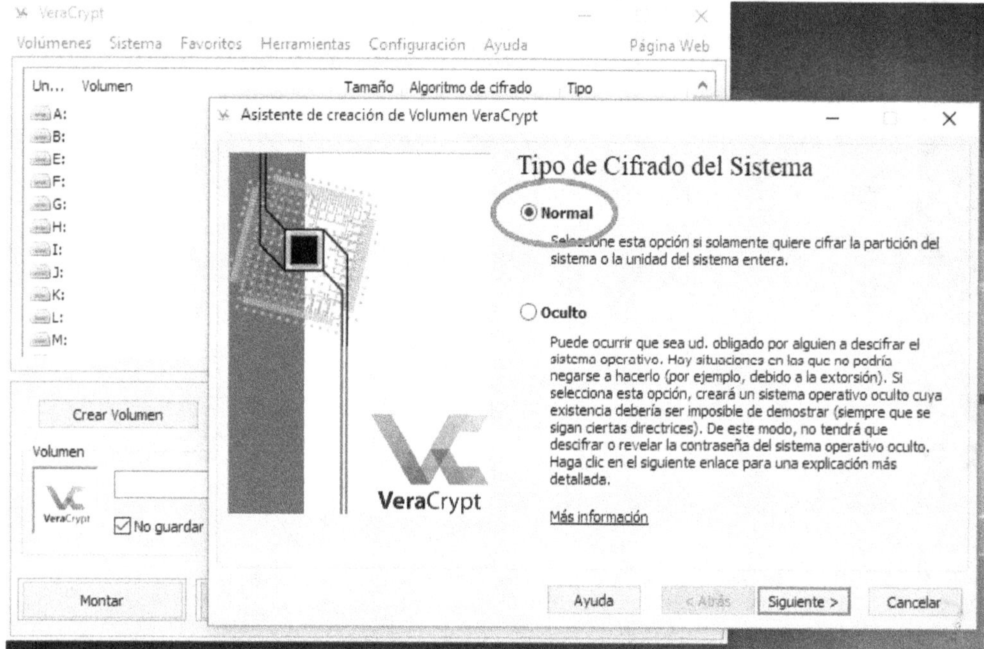

Para entender rápidamente lo que es una partición piensen en esta analogía; tu novia y tu quieren pizza, pero a ti te gusta de jamón y queso y a ella hawaiana; entonces la pides mitad y mitad y los dos son felices; bueno entonces piensa que tu disco es la pizza y que puedes tener varias particiones con diferentes sistemas operativos instalados que para el caso serian los sabores de pizza; para la mayoría de usuarios, cifrar la partición donde se ubica el Windows seria lo adecuado, así que seleccionamos la opción:

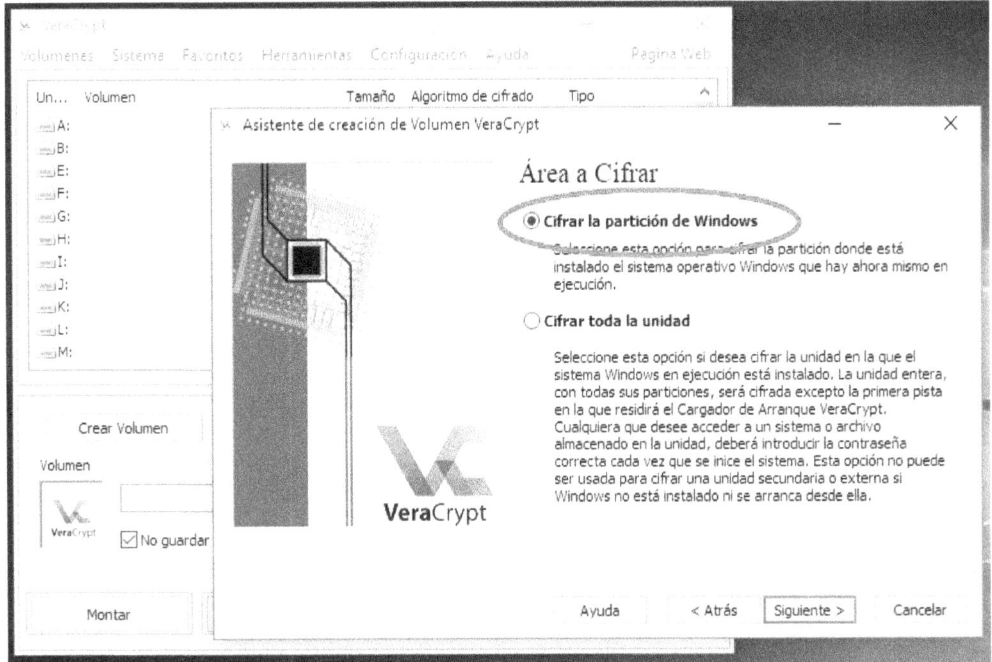

Pensando que tenemos un solo sistema operativo (Windows) montado en nuestra máquina seleccionamos "Arranque Simple" pero CIUDADO!: si tienes más de un sistema operativo en tu computador deberías seleccionar arranque múltiple; por que de lo contrario podrías perder tu información, o no perder, pero recuperarla sería complejo; como siempre para las dudas: Twitter: @davidpereiracib o en mi canal de YouTube: https://www.youtube.com/c/DavidPereira

David F. Pereira Q.

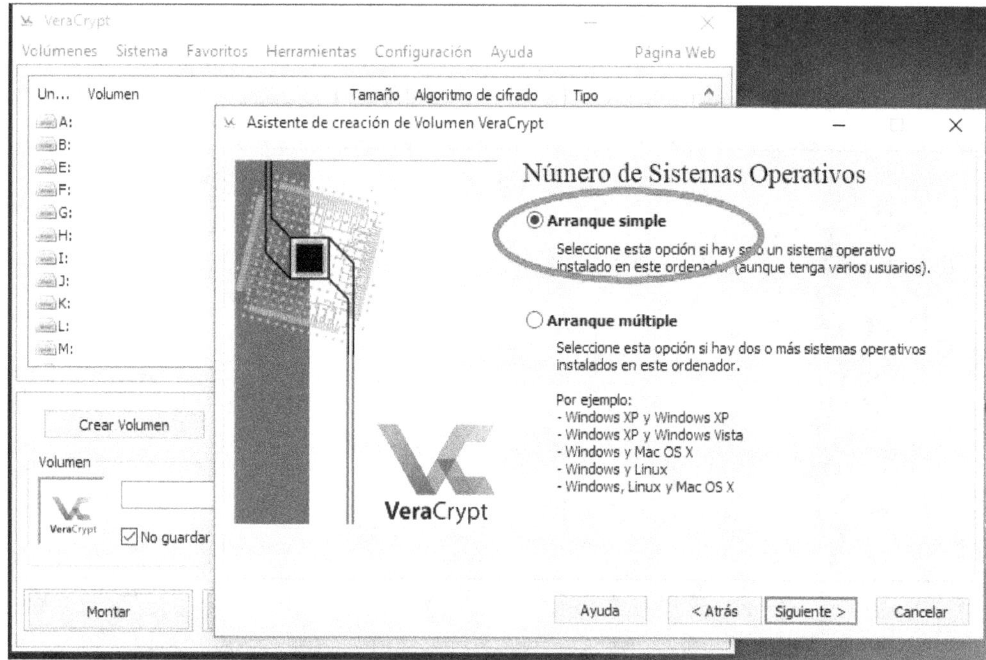

Luego escogemos las opciones de cifrado.

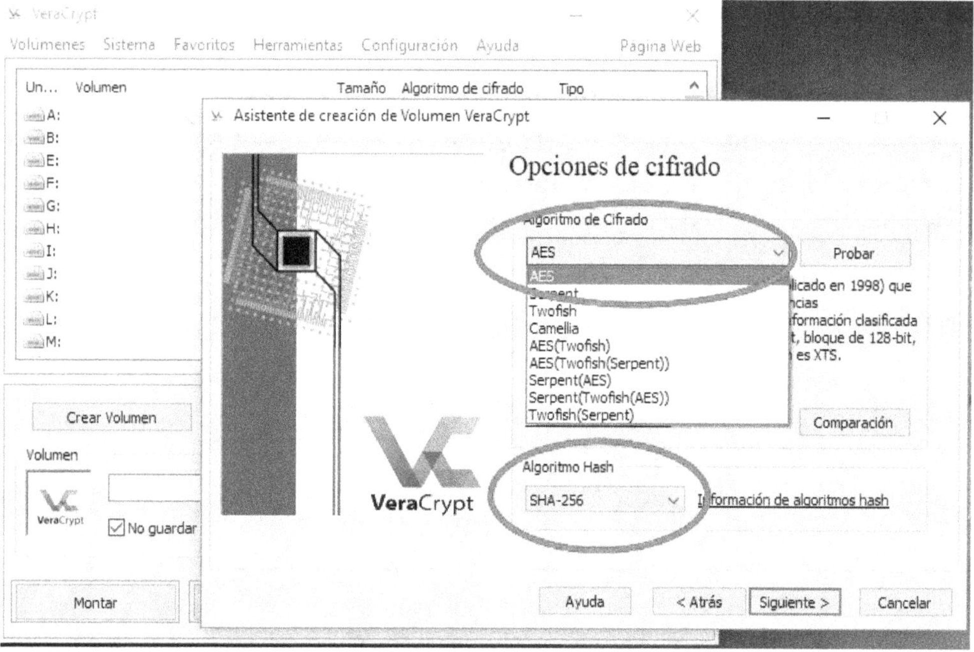

Luego digitamos una clave que NUNCA debes olvidar, ya que esta clave te va a permitir acceder a tu disco cifrado; sin ella, seria muy difícil acceder y requeriríamos el disco de rescate que vamos a crear como medida de respaldo;

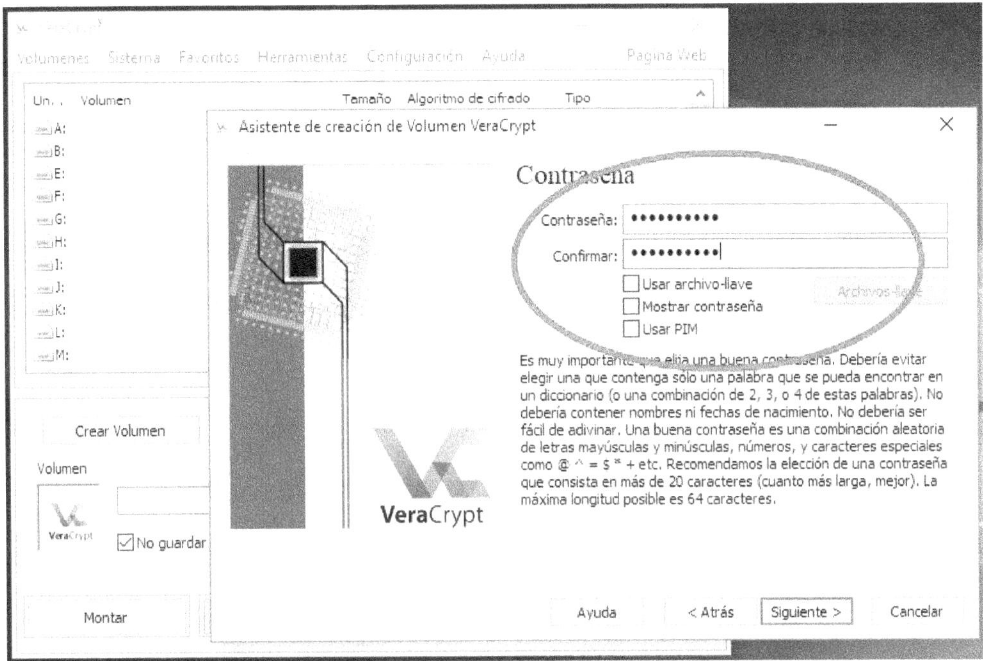

Si tu contraseña es muy corta, recibes un mensaje así:

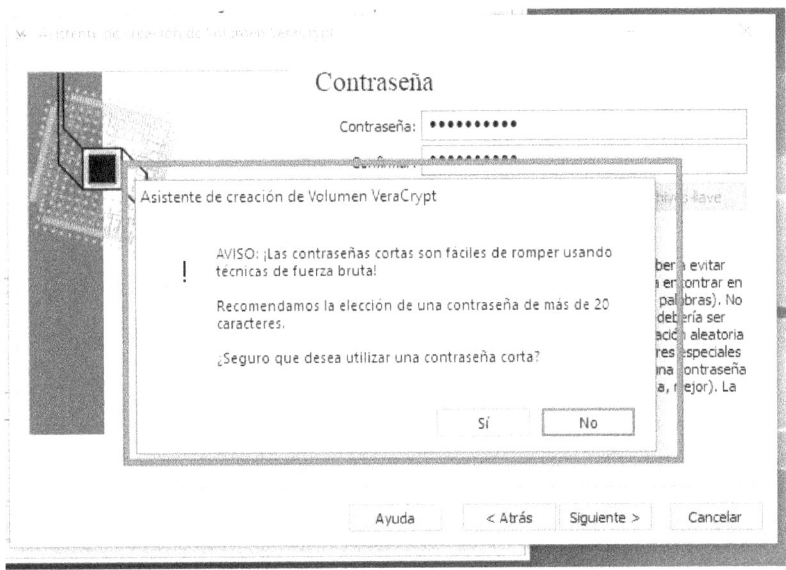

Te recomendamos poner una contraseña robusta como ya vimos en el capítulo:3.

Luego es necesario mover el mouse de forma aleatoria (como locos, sin orden alguno) por la pantalla para que se generen unas claves propias de la máquina; lo ideal es que la barra se ponga en verde con nuestro movimiento, y luego presionamos "Siguiente":

David F. Pereira Q.

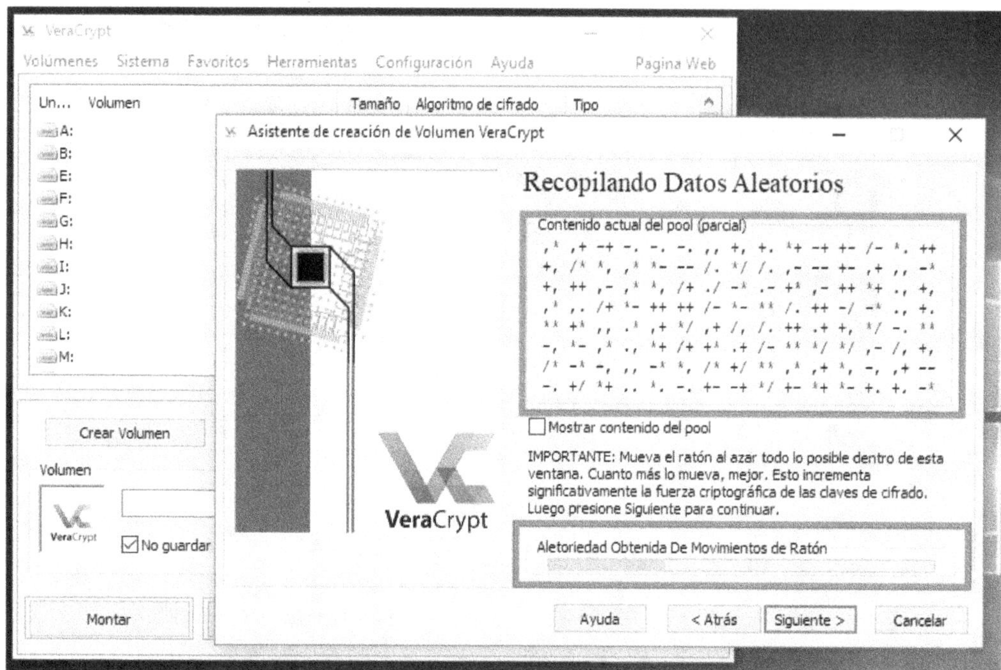

Le permitimos realizar cambios en nuestro computador.

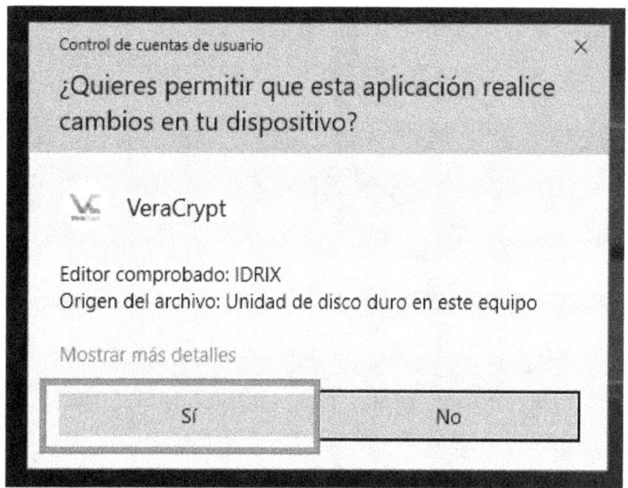

El genera una llaves, de las cuales nos muestra una parte; no te preocupes por esta información; le das "Siguiente".

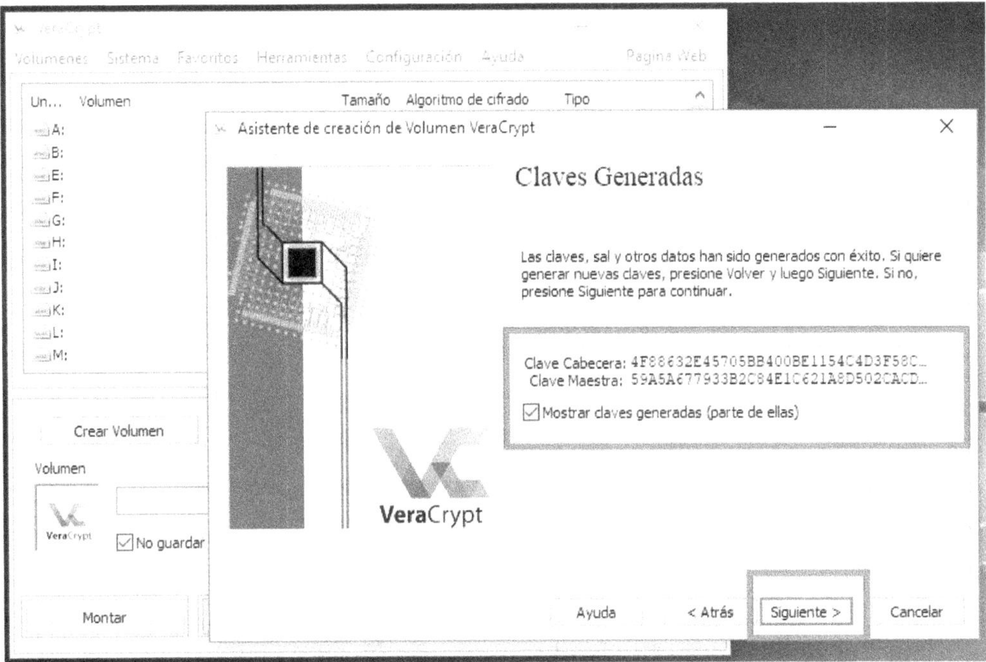

Viene una parte muy importante: crear el Disco de Rescate.

Mi recomendación: Utiliza una memoria USB pequeña; no se requiere que sea muy grande; eso si: guárdala en un lugar seguro por si requieres hacer un rescate de la información; la conectas al computador, haces click sobre examinar, la seleccionas y creas un nombre para tu archivo de recuperación:

David F. Pereira Q.

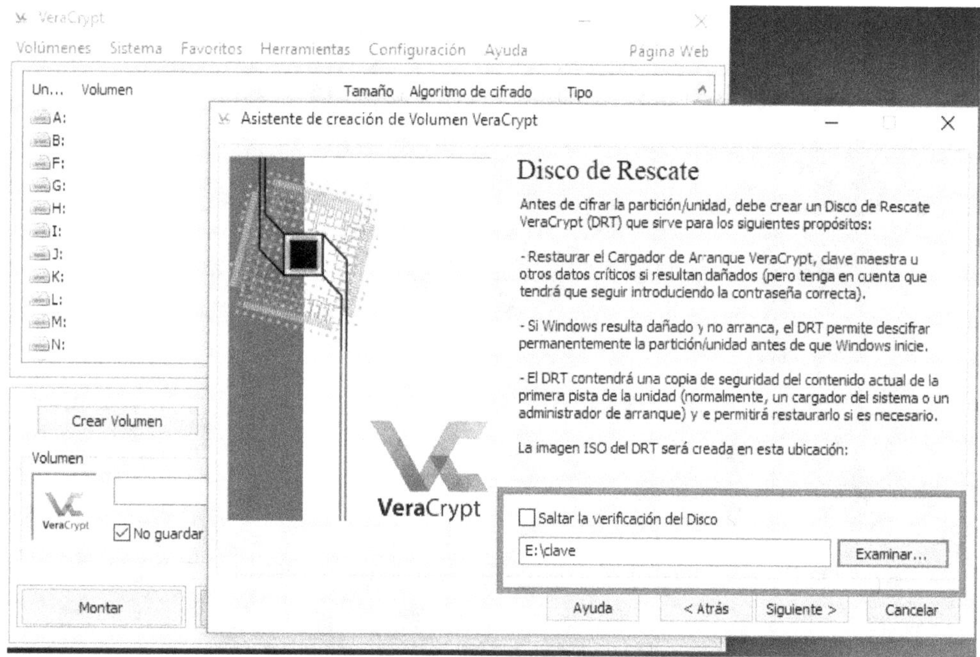

Si usas una memoria USB, seleccionas la primera opción: "No tengo grabador de CD/DVD pero guardare…….."

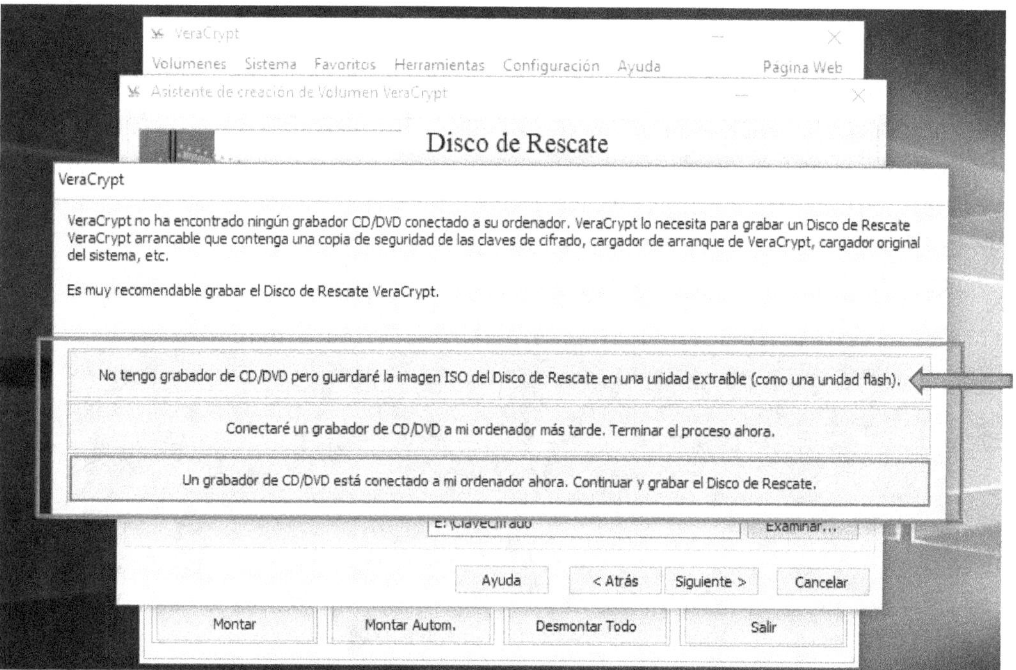

Solo necesitas dar "Aceptar"

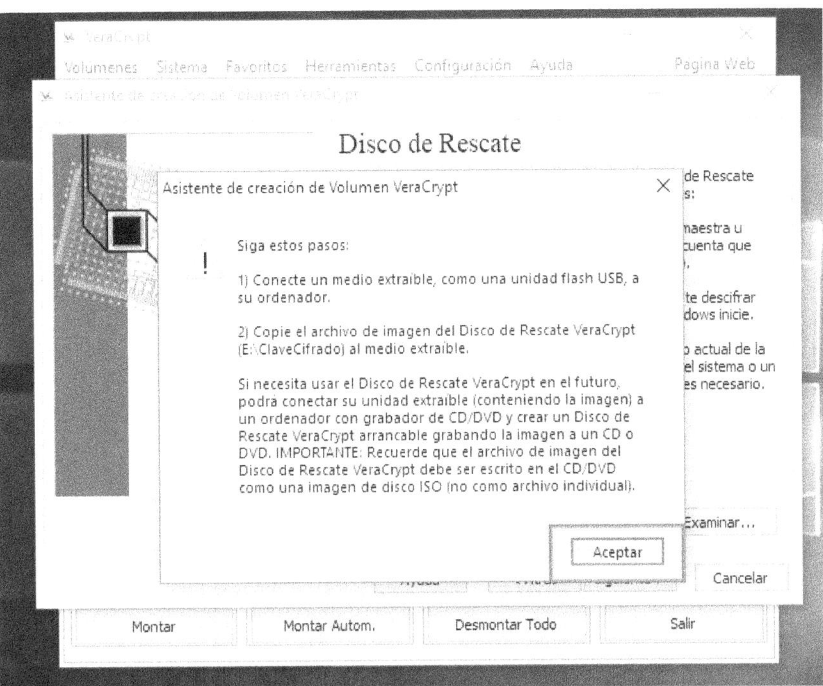

Como es la primera vez que hacemos esto, solo le damos "Aceptar":

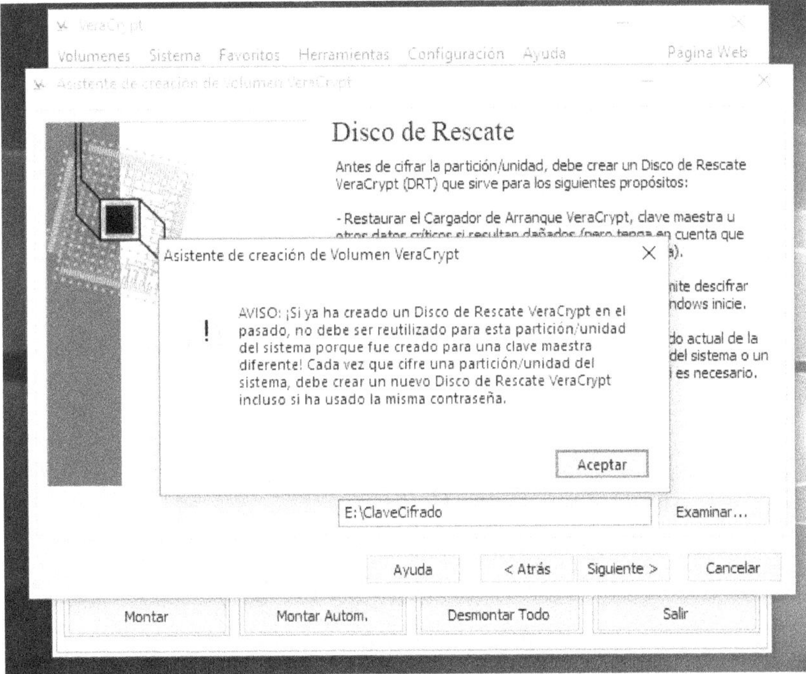

David F. Pereira Q.

Si quieres que los datos que has borrado previamente en tu disco no puedan ser recuperables, pues bueno, acá podríamos hacer algunos cambios, pero para esta guía, mantengámoslo simple así que: "Modo de Borrado: Ninguno (El más rápido)."

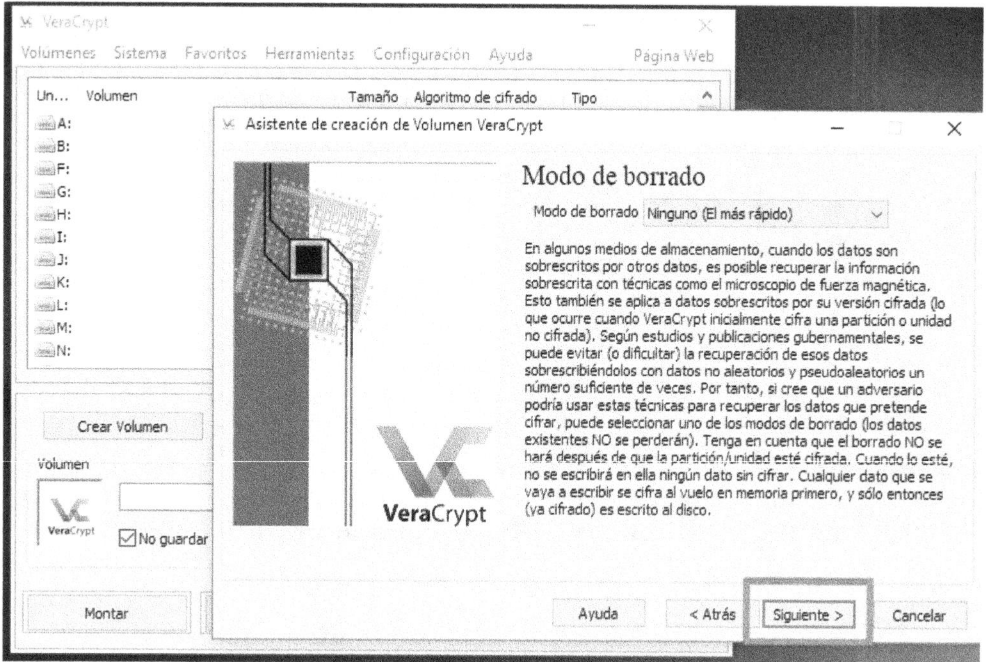

Viene una prueba que hace el VeraCrypt, para validar que todo este OK; le damos click en "Probar"

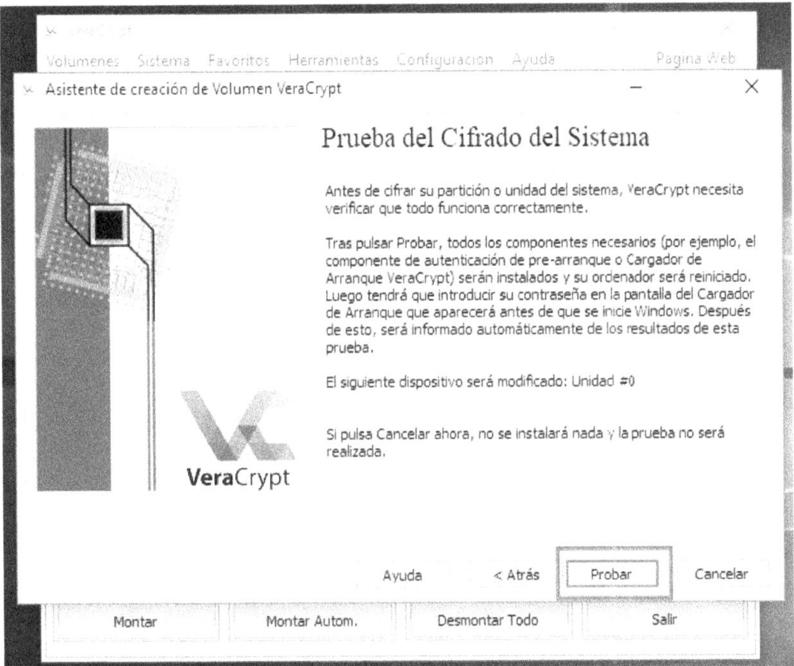

Damos "Si" en este mensaje.

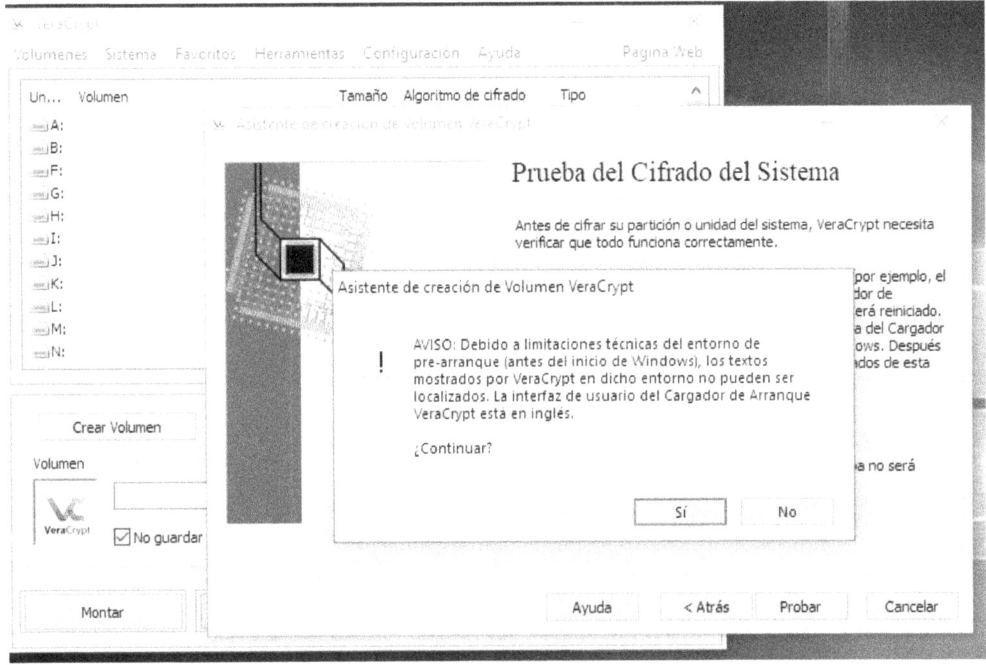

Aceptamos….

David F. Pereira Q.

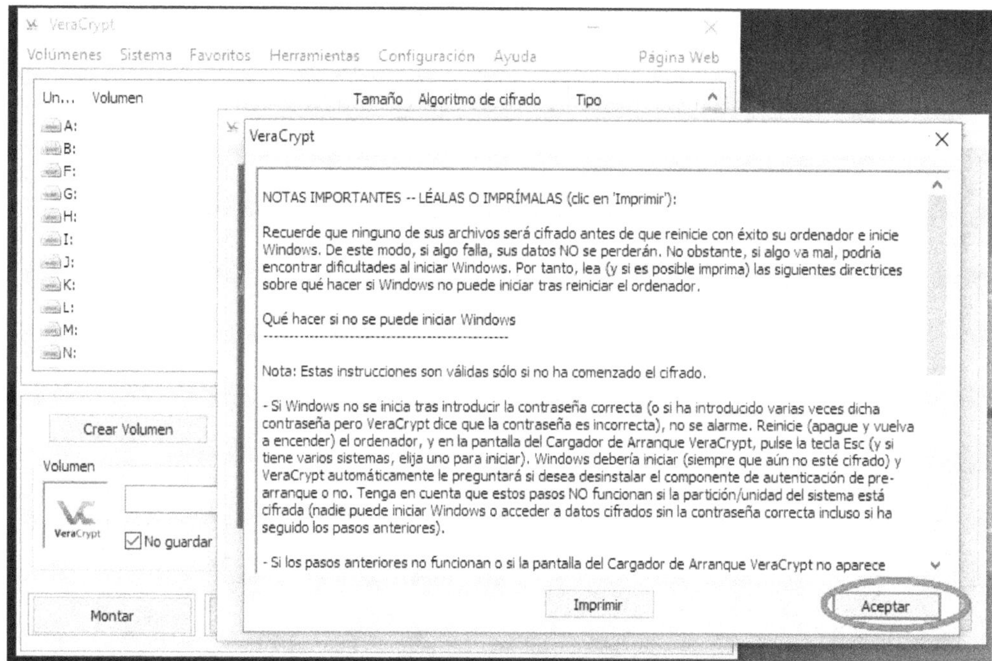

Luego autorizas el reinicio de la máquina:

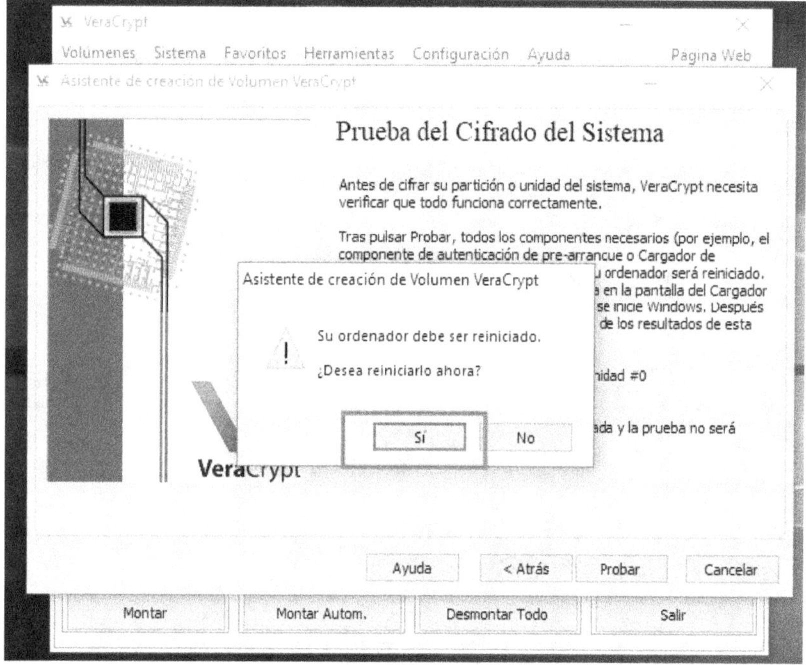

No te asustes en esta pantalla: solo pones la clave que creaste en el campo "Enter Password:" y en el de PIM, solo presionas la tecla Enter:

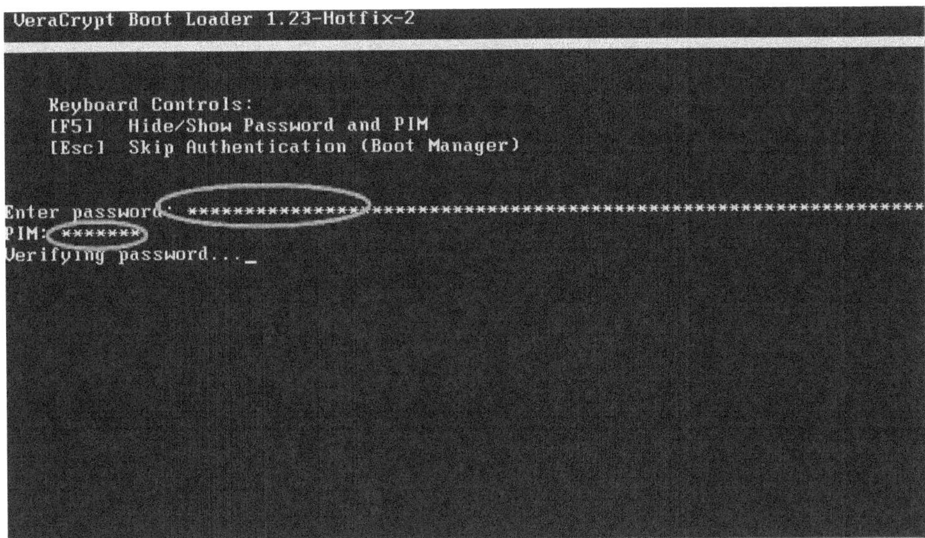

Si todo sale bien, entramos a la maquina sin problema y podemos continuar el proceso; debemos dar click en "Cifrar":

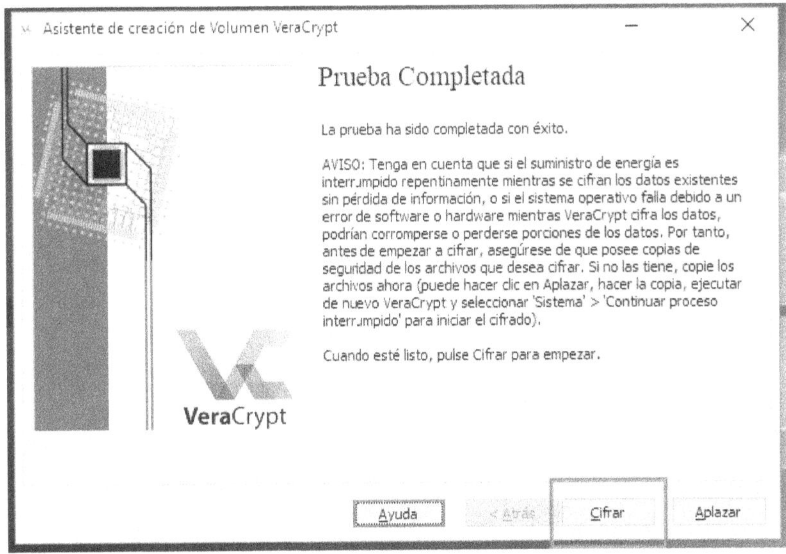

Esta ayuda es muy útil, así que lo ideal es que la imprimas si puedes; acá te explican como usar el disco de rescate en caso de que sea necesario; después de imprimir, damos "Aceptar".

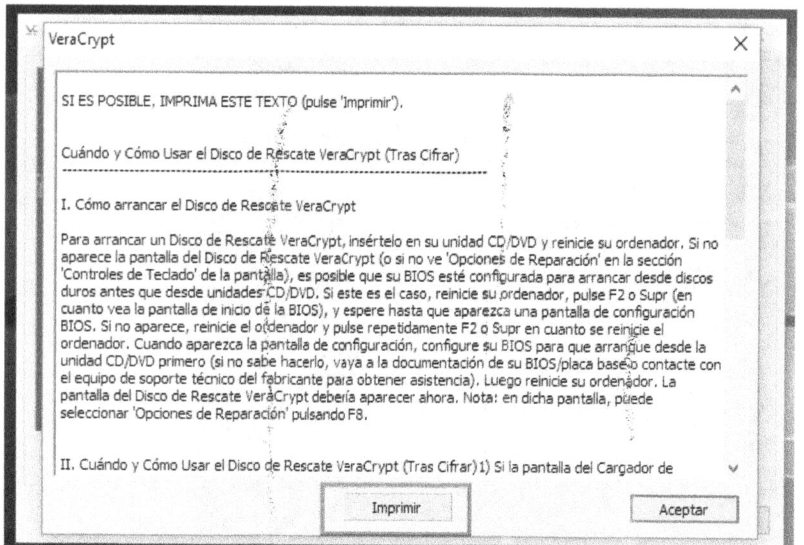

Permitimos los cambios en nuestro computador... ya casi lo logramos, ánimo, falta poco!!!!!

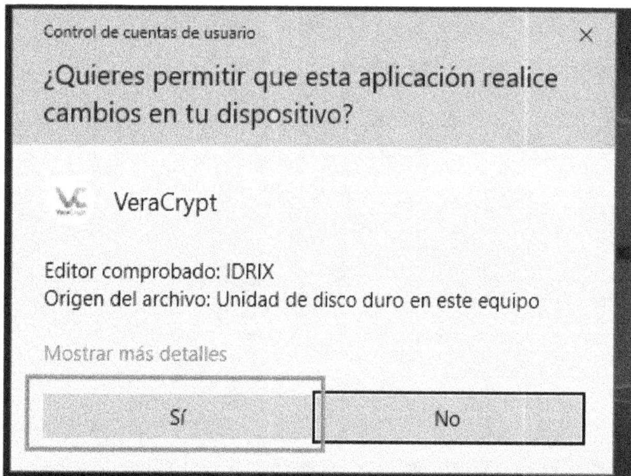

Y comienza el proceso; dependiendo del tamaño de tu disco, toma más o menos tiempo; déjalo que haga su proceso hasta que termine.

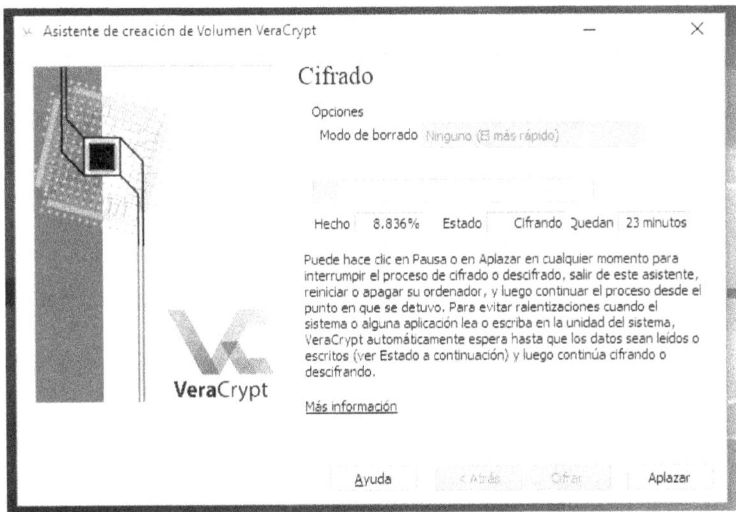

Al terminar con éxito, recibimos este mensaje (Yujuuuuu), y damos click en "Aceptar":

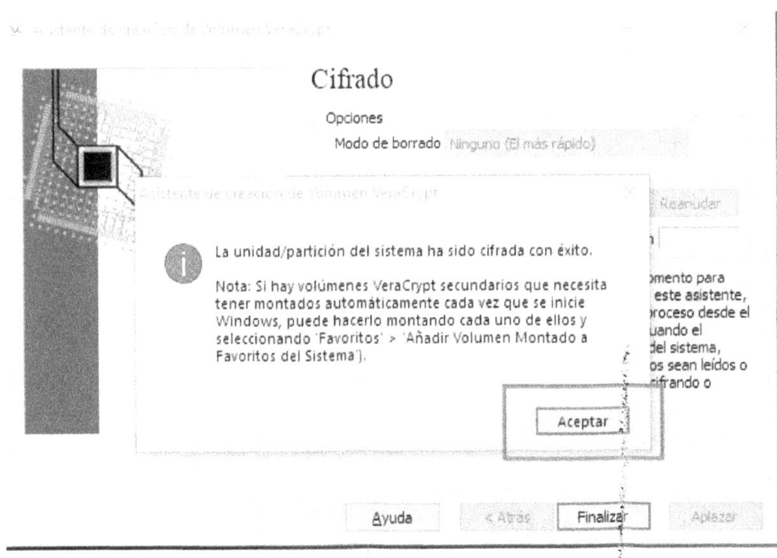

Luego, click en "Finalizar":

David F. Pereira Q.

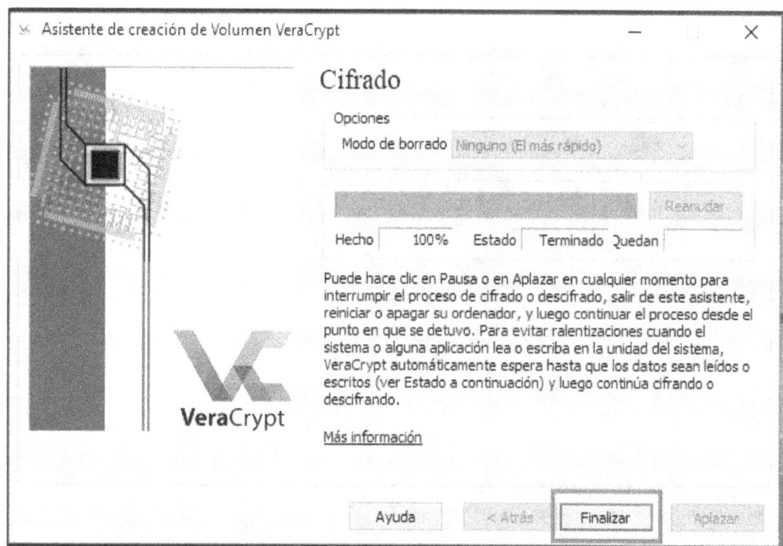

Y ya con esto eres el o la nuev@ flamante dueñ@ de un Disco Cifrado; así que si en el peor de los casos si extravías tu computador, o te lo sustraen, pues no van a poder ver tus datos; súper, no?

Al reiniciar cada vez verás la pantalla que ya conociste antes:

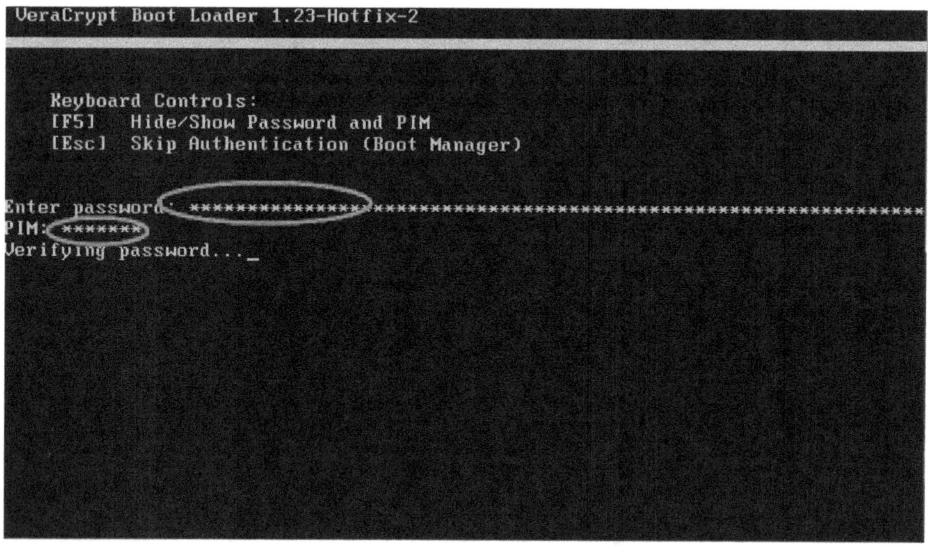

Y ya tienes tu disco cifrado, así que acabas de mejorar tu nivel de seguridad!!!! Felicidades!!!.

Borrado Seguro (Irrecuperable)

En algún momento tal vez necesitemos que la información que ya no nos sea útil pueda ser borrada y jamás recuperada, ej.: datos bancarios, fotos, etc. Es posible que vayamos a donar nuestro equipo o regalarlo y no queremos que nuestra información privada se vaya con él.

Para estos casos se recomienda hacer un borrado seguro de la información; existen muchas herramientas que nos permiten hacer ese borrado irrecuperable; vamos a ver una de ellas que es muy sencilla de utilizar.

Eraser

https://eraser.heidi.ie/

Hacemos click sobre el botón de "Download"

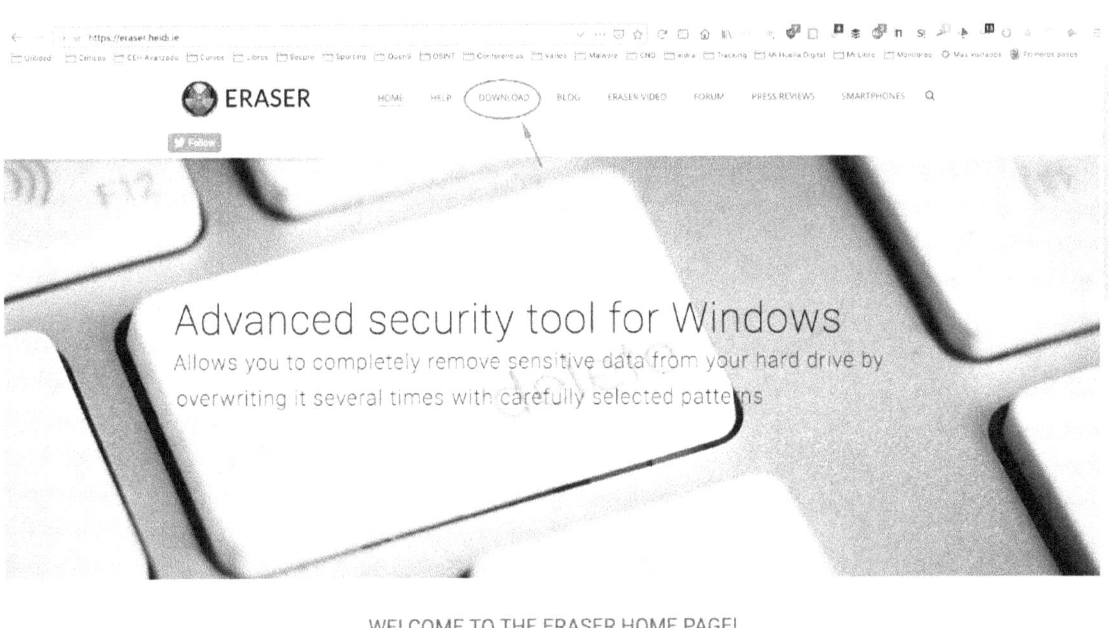

Recibimos una pantalla con la lista de posibles descargas; selecciona la más reciente que incluya los runtimes, para ahorrar tiempo.

David F. Pereira Q.

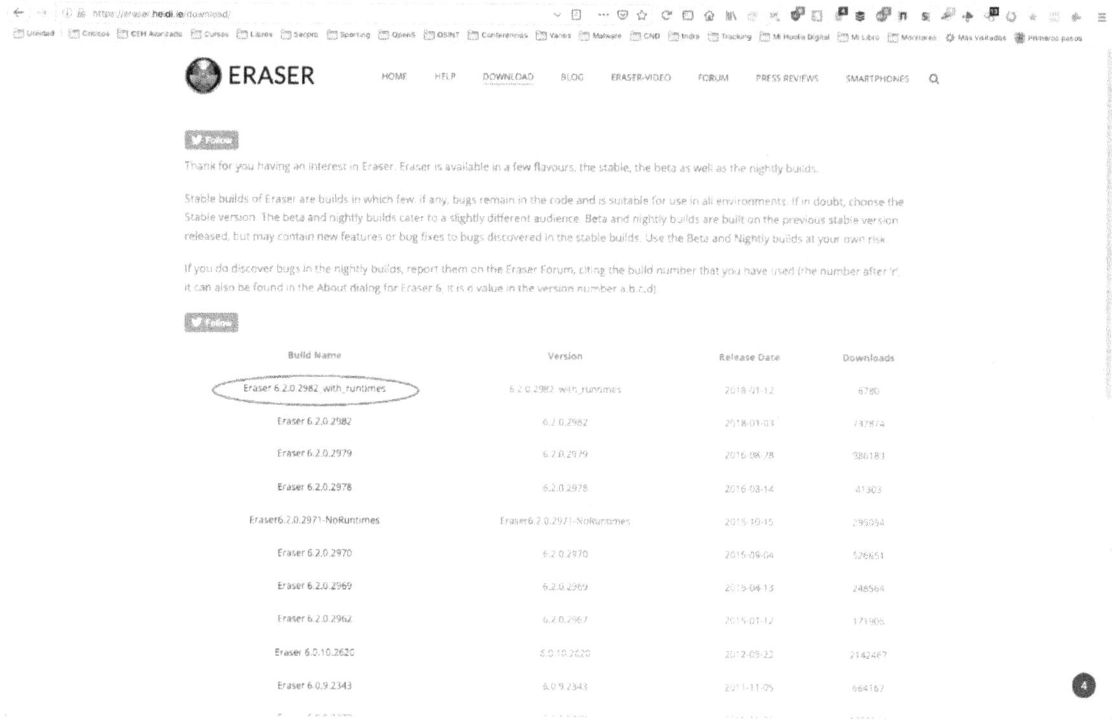

La descarga comienza y te lleva a esta página:

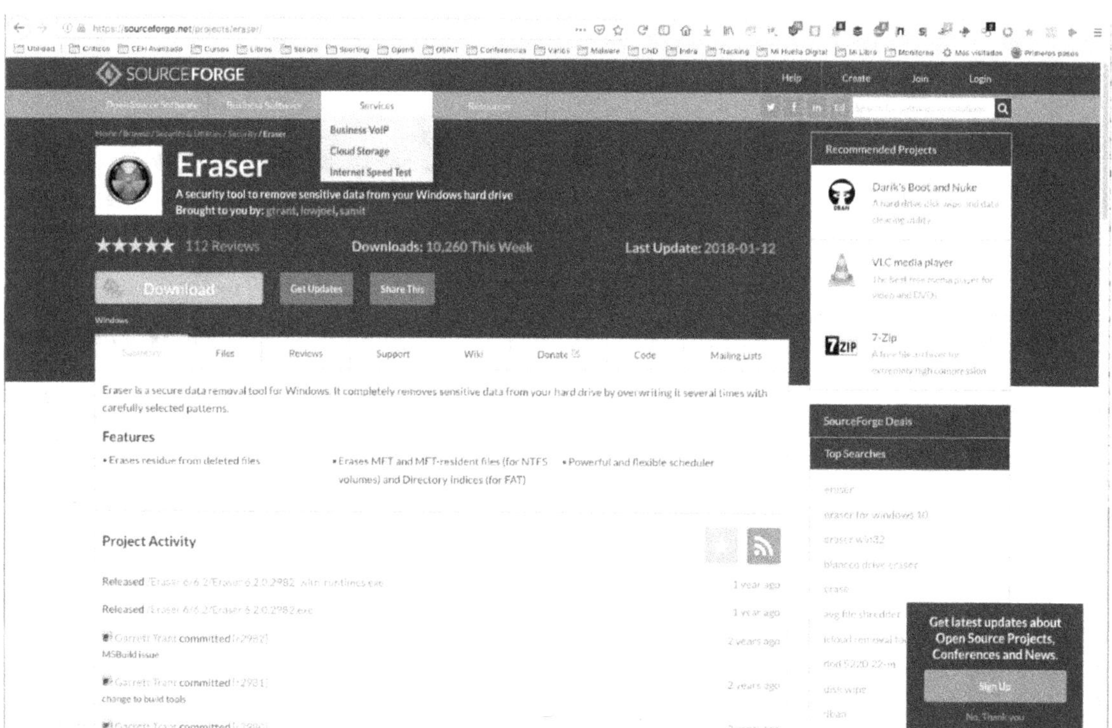

La podemos cerrar y vamos a buscar el archivo descargado:

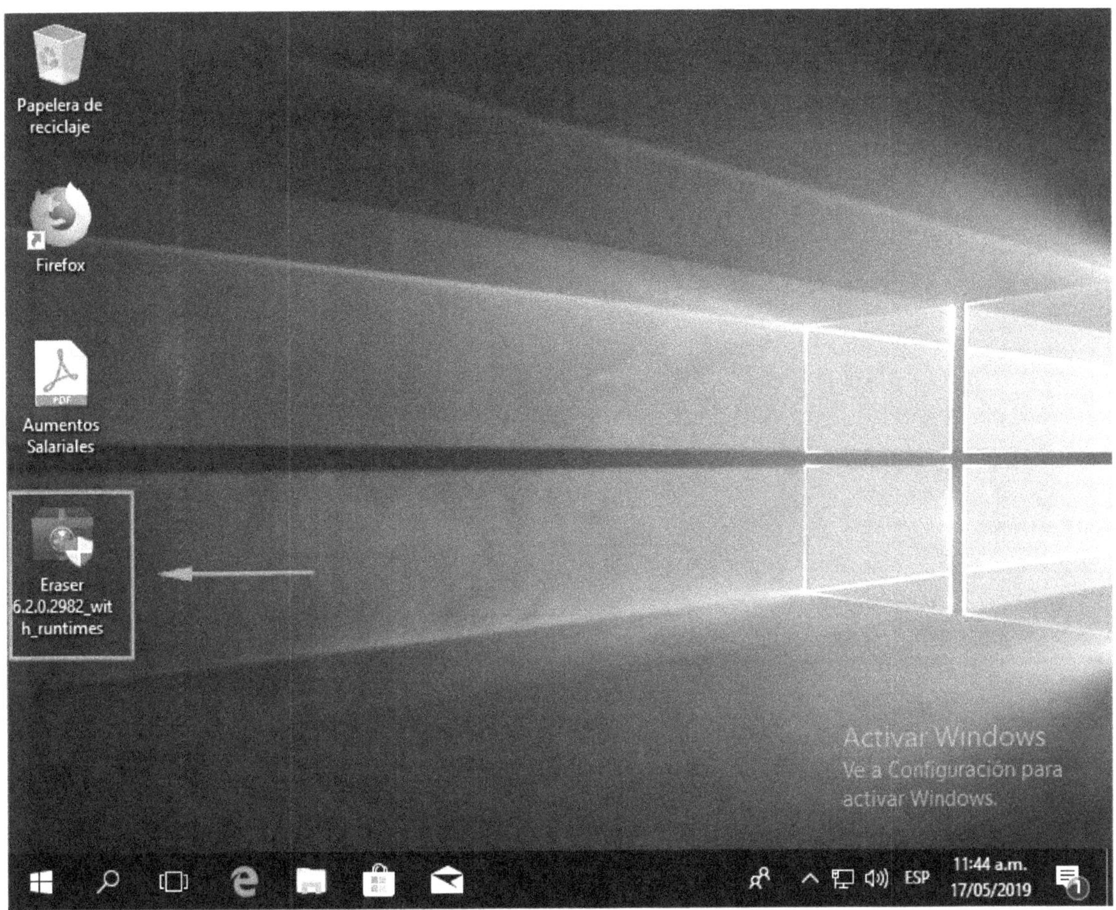

Le damos doble click y obtenemos esta pantalla; damos click en "Si":

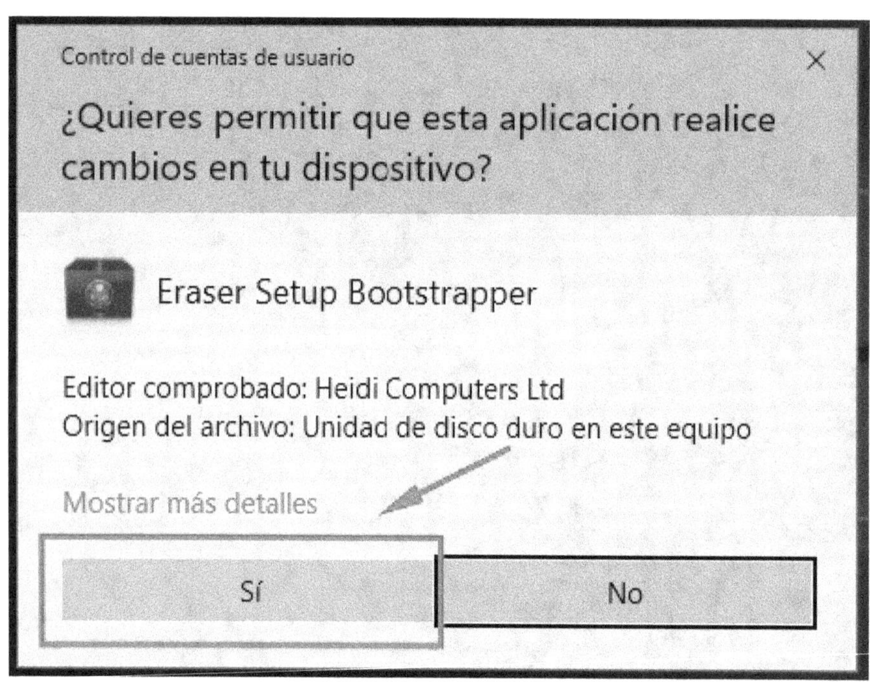

Si estás instalando sobre Windows 10, no requieres instalar el .NET framework, así que recibirías un mensaje así:

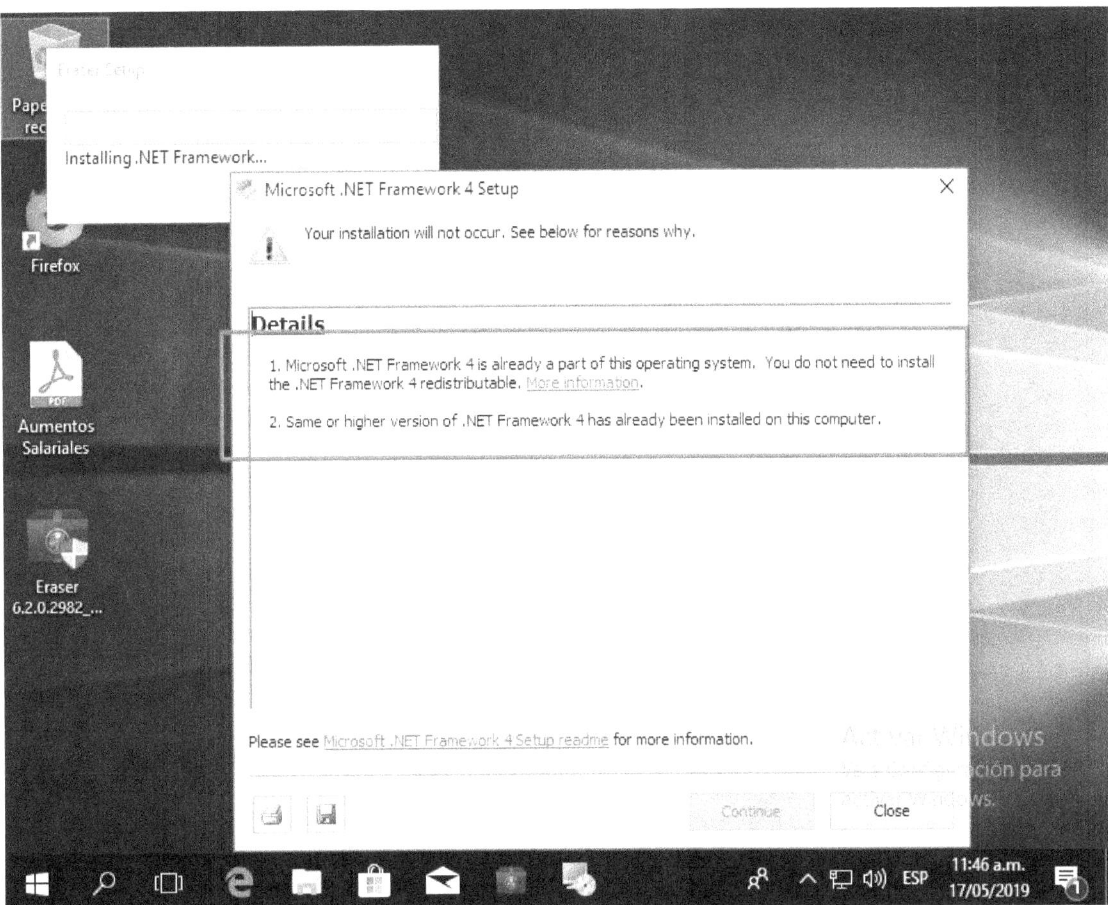

Si esto pasa, simplemente dale click a "Close";

De lo contrario, se realizará la instalación del .NET Framework, cuando le demos click en "Continue"; luego tendremos una pantalla como la que mostramos a continuación; damos Click en "Next":

David F. Pereira Q.

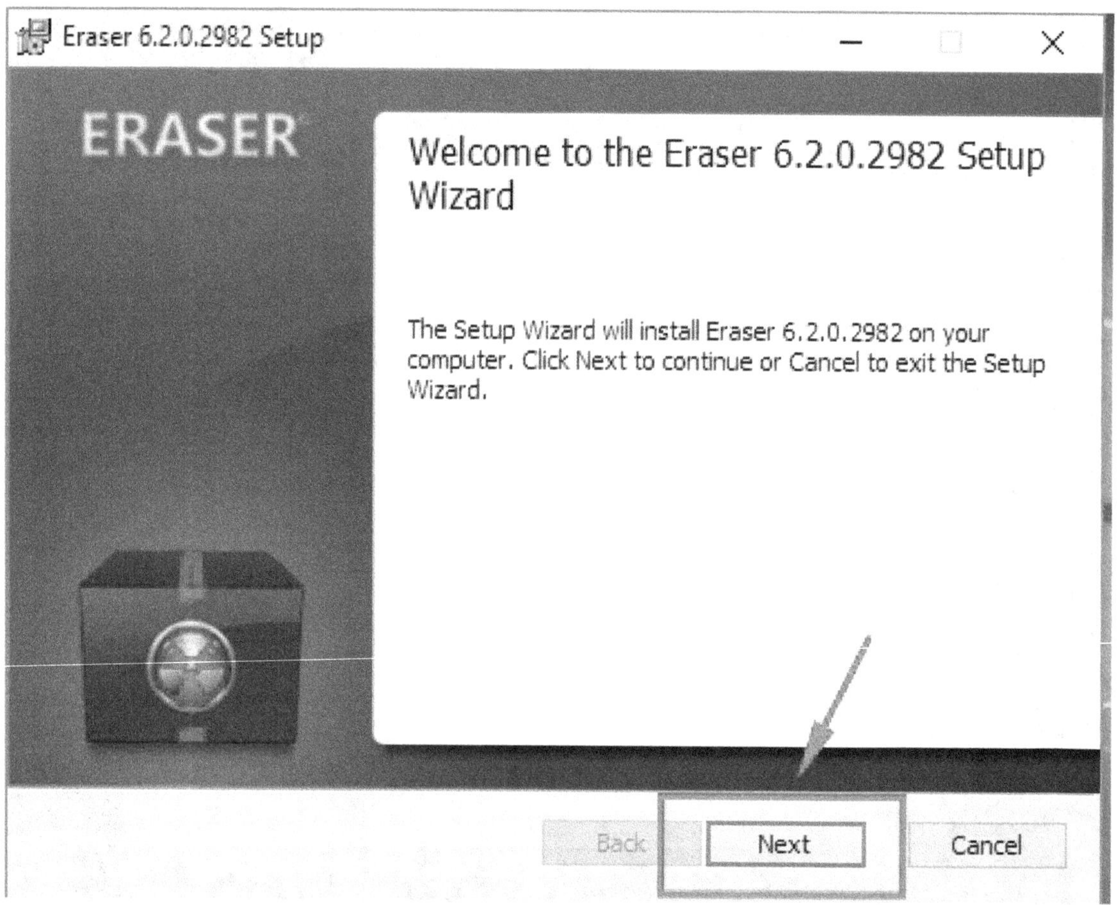

y aparece esta pantalla, donde seleccionaremos:

1. I accept the terms…..
2. Next

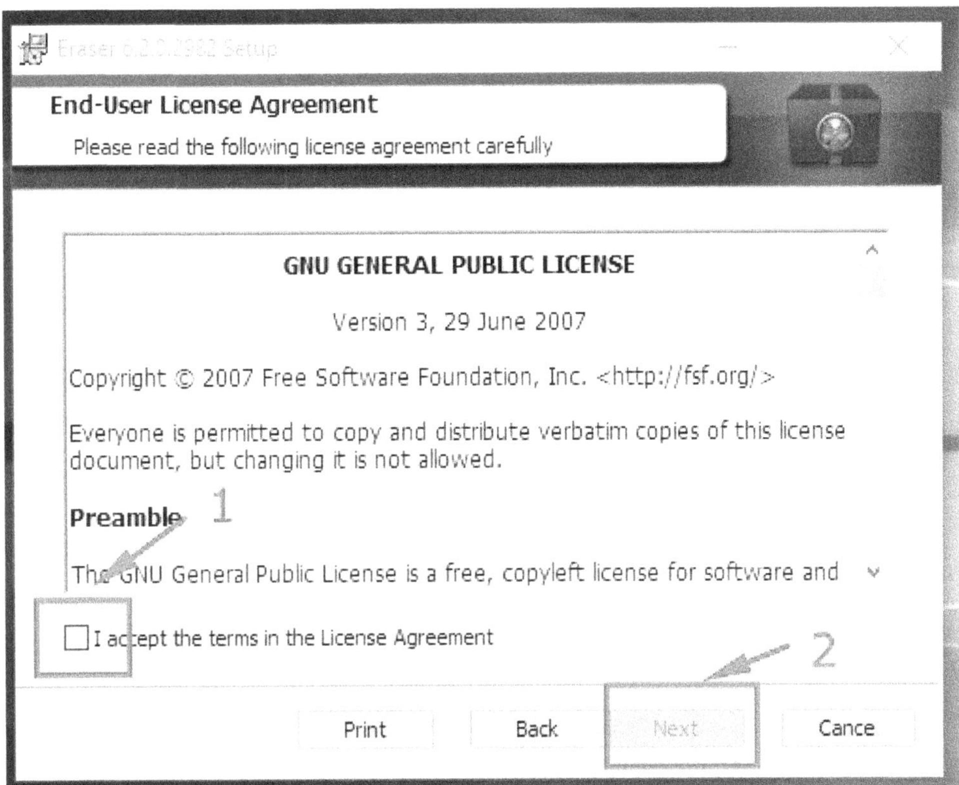

Luego seleccionamos "Typical"

David F. Pereira Q.

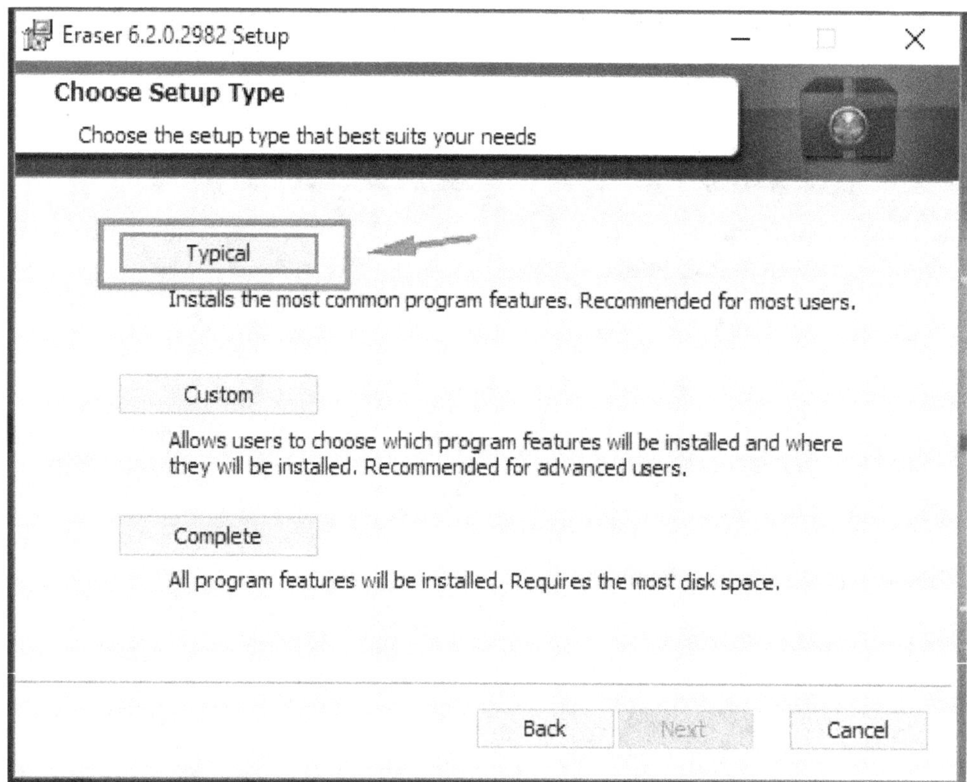

Luego "Install"

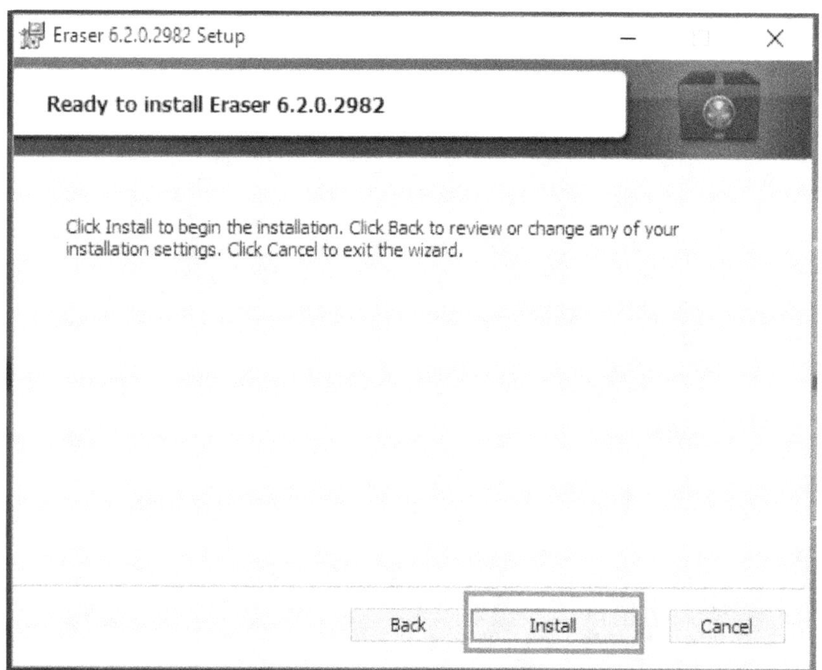

Y hemos terminado, podemos dar click en "Finish" y si deseas ejecutar el programa de una vez, haces click sobre "Run Eraser"

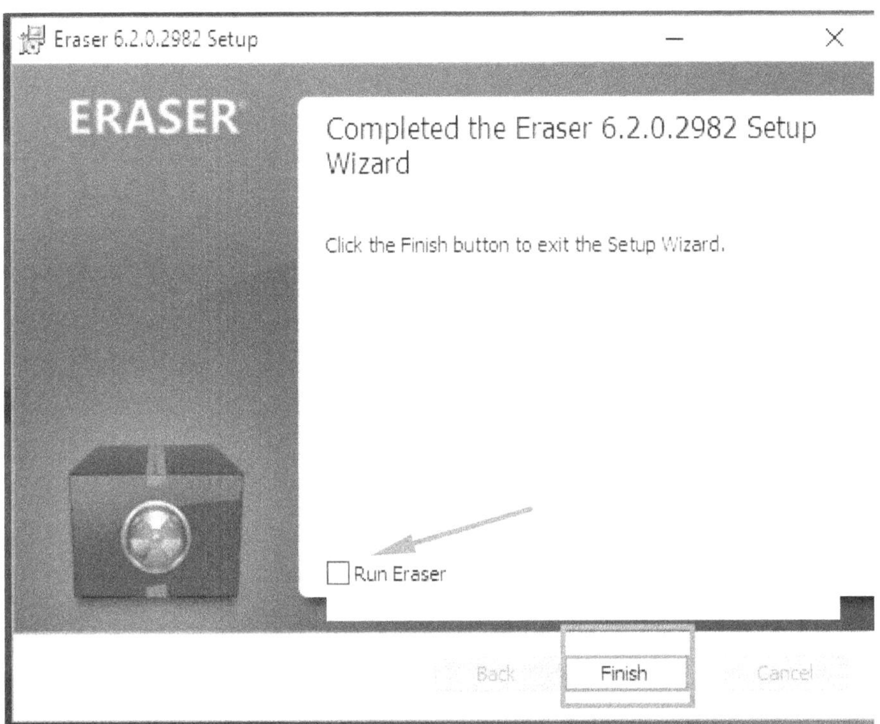

Ya en nuestro Escritorio tendremos este ícono:

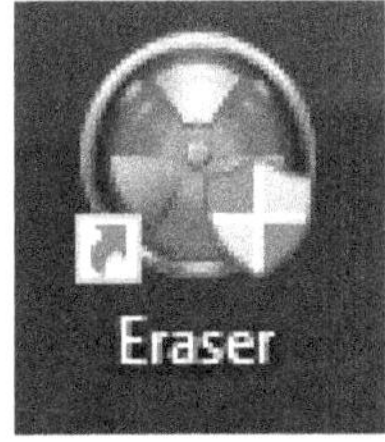

Lo ejecutamos con doble click, y recibimos esta pantalla, donde autorizas a que el Eraser haga cambios en tu computador; das click en "Si"

David F. Pereira Q.

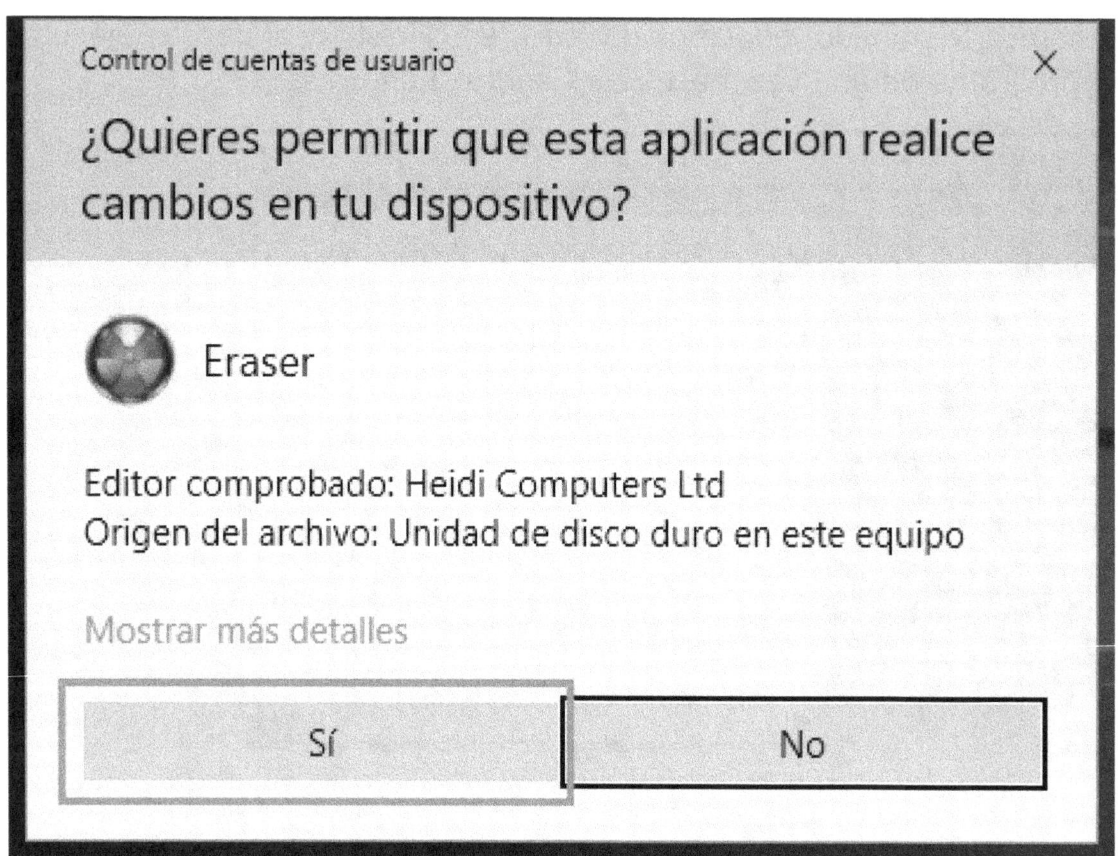

Nos aparece la pantalla inicial en donde debemos ajustar un poco la configuración; solo debes hacer click sobre "Settings":

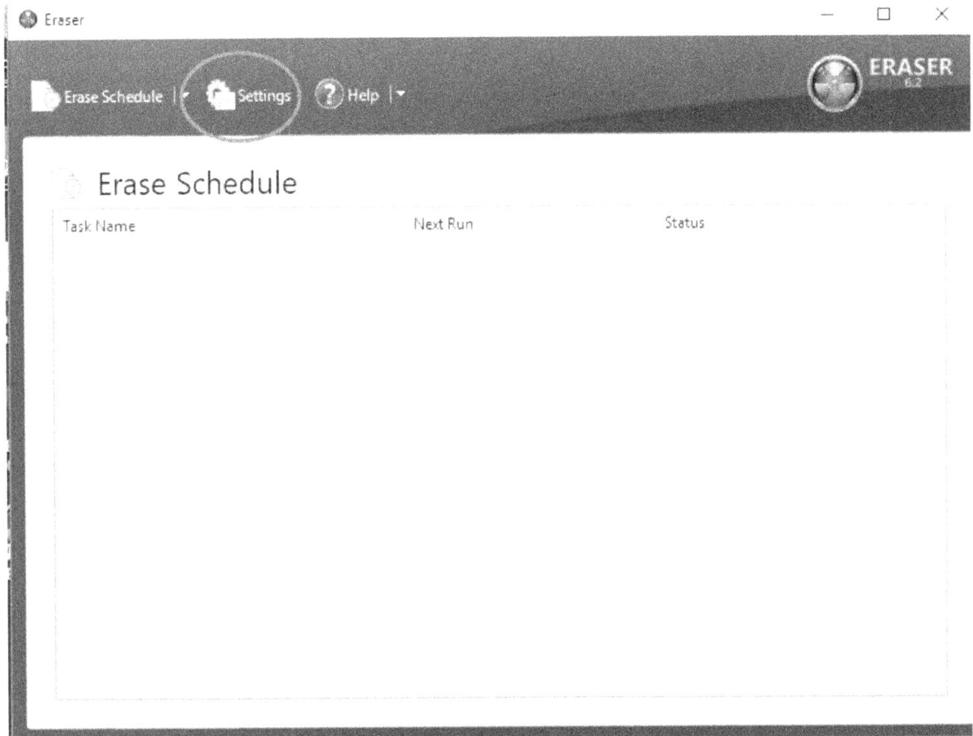

Allí tenemos varias opciones como el idioma, pero normalmente solo instala el idioma español, y realmente es tan simple su uso, que no creo que requieras cambiarlo.

David F. Pereira Q.

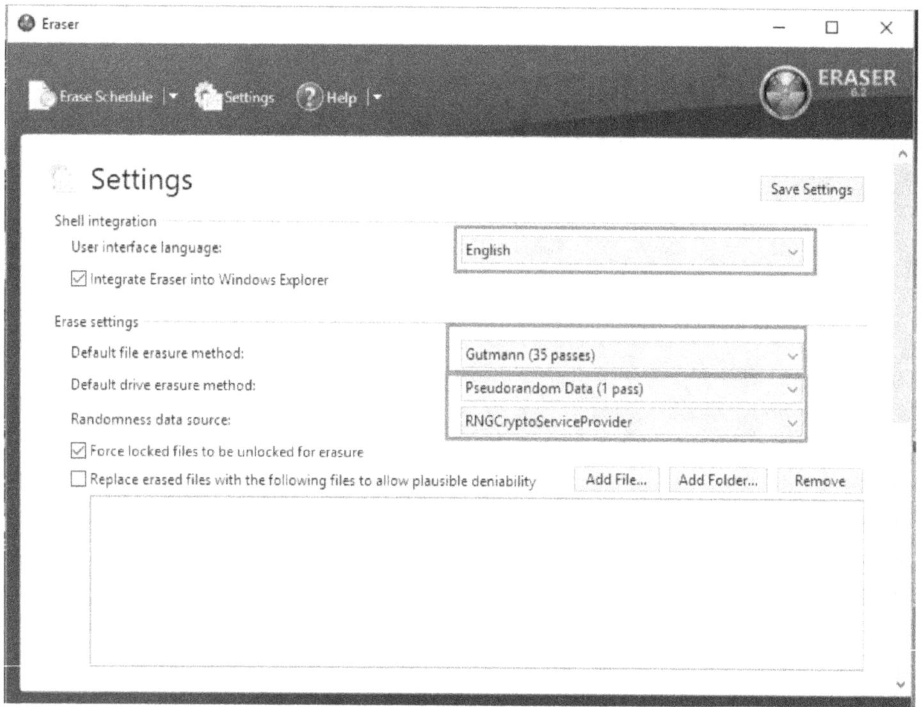

Vamos a lo que si debemos ajustar:

1. Método de borrado por defecto; "Default file erasure method"; existen varios estándares internacionales para borrado seguro; para no complicarte con tecnicismos, vamos a seleccionar el DoD 5220-22 M de 3 pasadas; eso quiere decir que lo que decidas borrar se va a sobrescribir 3 veces para hacer más seguro y definitivo el borrado.

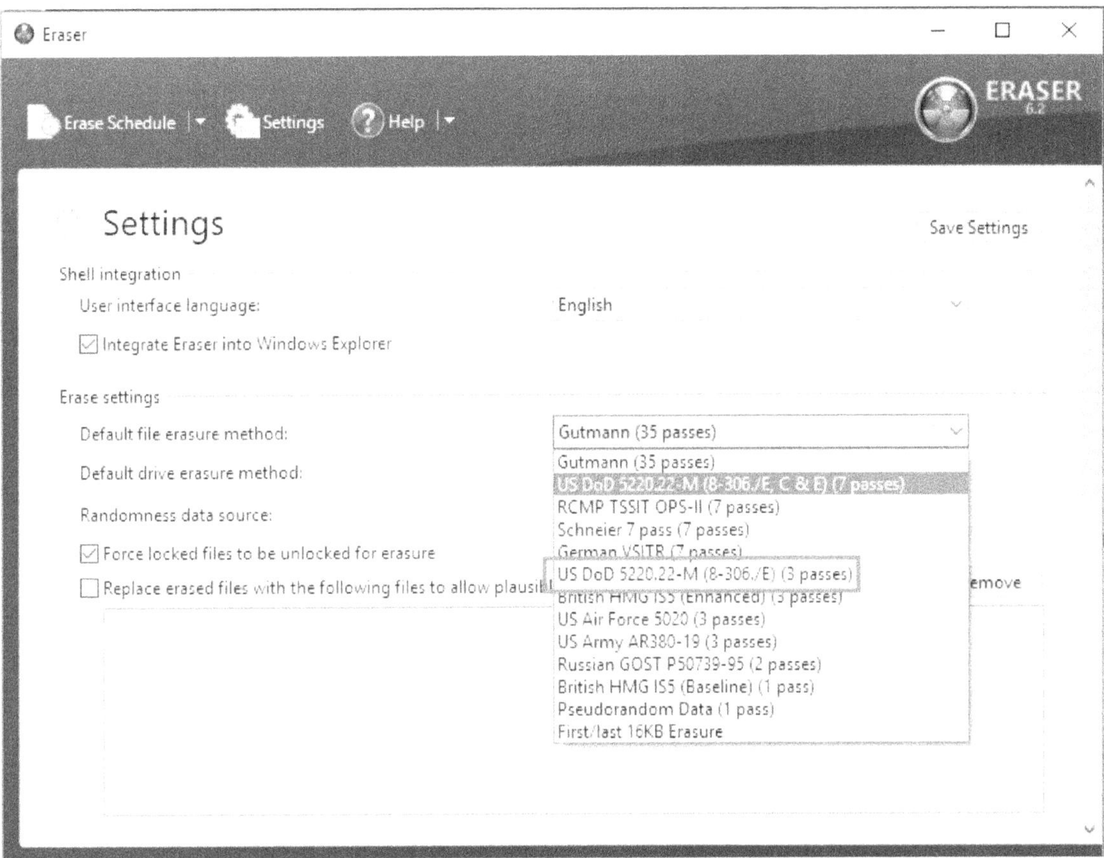

2. La aleatoriedad del borrado; allí selecciona el mismo método: DoD 5220-22 M de 3 pasos.

David F. Pereira Q.

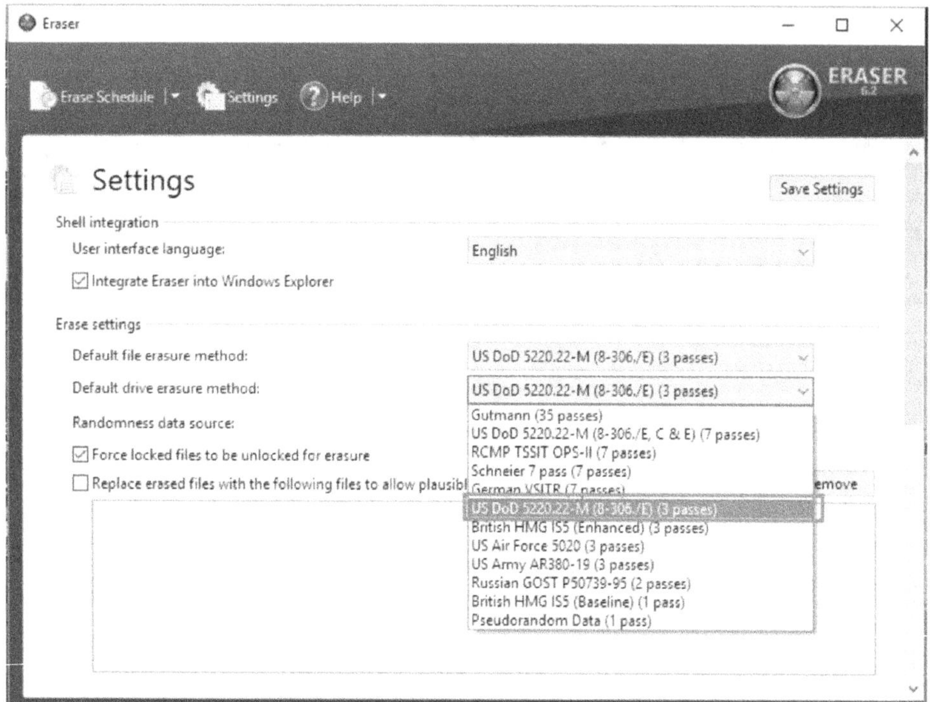

Ya casi estamos listos, solo valida que esté activada la opción de que la herramienta se integre con el Explorador de Windows, luego le das click a "Save Settings" y luego cerramos esta pantalla dando click sobre la "X" de la ventana; con esto ya hemos terminado la configuración de la herramienta.

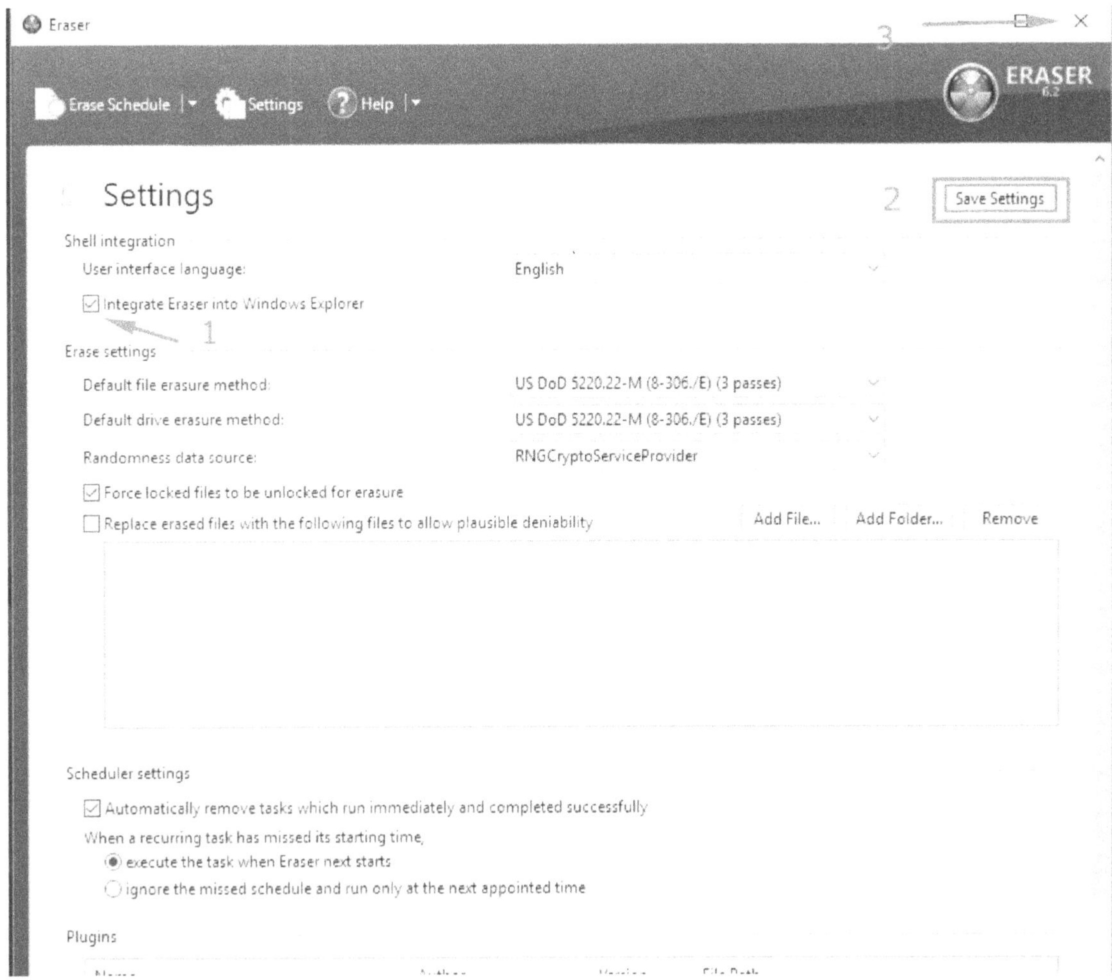

Para usarla, simplemente vas al ícono del Explorador de Windows y das click:

Luego para borrar de manera definitiva y segura cualquier documento o archivo, simplemente vas a donde esté almacenada la información

David F. Pereira Q.

que quieras borrar; en el ejemplo vamos a "Documentos" y allí queremos borrar el archivo: "DATASHEET PORTAFOLIO SECPRO".

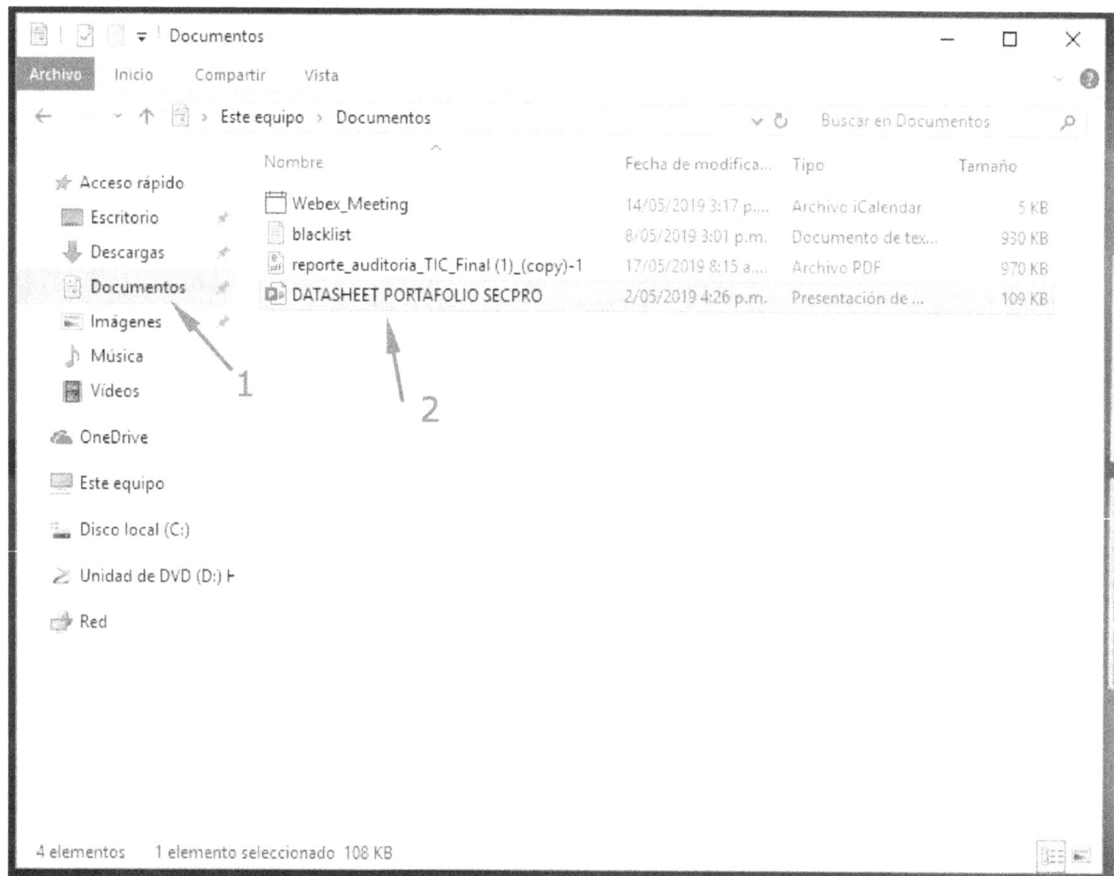

Das click derecho sobre el archivo y encontrarás una nueva opción: "Eraser": y dentro seleccionas "Erase" y listo, se programa el borrado y el archivo desaparece para siempre!!.

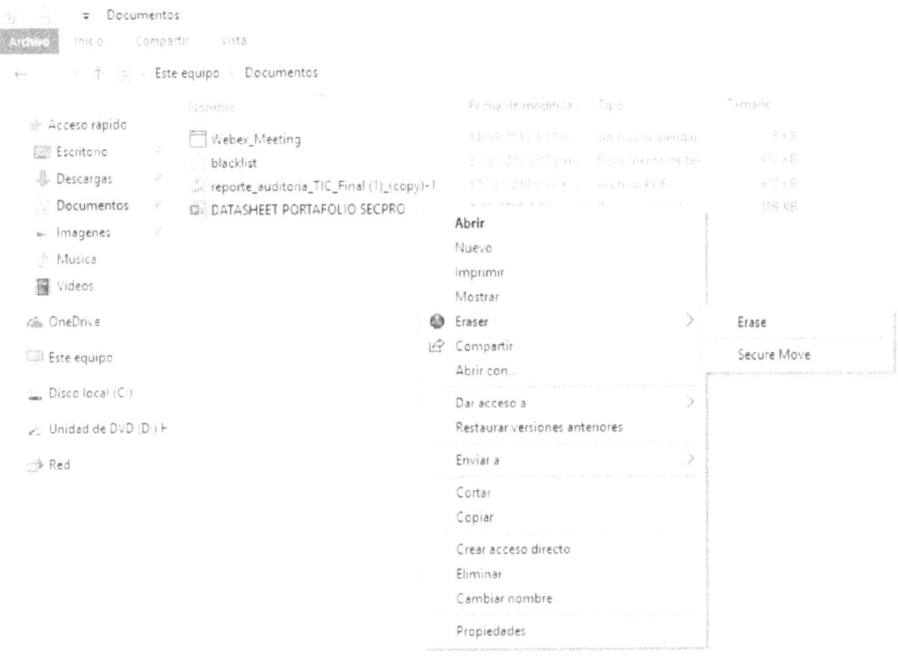

El Eraser hace dos validaciones antes; te pide autorización para hacer cambios: haces click en "Si":

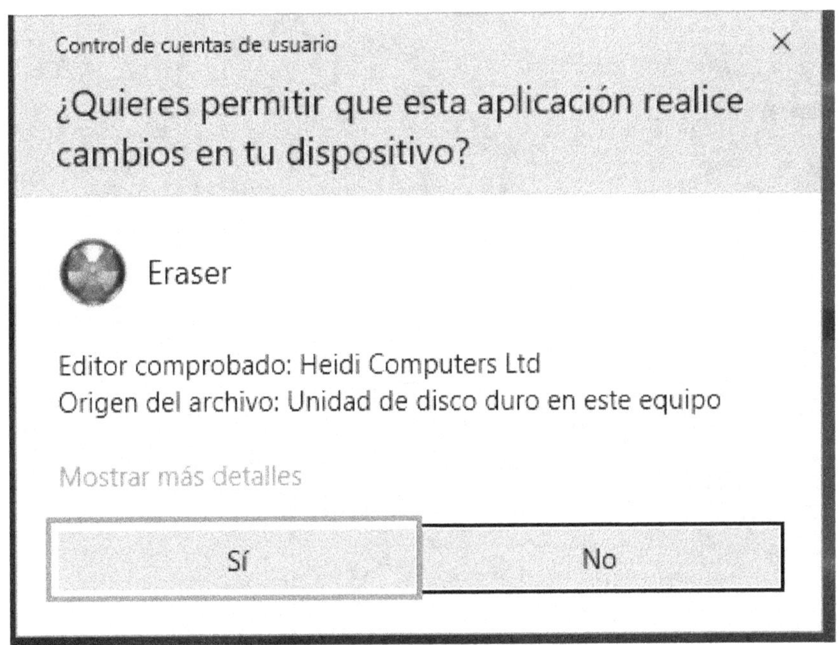

Y luego pregunta por última vez si quieres borrar los archivos seleccionados: haces click en "Yes"

David F. Pereira Q.

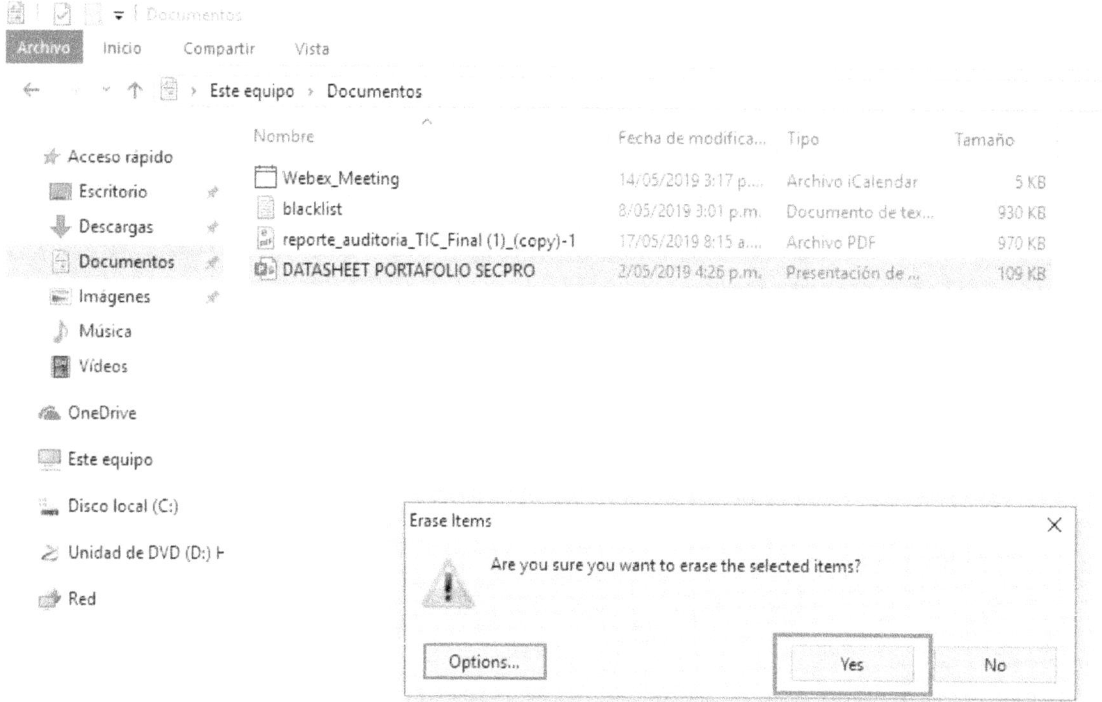

Y ya está, el archivo desaparece para siempre de forma irrecuperable, así que ten cuidado con lo que borras, para que no tengas accidentes!!

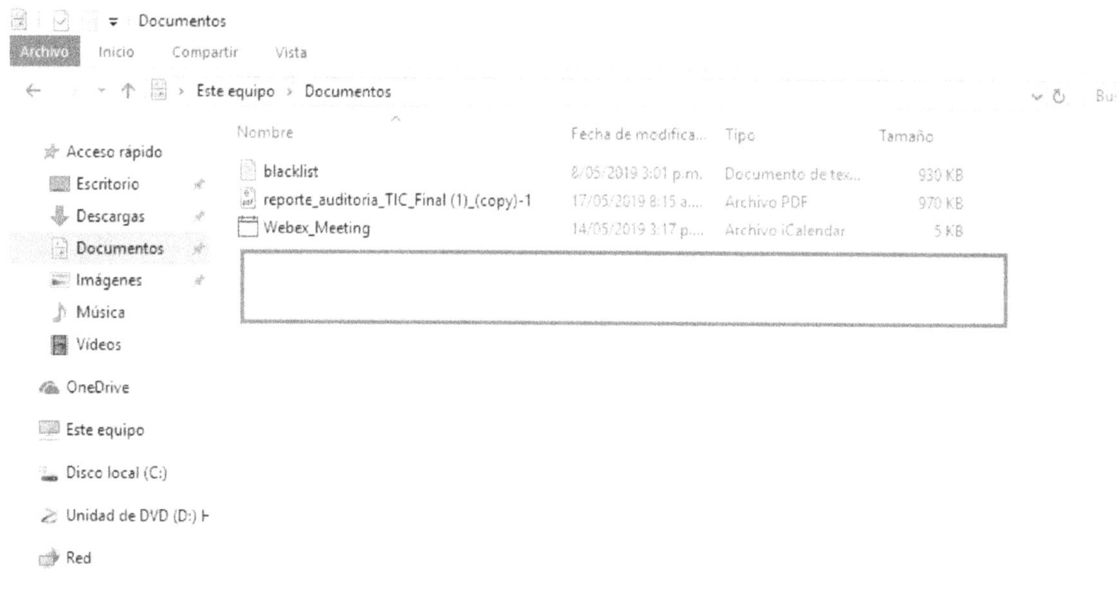

Digamos que quieres borrar el contenido de una memoria USB para regalarla, o simplemente no quieres que otra persona pueda recuperar los datos que tenias en ella; el funcionamiento es muy similar:

Vas al Explorador de Archivos:

Conectas tu memoria USB al computador y debe reconocerse como la siguiente letra disponible; en nuestro caso: "E:"

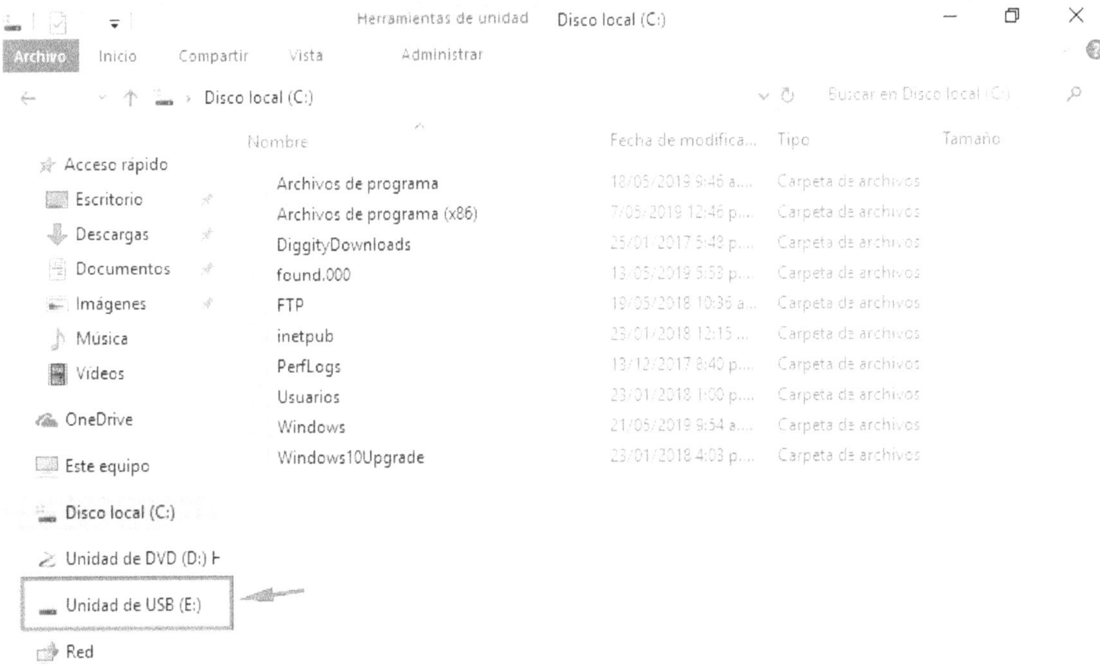

Haces click derecho sobre la unidad y obtienes este menú:

David F. Pereira Q.

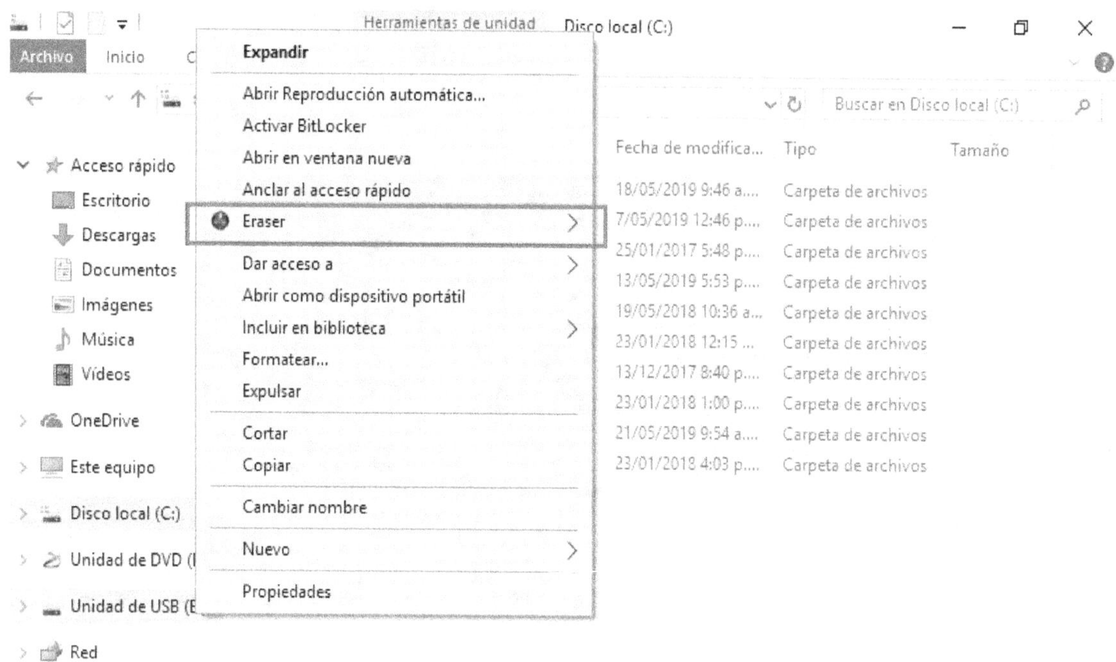

Haces click sobre "Eraser" y seleccionas "Erase" y listo ya esta borrada completamente nuestra memoria usb; RECUERDA: este proceso no se puede deshacer; la pérdida de datos es definitiva después de esto.

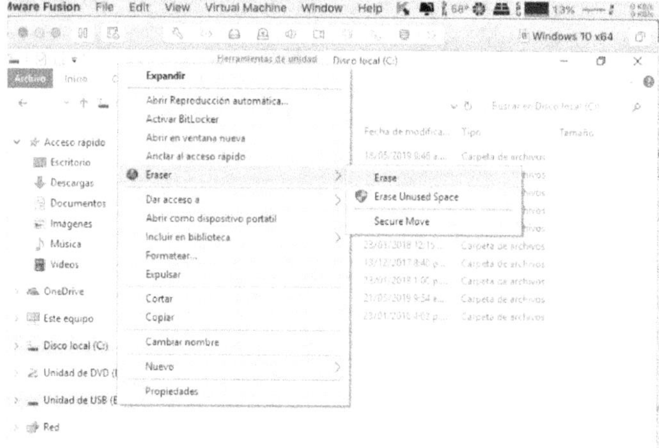

CAPÍTULO 5

EL CORREO ELECTRÓNICO

Nuestro correo es uno de los elementos más vitales y utilizados de la actualidad, desde el ambiente laboral hasta el del colegio para enviarnos todo tipo de archivos e información, pasando por ambientes financieros, académicos, de investigación, etc.

Se ha podido determinar que el correo electrónico es el vector (Mecanismo de Entrega) más utilizado por los ciberdelincuentes del mundo, para engañar a sus víctimas; existen muchos tipos de engaño, desde hacerte creer que el correo viene de entidades Judiciales o Gubernamentales, hasta terminar con antiguos compañeros de clase o personas "Interesadas" en tu bienestar por que supuestamente tu pareja te engaña y te envían las fotos o "evidencias del engaño"; aquí tenemos algunos ejemplos:

Supuesta Entidad o persona que envía el mensaje	Asunto o Motivo del mensaje	Supuesto Archivo Adjunto o Contenido engañoso
Policía Nacional	Citación a un Juzgado, multa de alguna clase, denuncio o demanda en tu contra.	Documentos maliciosos tipo word o archivos comprimidos que resultan ejecutables al final o enlaces a sitios maliciosos
Fiscalía General de la Nación	Citación a un Juzgado o Proceso por demanda	Documentos maliciosos tipo word o archivos comprimidos que resultan ejecutables al final o enlaces a

		sitios maliciosos
Policía de Tránsito	Multa o foto multa por alguna infracción cometida	Documentos maliciosos tipo word o archivos comprimidos que resultan ejecutables al final o enlaces a sitios maliciosos
DIAN (Dirección de Impuestos)	Multa por evasión de impuestos	Documentos maliciosos tipo word o archivos comprimidos que resultan ejecutables al final o enlaces a sitios maliciosos
Bancos o Entidades Financieras	Supuesta actualización de datos o alertas de seguridad por intento de fraude	Enlaces a sitios maliciosos
Redes Sociales o Servicios: Facebook, LinkedIn, Gmail	Supuesta alerta por intento de inicio de sesión no autorizado o supuesta actualización de datos.	Enlaces a sitios maliciosos
Loterías o Sorteos	Supuesto premio obtenido	Documentos maliciosos tipo word o archivos comprimidos que resultan ejecutables al final o enlaces a sitios maliciosos
Personas "Preocupadas por ti"	Supuesta evidencia de que alguien te engaña o te quiere hacer daño; casi siempre comienzan: Usted no me conoce, pero me he enterado de…….. y viene la mentira de que tu pareja te engaña o similar y adjunto encontrarás la	Fotos, documentos maliciosos o archivos comprimidos que resultan ejecutables al final para infectarte.

		evidencia.
Herencias	Supuesto moribundo multimillonario en algún país lejano que quiere dejarte millones de Dólares o Euros;	Te piden enviar datos personales tipo: pasaporte, números de teléfono, dirección, cuentas bancarias, etc. para luego continuar con la estafa.
Cadenas	Supuesta imagen religiosa o mensaje religioso	Fotos, documentos maliciosos o archivos comprimidos que resultan ejecutables al final para infectarte.

Estos son solo algunos ejemplos; desafortunadamente la creatividad maligna de los delincuentes no tiene límites, así que siempre debes estar alerta, recordando que NUNCA te vas a ganar una lotería que no compraste o un sorteo en el que no participaste; que si no tienes vehículo no vas a tener foto multa de tránsito, etc.

Como sabemos que siempre estamos expuestos, vamos a ver algunas recomendaciones de seguridad en el manejo de tu correo electrónico;

1. Desactiva la pre visualización automática del contenido;
   a. Puede sonar un poco enredado, pero esto es muy simple: ¿te has dado cuenta de que muchos correos te llegan con imágenes, colores, formularios, etc.?; bueno esos contenidos muchas veces sirven, ya sea para recabar datos sobre ti, o en el peor de los casos infectar tu máquina; así que lo mejor es solo visualizar esos contenidos cuando vienen de Empresas o personas en las que confías.

David F. Pereira Q.

b. Dependiendo de qué herramientas uses como cliente de correo puedes bloquear esos contenidos; aquí te voy a explicar cómo se hace en la aplicación "Mail" de Windows 10 y en Gmail; si necesitas que te lo explique en un cliente de correo específico, ej. Thunderbird, MailBird, etc., como siempre para las dudas: Twitter: @davidpereiracib o en mi canal de YouTube: https://www.youtube.com/c/DavidPereira.

DESACTIVAR LA DESCARGA AUTOMÁTICA DE IMÁGENES Y ESTILOS EN LA APLICACION "CORREO" DE WINDOWS 10:

Digamos que te encuentras dentro de el "Correo" en Windows 10:

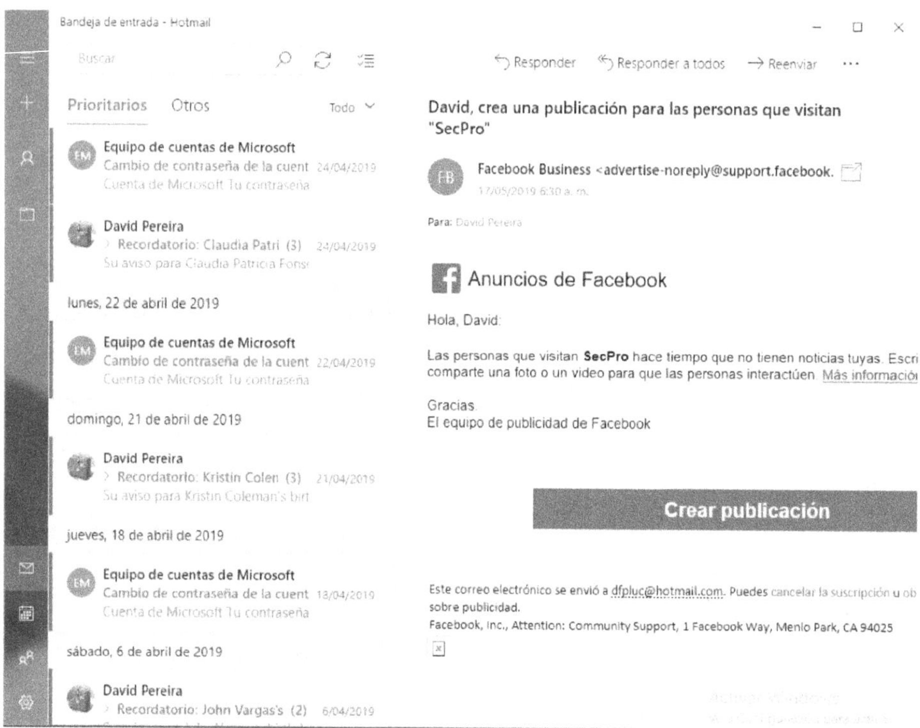

Vamos al ícono del engrane que nos permite ajustar la configuración de la herramienta, hacemos click sobre él y nos aparece el menú de configuración:

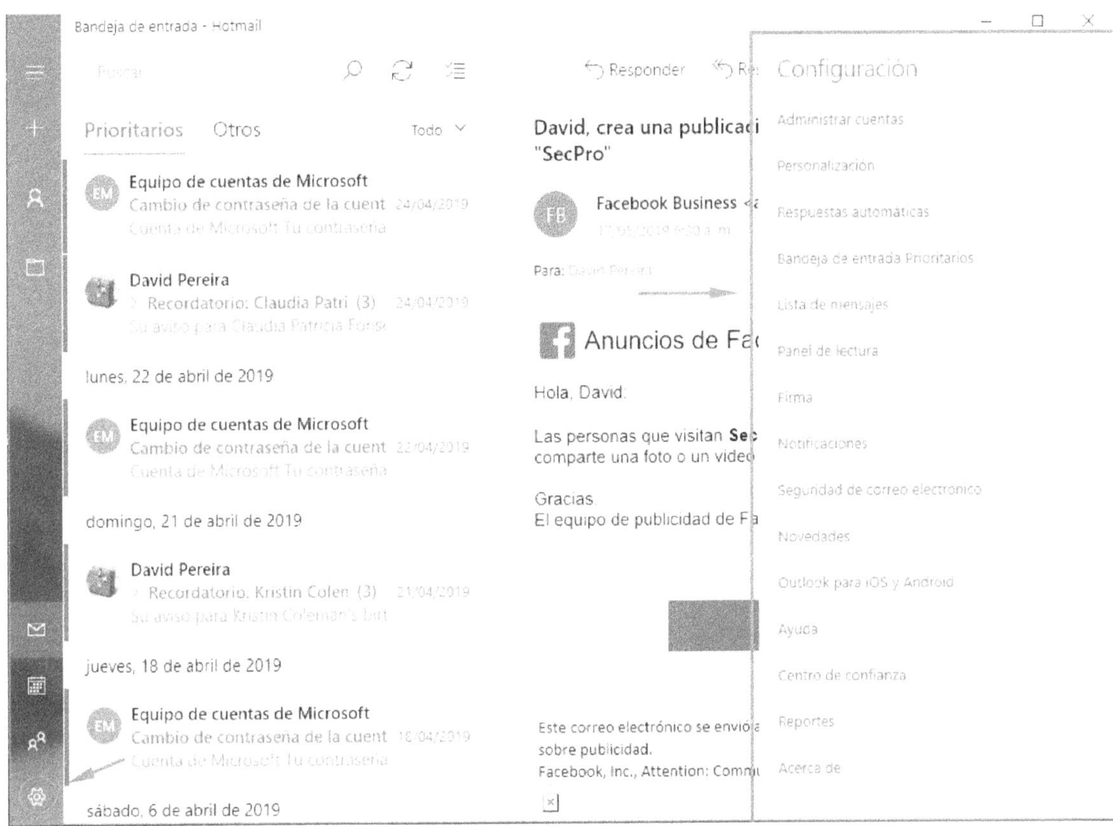

En el menú de configuración al lado derecho, buscamos la opción: "Panel de Lectura" y hacemos click:

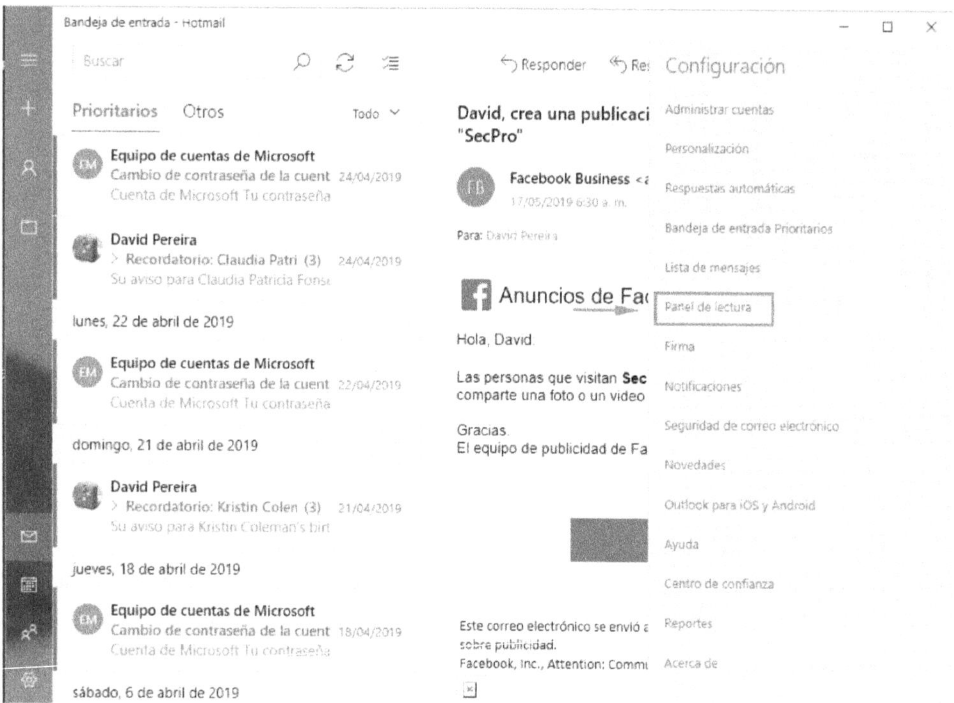

Vamos a obtener una pantalla como esta, en donde debes desplazarte hacia abajo para encontrar "Contenido Externo":

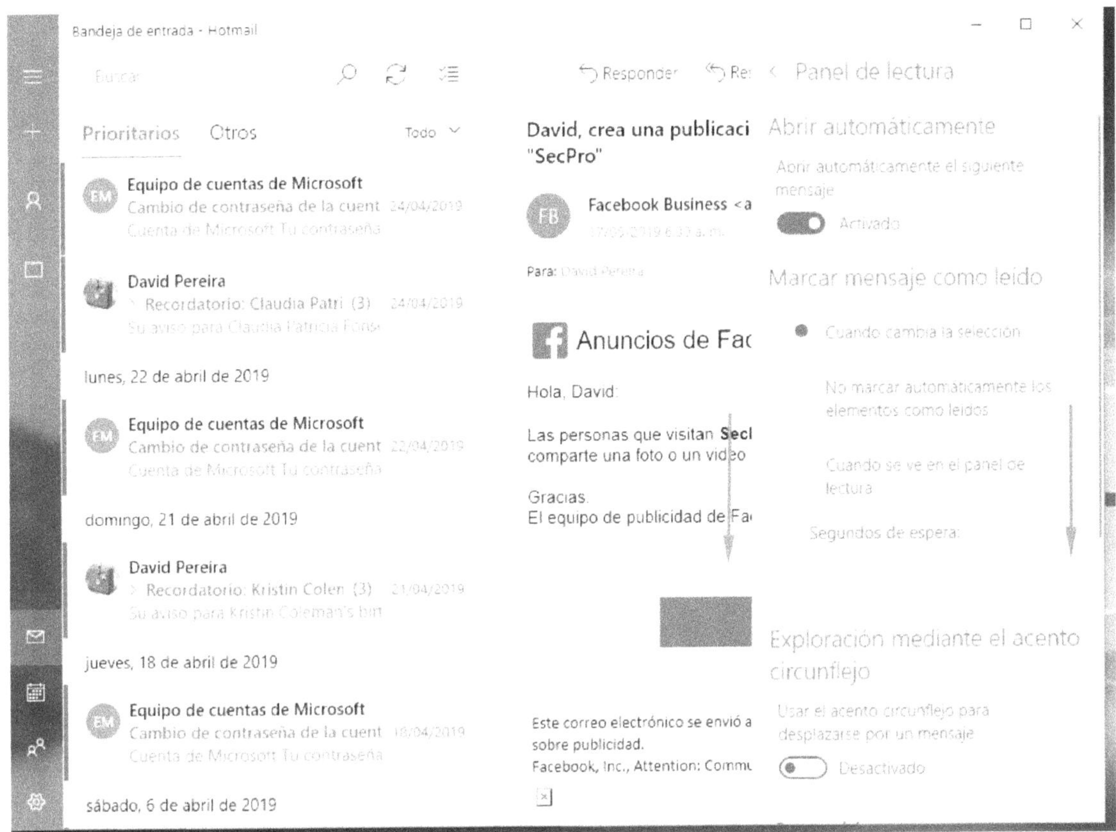

Cuando encontremos "Contenido Externo", desactiva la opción "Descargar automáticamente las imágenes externas……" esta opción por defecto viene activa, con un simple click la desactivas.

David F. Pereira Q.

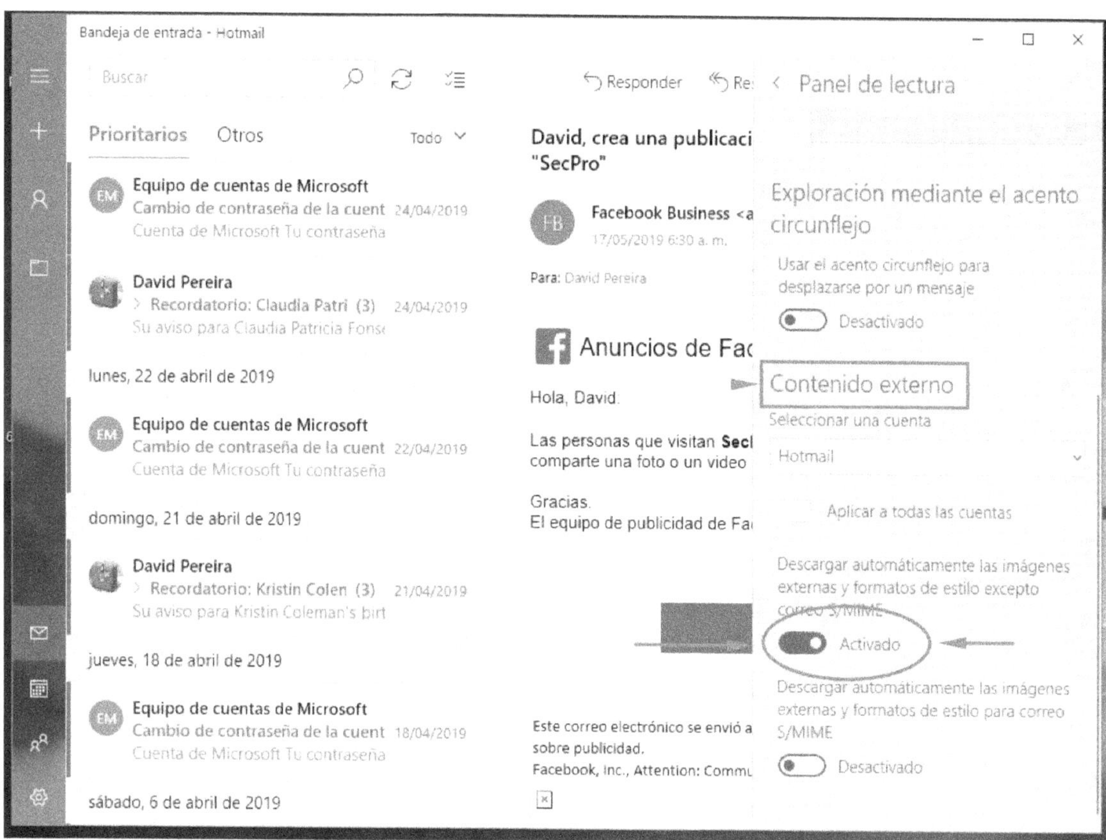

Así debe quedar nuestra configuración y luego haces click sobre la "X" de la ventana para cerrar el panel de configuración:

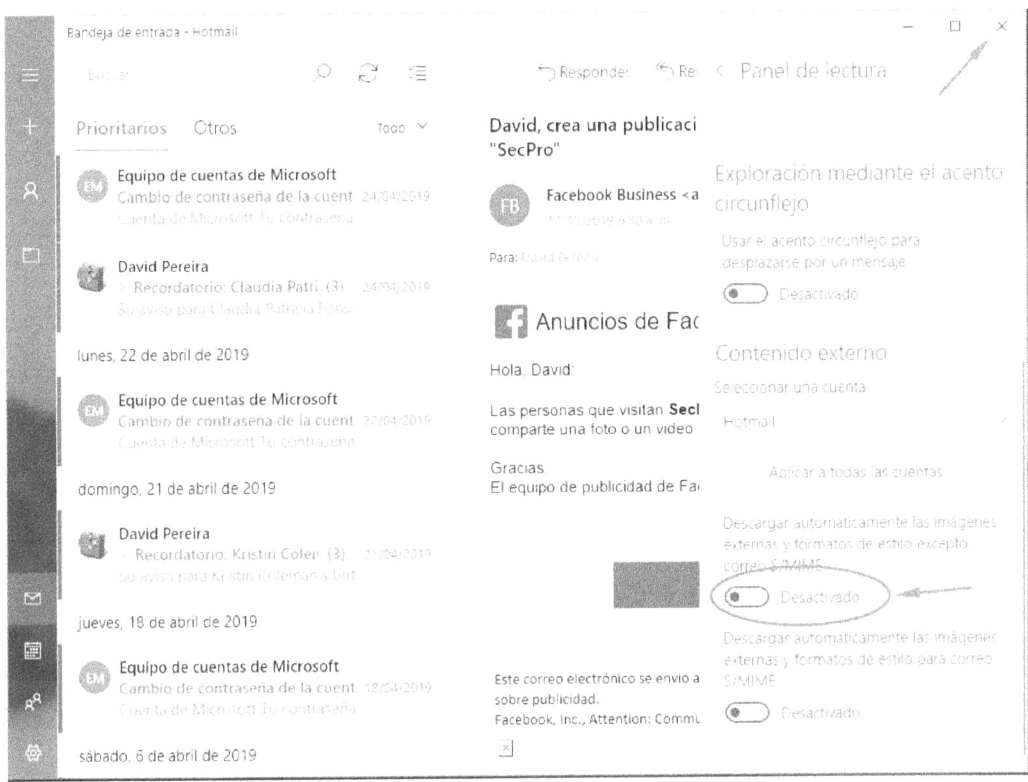

Cuando has desactivado la descarga automática de imágenes en el correo, los mensajes te van a aparecer un poco diferentes donde hay imágenes; no obstante, si quieres descargar todas las imágenes por que confías en el origen del correo, puedes bajar al final del mensaje y seleccionar "Descargar mensaje e imágenes" así:

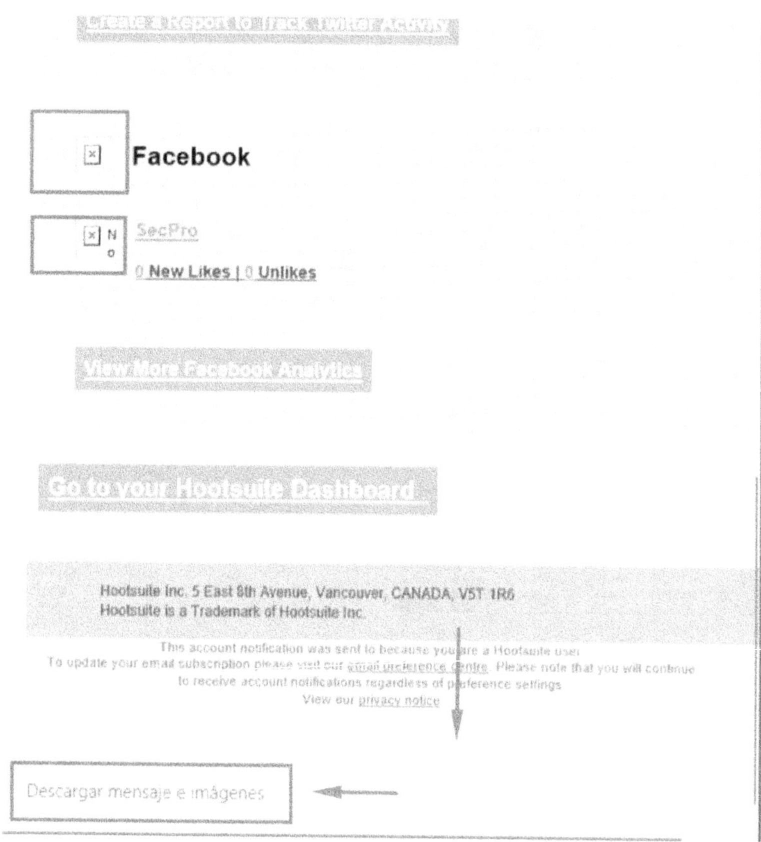

DESACTIVAR LA DESCARGA AUTOMÁTICA DE IMÁGENES Y ESTILOS EN GMAIL:

Es muy simple; digamos que estamos en nuestra cuenta de Gmail; buscamos el ícono del engrane que nos permite ir a la configuración de la cuenta y hacemos click sobre él.

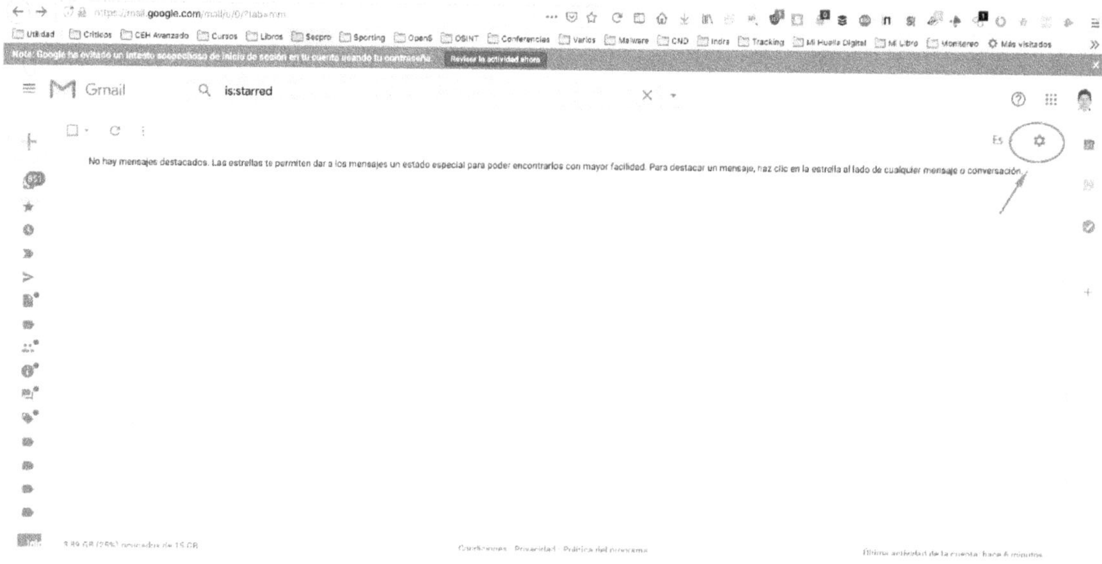

Recibimos esta pantalla, en donde seleccionas "Configuración":

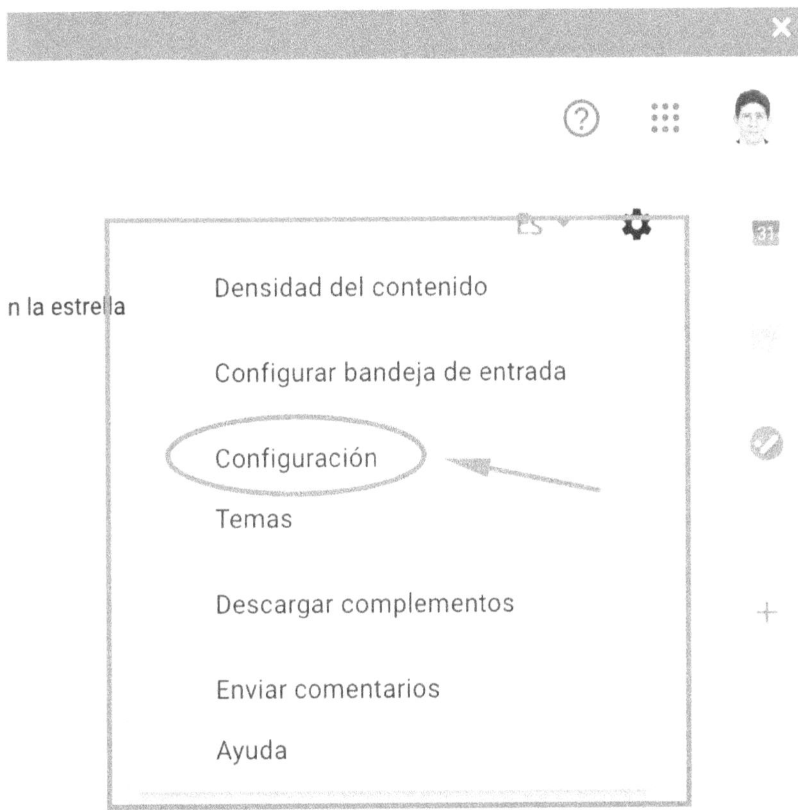

Llegamos a la pantalla de "Configuración" en donde vamos a "Imágenes" y seleccionamos: "Preguntar antes de mostrar imágenes externas":

David F. Pereira Q.

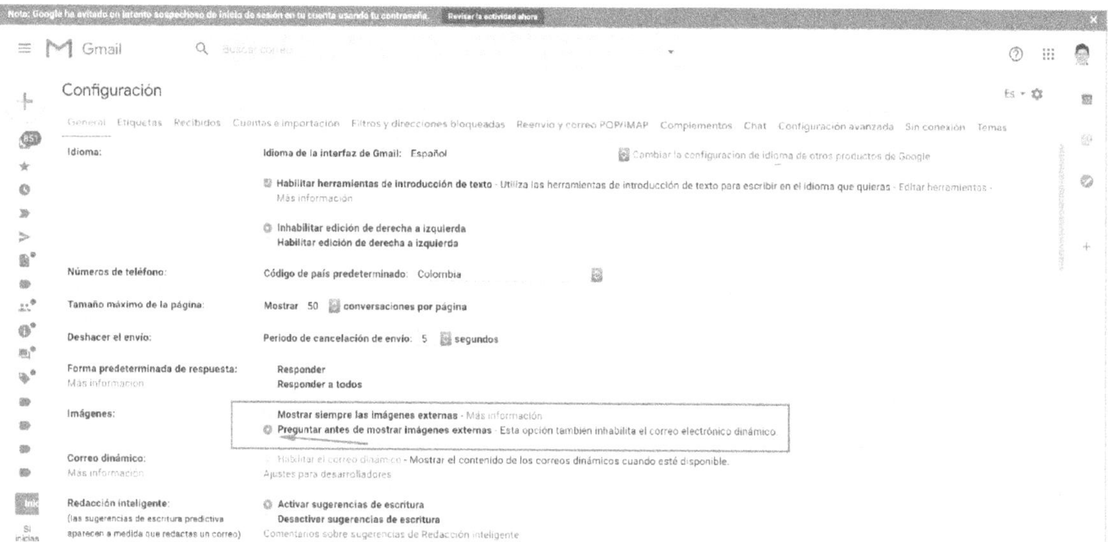

Y listo, ya ni las empresas legítimas ni los delincuentes van a poder recabar tanta información acerca de nuestros dispositivos.

Puedes devolverte a tu correo haciendo click sobre el ícono de Gmail en la parte superior izquierda:

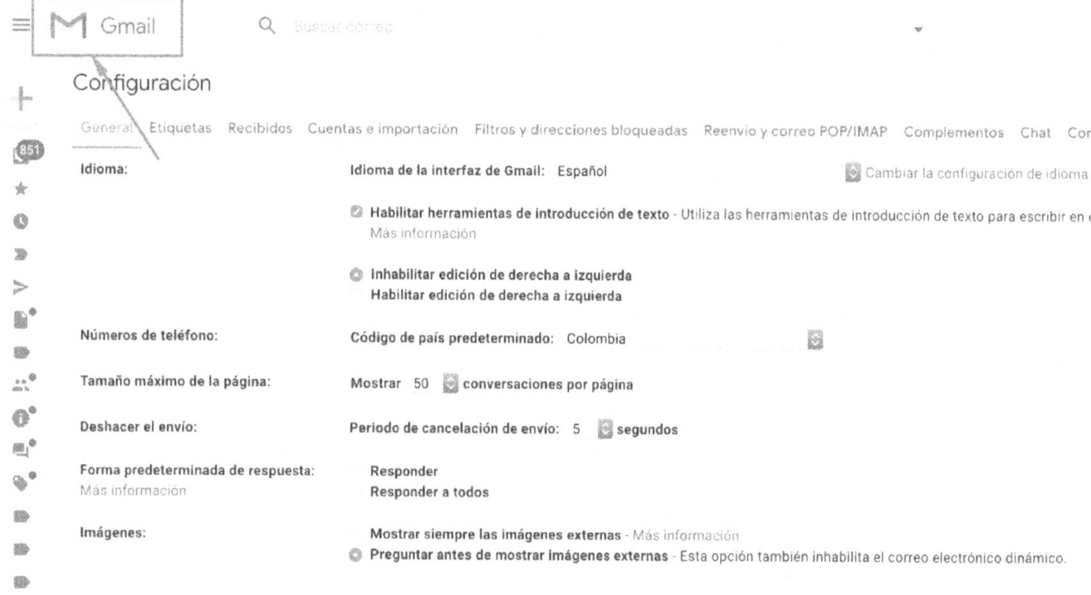

2. SIEMPRE revisa con detenimiento la dirección de origen del correo electrónico; no es lógico que un banco tenga como dirección una cuenta de Gmail, Hotmail, Yahoo o un nombre diferente del dominio del banco.

Algunos ejemplos de mail falso:

Como ves, se supone que el correo lo envían de la App Store de Apple, pero el dominio de donde lo envían es: @sususayasmi.com

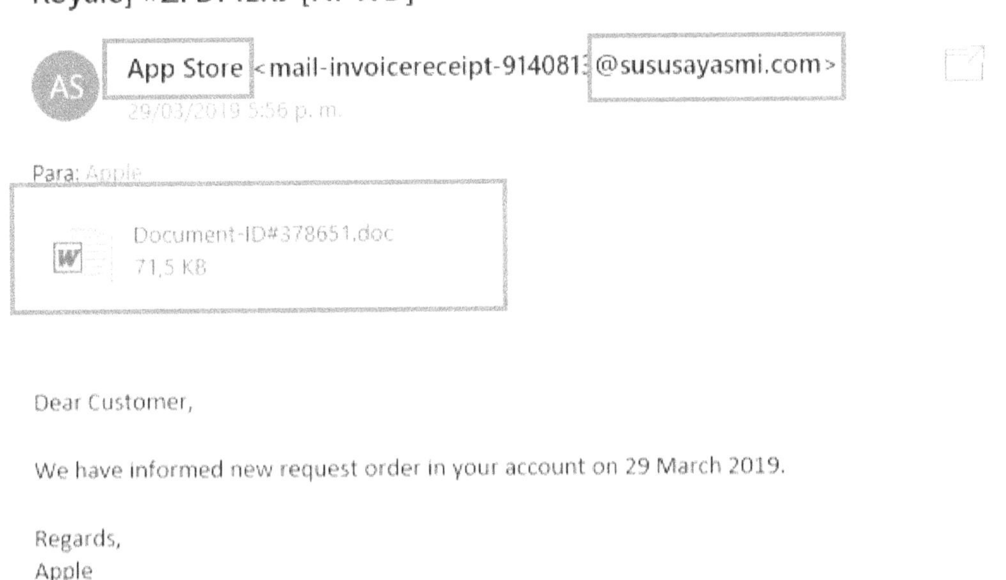

Este es tipo estafa nigeriana, en donde una viuda me quiere depositar US$6.500.000.00….. sería lindo…. Pero es una ESTAFA!!!

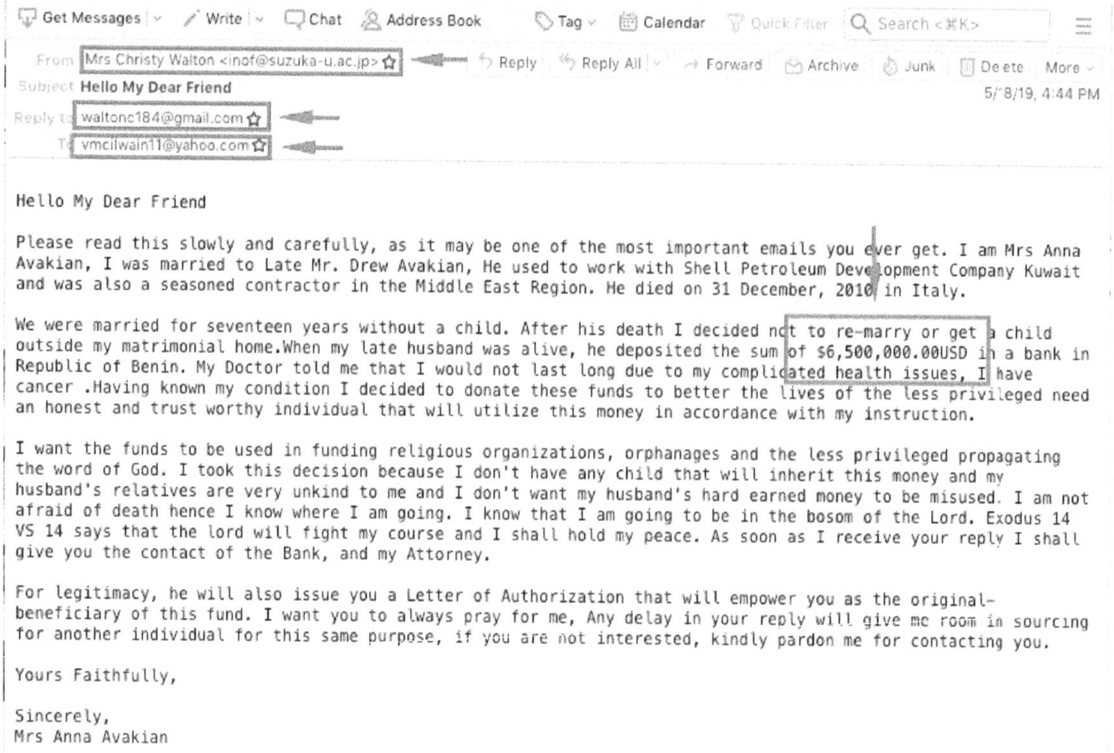

David F. Pereira Q.

Mrs Christy Walton <inof@suzuka-u.ac.jp>
Subject **Hello My Dear Friend**
5/18/19, 4:44 PM
Reply to waltonc184@gmail.com
To vmcilwain11@yahoo.com

Hello My Dear Friend

Please read this slowly and carefully, as it may be one of the most important emails you ever get. I am Mrs Anna Avakian, I was married to Late Mr. Drew Avakian, He used to work with Shell Petroleum Development Company Kuwait and was also a seasoned contractor in the Middle East Region. He died on 31 December, 2010 in Italy.

We were married for seventeen years without a child. After his death I decided not to re-marry or get a child outside my matrimonial home.When my late husband was alive, he deposited the sum of $6,500,000.00USD in a bank in Republic of Benin. My Doctor told me that I would not last long due to my complicated health issues, I have cancer .Having known my condition I decided to donate these funds to better the lives of the less privileged need an honest and trust worthy individual that will utilize this money in accordance with my instruction.

I want the funds to be used in funding religious organizations, orphanages and the less privileged propagating the word of God. I took this decision because I don't have any child that will inherit this money and my husband's relatives are very unkind to me and I don't want my husband's hard earned money to be misused. I am not afraid of death hence I know where I am going. I know that I am going to be in the bosom of the Lord. Exodus 14 VS 14 says that the lord will fight my course and I shall hold my peace. As soon as I receive your reply I shall give you the contact of the Bank, and my Attorney.

For legitimacy, he will also issue you a Letter of Authorization that will empower you as the original-beneficiary of this fund. I want you to always pray for me, Any delay in your reply will give me room in sourcing for another individual for this same purpose, if you are not interested, kindly pardon me for contacting you.

Yours Faithfully,

Sincerely,
Mrs Anna Avakian

Aquí me gané la lotería!!!!.... sin comprarla…..

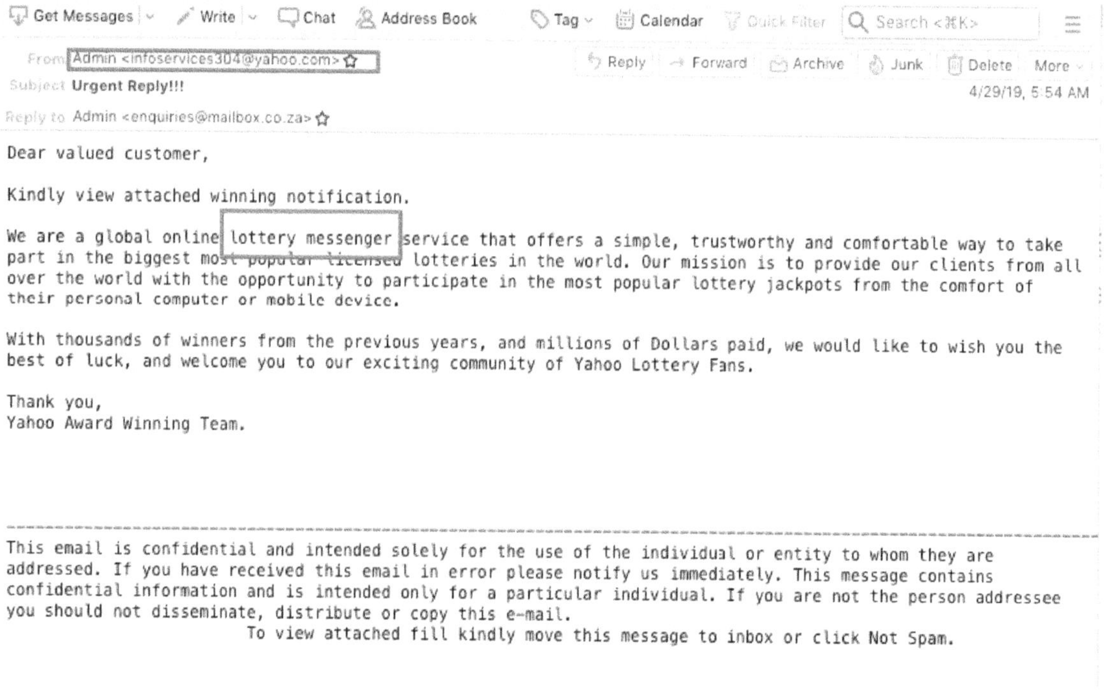

From Admin <infoservices304@yahoo.com>
Subject **Urgent Reply!!!**
4/29/19, 5:54 AM
Reply to Admin <enquiries@mailbox.co.za>

Dear valued customer,

Kindly view attached winning notification.

We are a global online lottery messenger service that offers a simple, trustworthy and comfortable way to take part in the biggest most popular licensed lotteries in the world. Our mission is to provide our clients from all over the world with the opportunity to participate in the most popular lottery jackpots from the comfort of their personal computer or mobile device.

With thousands of winners from the previous years, and millions of Dollars paid, we would like to wish you the best of luck, and welcome you to our exciting community of Yahoo Lottery Fans.

Thank you,
Yahoo Award Winning Team.

This email is confidential and intended solely for the use of the individual or entity to whom they are addressed. If you have received this email in error please notify us immediately. This message contains confidential information and is intended only for a particular individual. If you are not the person addressee you should not disseminate, distribute or copy this e-mail.
To view attached fill kindly move this message to inbox or click Not Spam.

Aún mejor: el FBI me quiere dar 12.5 millones de Dólares....

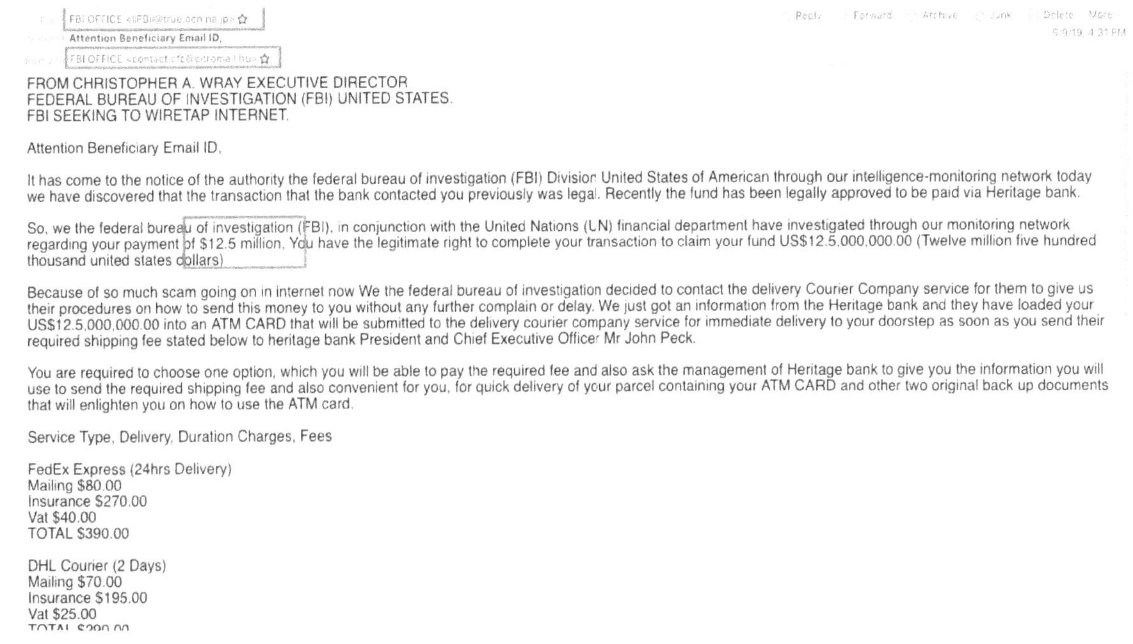

La muestra que viene a continuación fué cortesía de mis amigos del Laboratorio Forense de Delitos Informáticos de la Fiscalía General de la Nación en Colombia; mil gracias por compartir sus herramientas de concientización!

En este ejemplo, es la "Dian", (nuestra autoridad de Impuestos y Aduanas) la que nos envía un estado de cuenta de nuestra "deuda":

David F. Pereira Q.

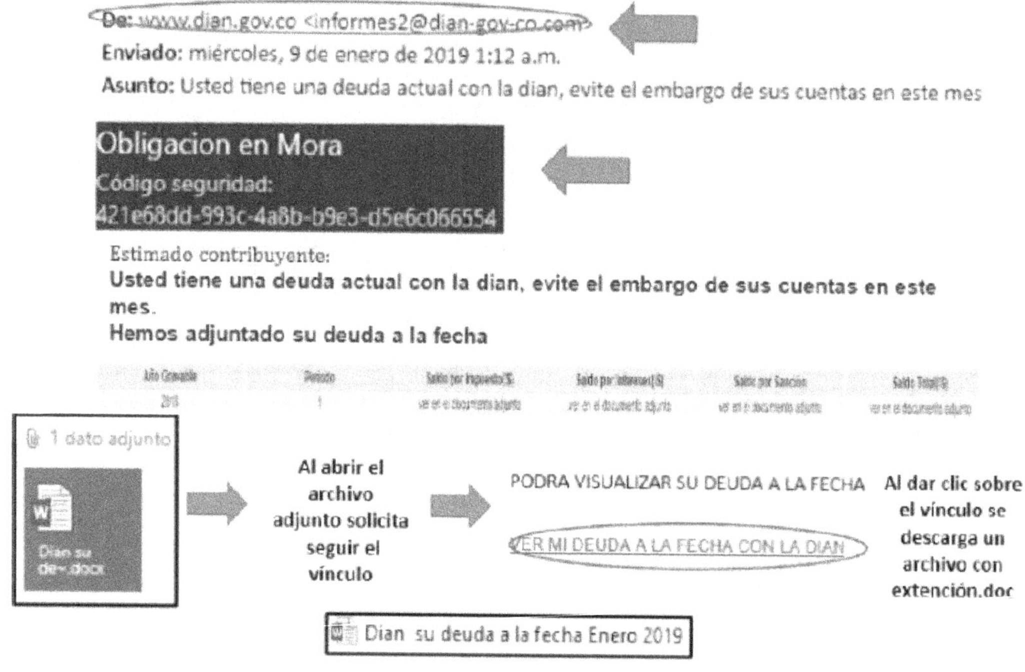

Recuerden algo muy importante:

NINGUN Banco les va a pedir actualizar los datos de sus cuentas por correo electrónico; todos les van a decir que se acerquen a una sucursal o que ustedes llamen por teléfono al banco.

3. Los delincuentes compran Dominios que pueden usar fácilmente para engañar; ej.: adquieren el dominio: "alerta.com", y luego pueden crear direcciones de correo como:
    a. alerta@bancoxxx.alerta.com
    b. atencion@bancoxxx.alerta.com
    c. compras@entidadxxx.alerta.com
    d. bacoxxx@alerta.com

Ahora hagamos un ejemplo con el Dominio "informacion.com"; podrían enviarte correos de direcciones como:
    e. soporte@bancoxxx.informacion.com
    f. ventas@bancoxxx.informacion.com
    g. pagos@entidadxxx.información.com

Por si el tema de Dominio y Subdominio no está claro, permíteme profundizar muy ligeramente; un Dominio es un nombre de internet;

por ejemplo: "Gmail.com"; los delincuentes pueden adquirir Dominios con nombres que suenen reales y ellos crean Subdominios a su gusto de esos Dominios y esta práctica desafortunadamente no se puede impedir por que las empresas legítimas también lo hacen; un subdominio te va a quedar muy claro en este ejemplo:

Dominio:

compras.com

Subdominio: (Creado a gusto del delincuente)

bancoxxxxxx.compras.com

Subdominio   Dominio

La palabra bancoxxxx podria ser tambien cualquier palabra: policia, pagos,etc

Correo que puede crearse:

informacion@bancoxxxxxx.compras.com

Cualquier Palabra   Subdominio   Dominio

Espero que este tema esté claro y si no, como siempre para las dudas: Twitter: @davidpereiracib o en mi canal de YouTube: https://www.youtube.com/c/DavidPereira

4. Si el correo viene de un "Supuesto Banco" pero se dirigen a ti de forma impersonal, desconfía; un banco real o una entidad real en donde tu seas cliente o tengan tus datos reales, van a dirigirse a ti con nombre propio y apellidos; los delincuentes se dirigen a sus víctimas de forma impersonal así:

   a. Cliente:
   b. Apreciado Deudor:
   c. Sr/Sra.:
   d. A quien corresponda:

5. También desconfía si la persona que se quiere comunicar contigo es demasiado afectuosa y ni siquiera la conoces!!

6. Si el correo viene con una redacción difícil de entender o ilógica (Como si se hubiera traducido automáticamente), errores ortográficos, etc., desconfía!!! Un banco real o una entidad real

David F. Pereira Q.

va a tener cuidado de redactar adecuada y cuidadosamente una comunicación para sus clientes.

7. Cuando recibas un correo que tenga un enlace, **NO** hagas click sobre el enlace, sin antes posicionar tu mouse sobre el enlace y mirar en la parte inferior del correo a dónde te está llevando realmente; aquí hay dos cosas muy importantes: si miras en la dirección de origen, encuentras 2 direcciones; una de un dominio corporativo y otra de Gmail.com.

   Por otro lado al colocar el puntero del mouse sobre el supuesto archivo: "Notas_Ingenieria.pdf" vemos en la barra inferior que realmente no es un documento sino un enlace a un sitio web totalmente diferente!!!

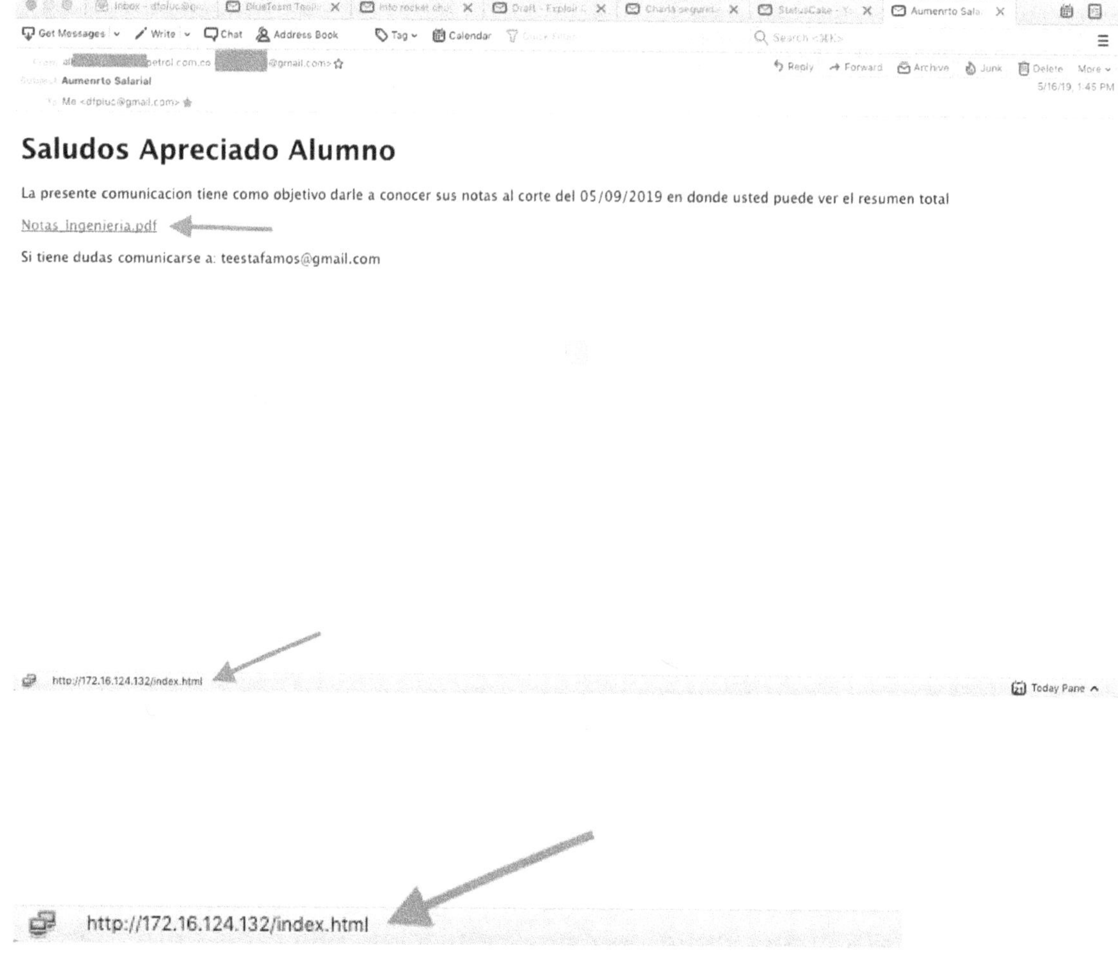

8. Los delincuentes también te pueden enviar correo solicitándote datos personales; NUNCA suministres datos si no estas totalmente segur@ del origen de la solicitud; aquí un ejemplo:

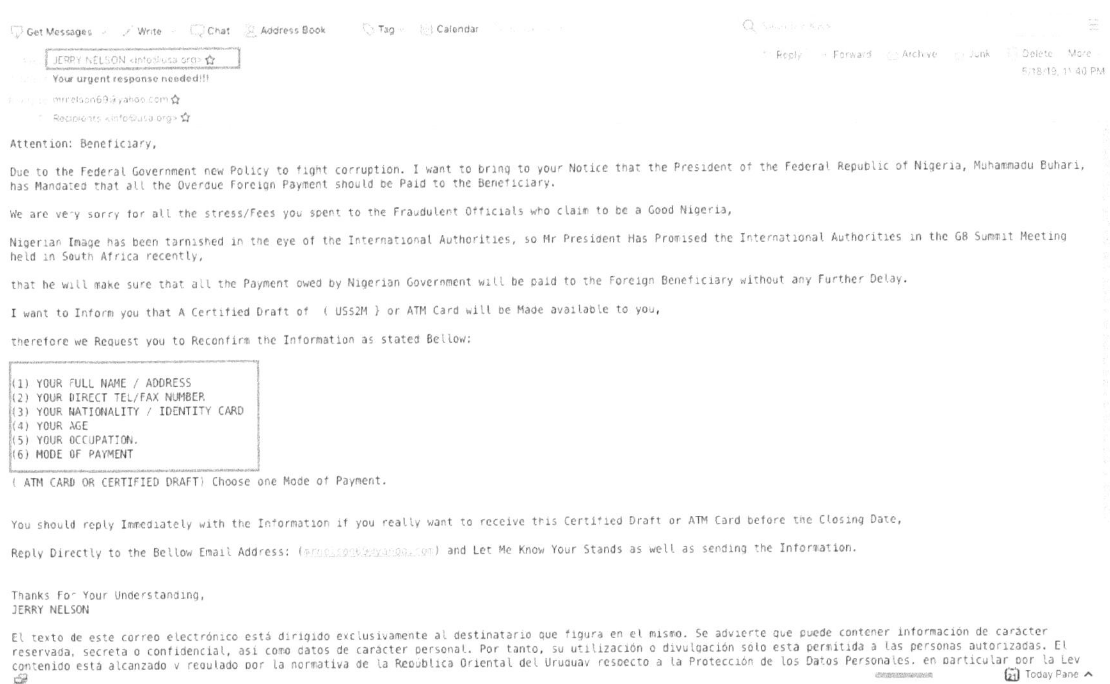

EL CIFRADO DE CORREO ELECTRÓNICO

Hasta ahora hemos hablado de precauciones que debes tener cuando recibes un correo electrónico, pero ¿que pasa si lo que quieres es mejorar la seguridad del correo que envías? Es decir, que si alguien lograra interceptarlo, no pudiera ver o entender su contenido, en otras palabras: CIFRARLO; (Cifrarlo es la palabra correcta, no encriptarlo).

Muy bien, te voy a mostrar una manera muy simple de cifrar tu correo; para el ejercicio usaremos Gmail por ser el correo más utilizado, pero si necesitas aplicarlo a un correo diferente, como siempre para las dudas: Twitter: @davidpereiracib o en mi canal de YouTube: https://www.youtube.com/c/DavidPereira;

Vamos a instalar un complemento que existe tanto para el navegador Firefox como para el navegador Chrome; se llama: Mailvelope;

Mailvelope

https://www.mailvelope.com/es/help

David F. Pereira Q.

En nuestro ejemplo vamos a instalarlo en Firefox;

Seleccionamos la descarga de Firefox:

Permitimos la instalación en Firefox haciendo click en "Allow":

Una vez autorizada la instalación, el Firefox pregunta si adiciona el complemento; le decimos "Add":

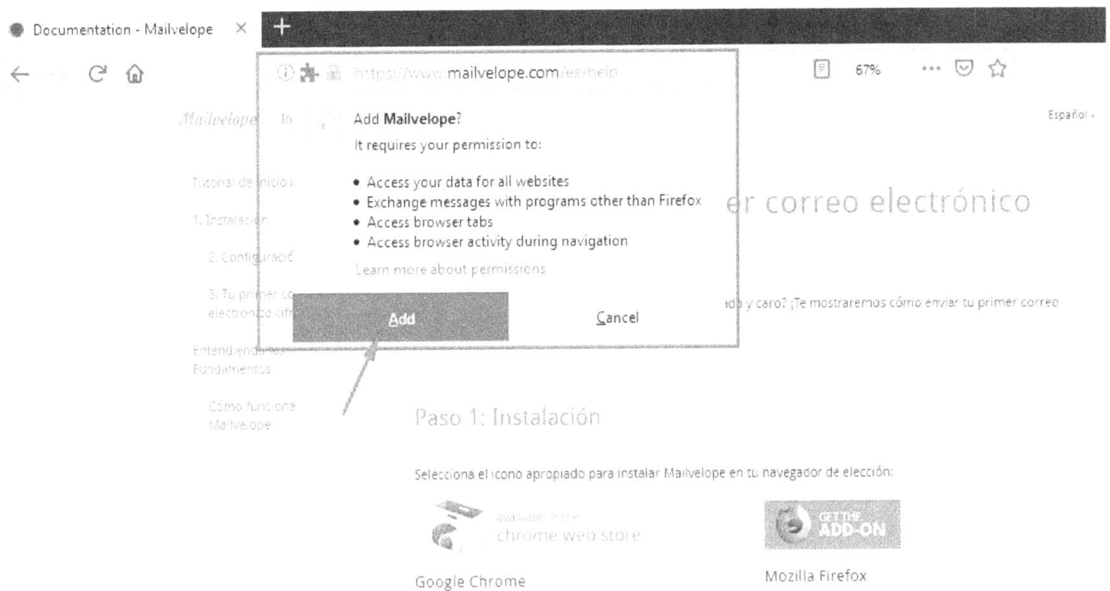

Posteriormente ya instalado, recibimos esta pantalla de confirmación y podrás observar el ícono del Mailvelope en la barra del Firefox:

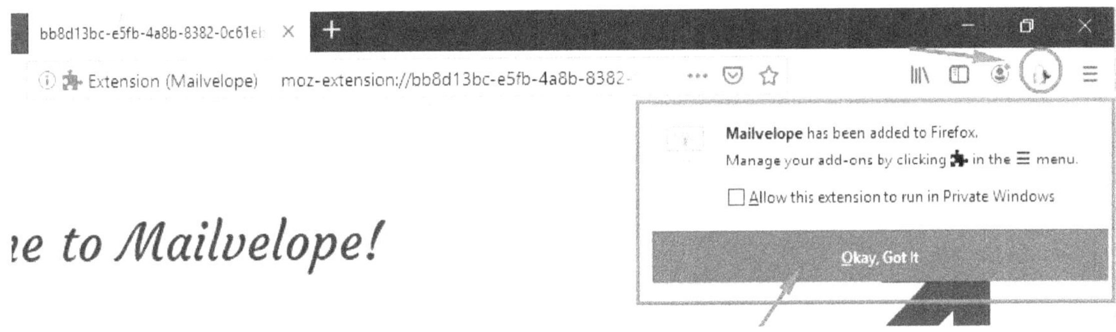

Hacemos click sobre el ícono del Mailvelope   para configurarlo;

Y luego hacemos click sobre el engrane para seleccionar las opciones:

David F. Pereira Q.

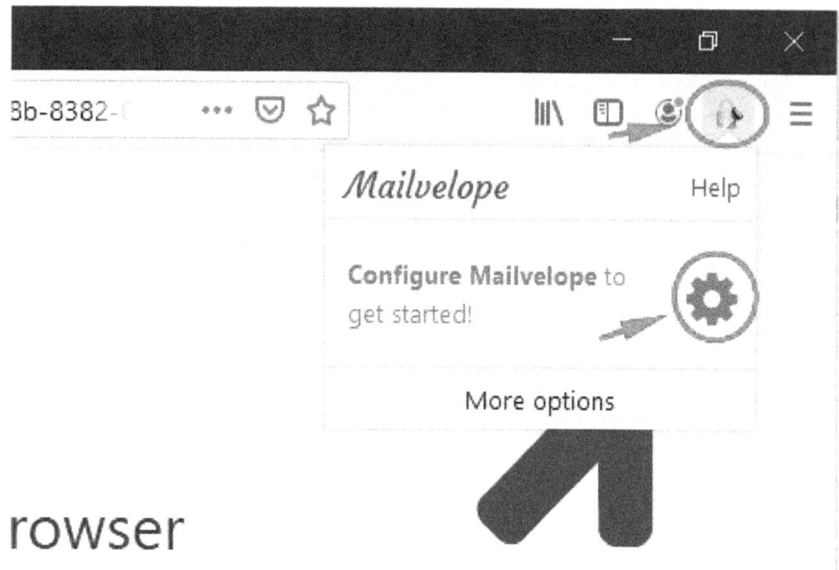

rowser

Lo primero que vamos a hacer es generar nuestra propia llave de cifrado; hacemos click sobre "Generate Key":

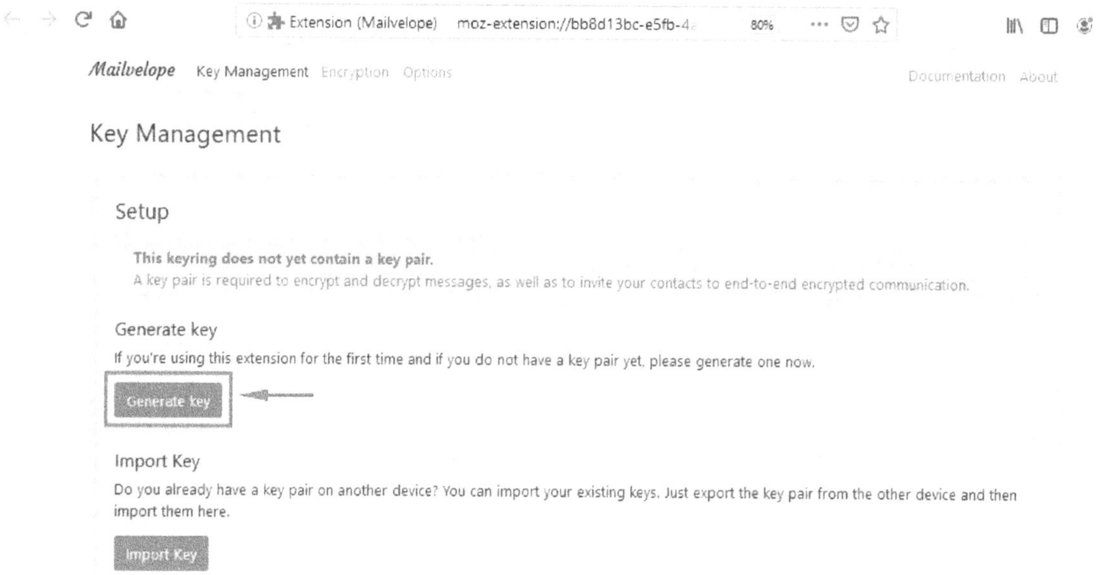

Eso nos lleva a una página donde digitaremos nuestra información y luego generamos nuestra llave:

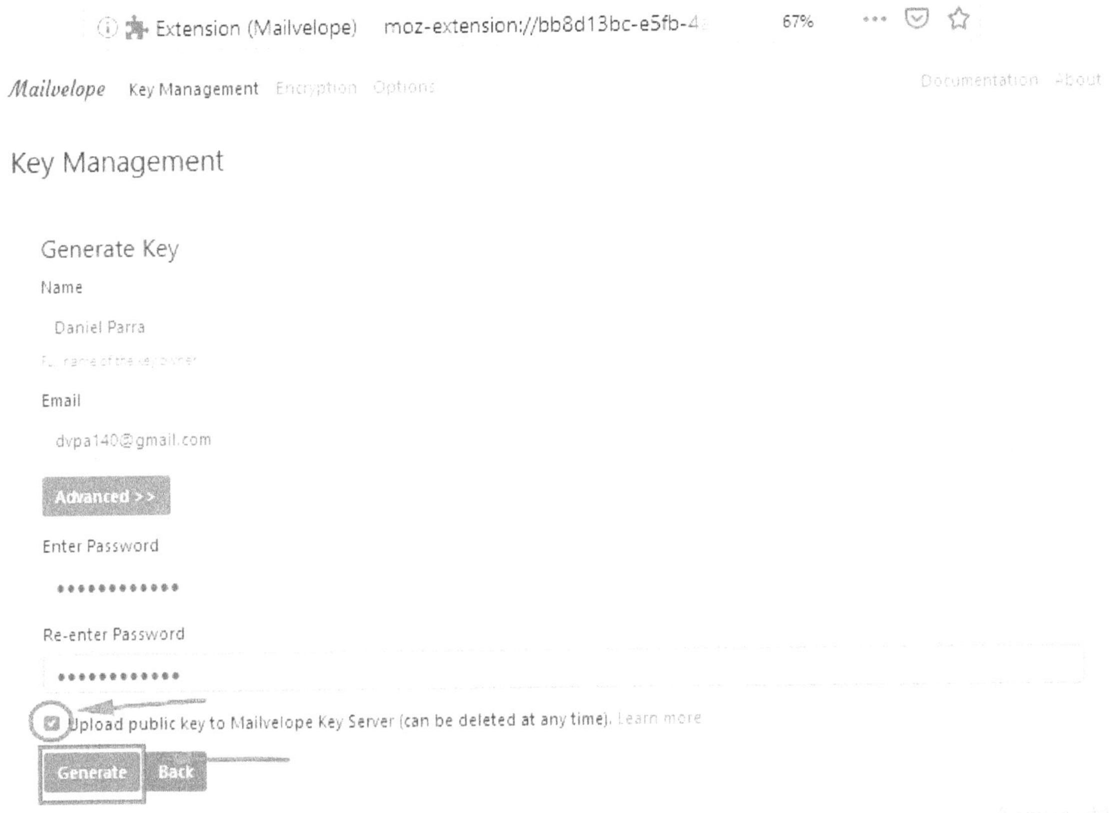

La llave comienza a generarse:

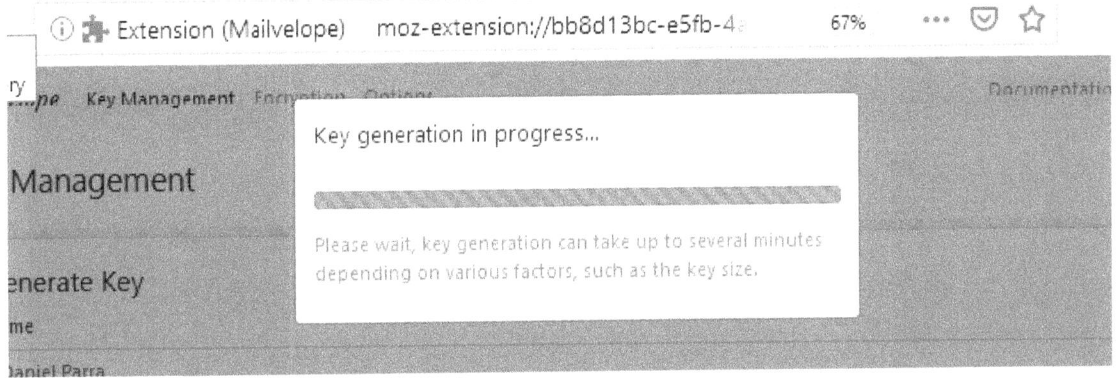

Cuando termina recibimos:

David F. Pereira Q.

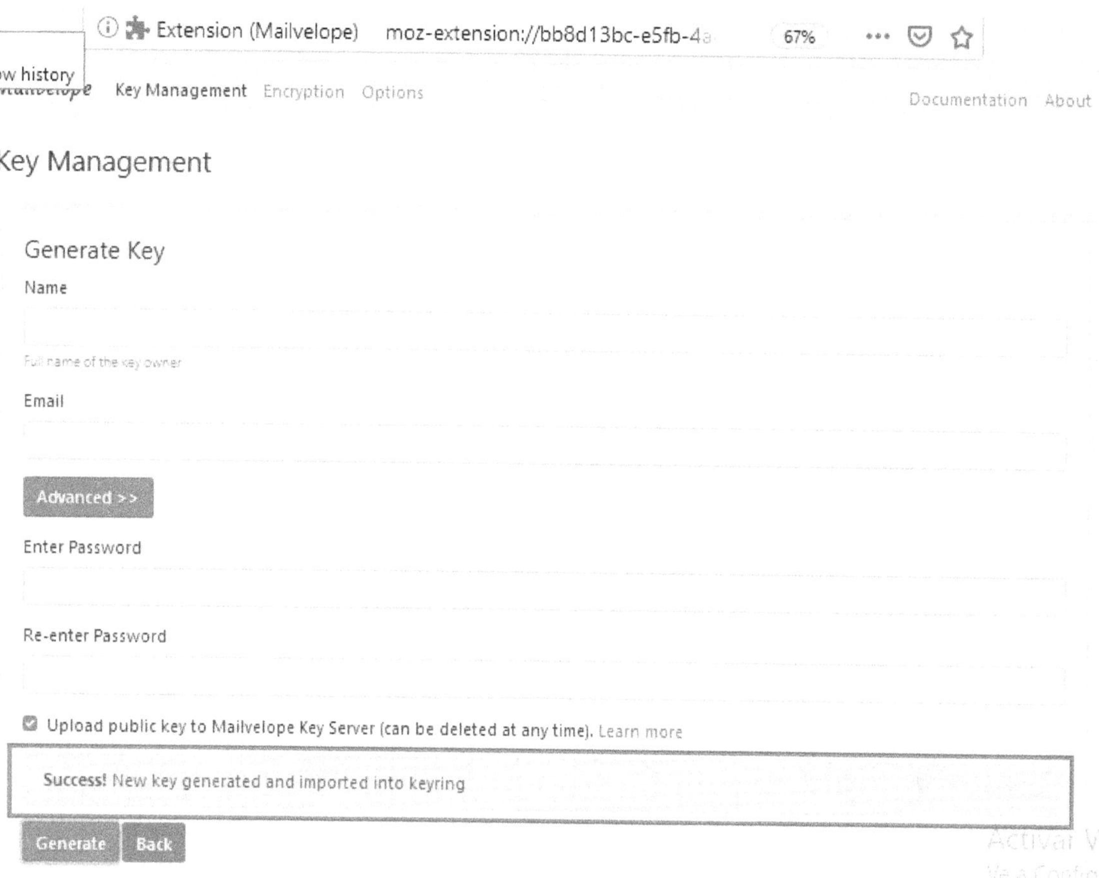

Listo, ahora debemos ir a nuestro correo de Gmail; habremos recibido un correo de Maivelope:

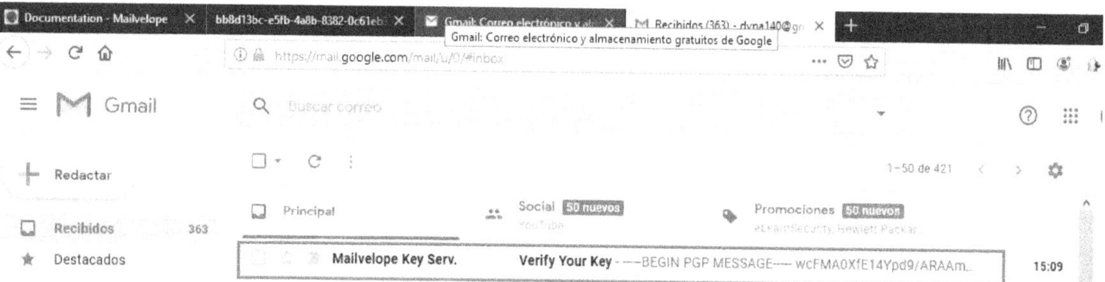

Al abrirlo vemos que viene cifrado; hagamos click sobre el ícono del sobre con el candado:

Verify Your Key

Mailvelope Key Server ‹noreply@mailvelope.com›
para mí

inglés ▾   ›   español ▾   Traducir mensaje

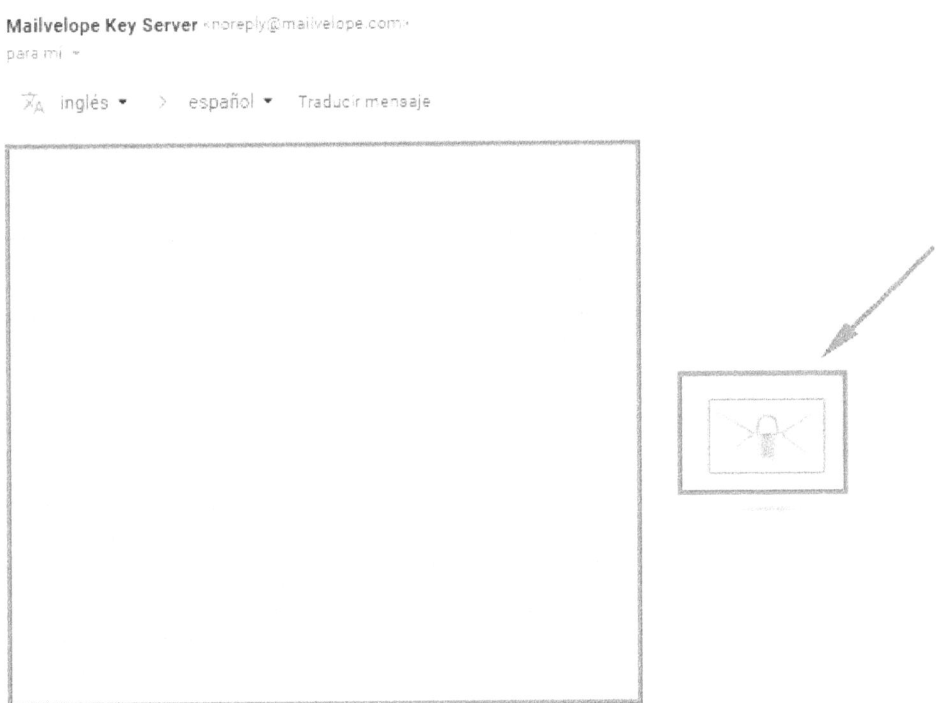

Digitamos la contraseña que escogimos previamente al crear nuestra
llave; si quieres que tu contraseña sea recordada por la maquina (No
recomendado) haces click sobre "Remember password temporarily";
luego damos click en "OK":

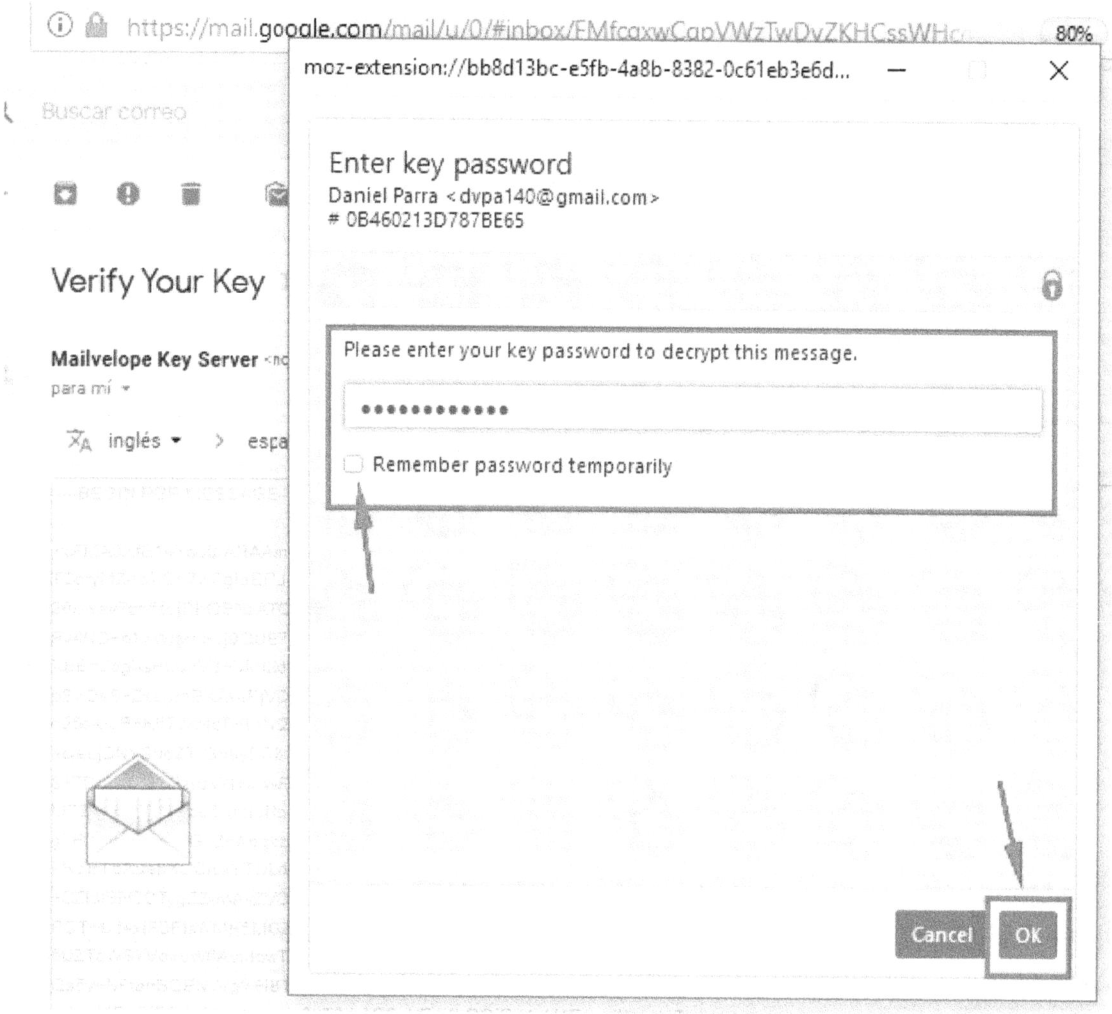

David F. Pereira Q.

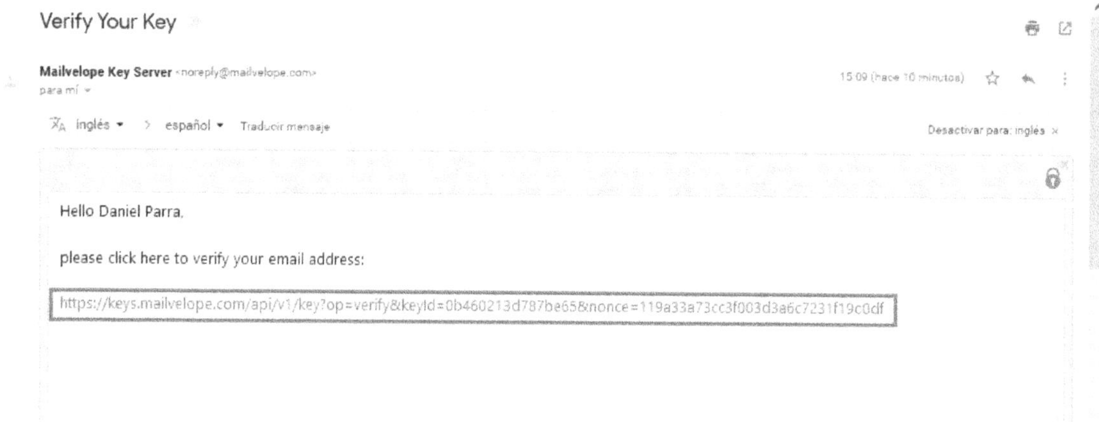

El mensaje es descifrado, y haces click sobre el enlace:

Perfecto, ya verificaste tu mail y el mailvelope te entrega un enlace para que compartas tu llave pública.

Déjame explicarte esta parte bien simple:

Lo que acabamos de hacer es crear un sistema de llaves Publicas y Privadas en tu máquina; este sistema en especifico, es el PGP (Pretty Good Privacy – Traduce: Bastante buena privacidad) y se compone de 2 llaves: una Pública que compartes con las personas que quieras que vean tus correos y una Privada que es solo para ti.

Cuando envías un correo, lo firmas con tu llave pública y cuando recibes uno, lo descifras con tu llave privada así:

Primero: Crea tus llaves PGP

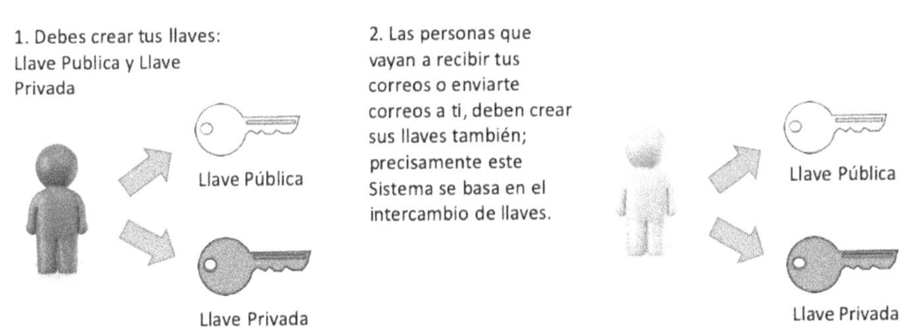

David F. Pereira Q.

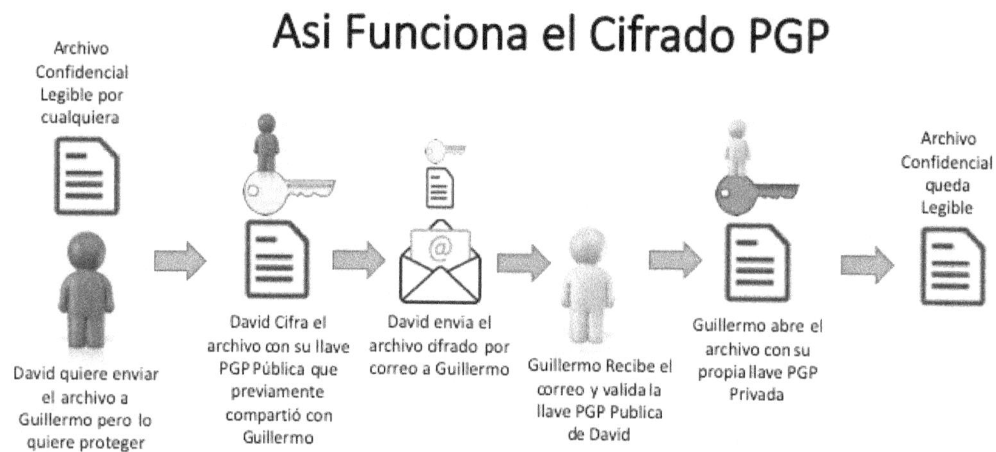

Como habrás visto en la gráfica, es necesario que tus destinatarios de correo cifrado hagan exactamente el mismo procedimiento que tu acabas de hacer, para que ellos generen sus llaves PGP y las puedan intercambiar contigo y así enviar y recibir correo cifrado entre ustedes.

Ya que tenemos instalado el Mailvelope, vamos a escribir nuestro primer correo cifrado; para eso vamos a redactar un correo como siempre lo has hecho:

Cuando haces Click en redactar, nos aparece el cuadro de diálogo del nuevo correo pero tenemos un ícono nuevo: el del Mailvelope; hacemos click sobre él:

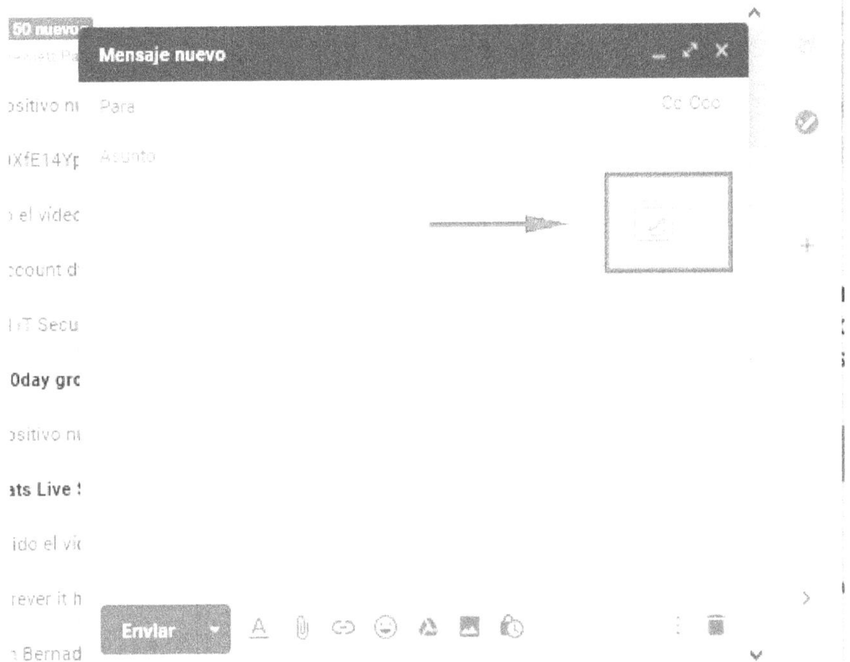

Creas tu correo; incluso esta herramienta te permite cifrar archivos que queras adjuntar; cuando termines de redactar el correo haces click sobre "Encrypt":

David F. Pereira Q.

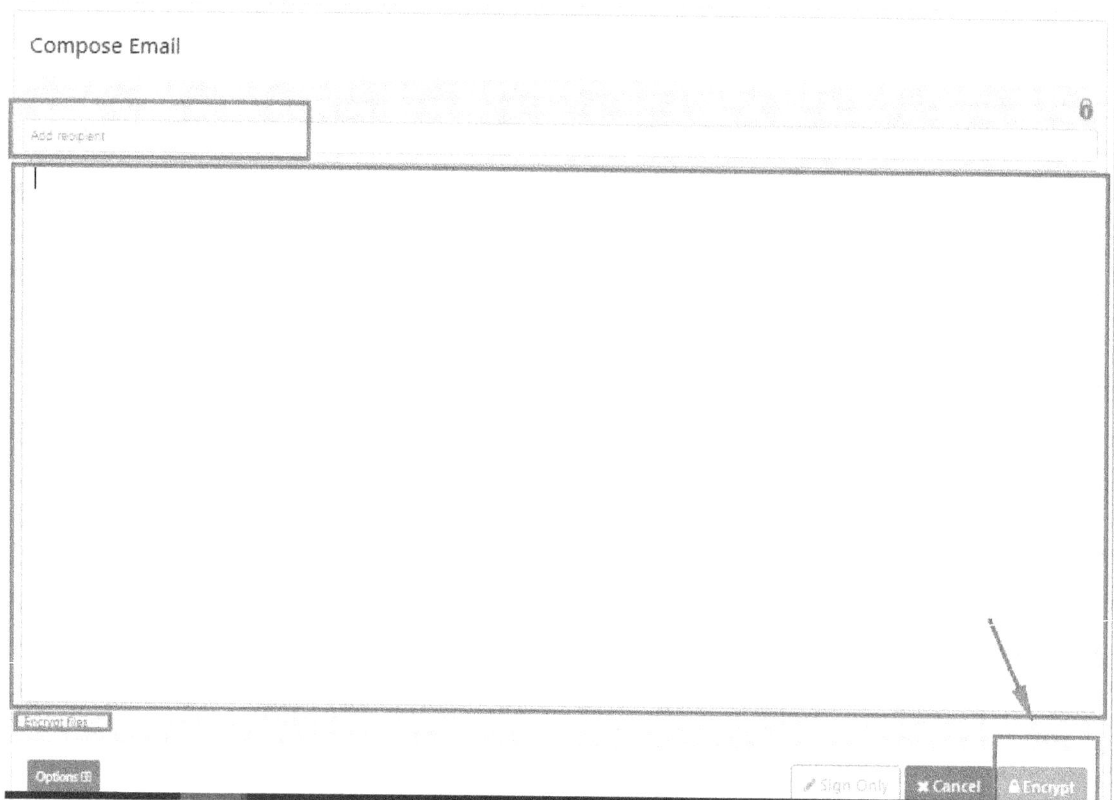

Redactas tu correo y ciframos:

Nos aparece esta pantalla y le damos enviar:

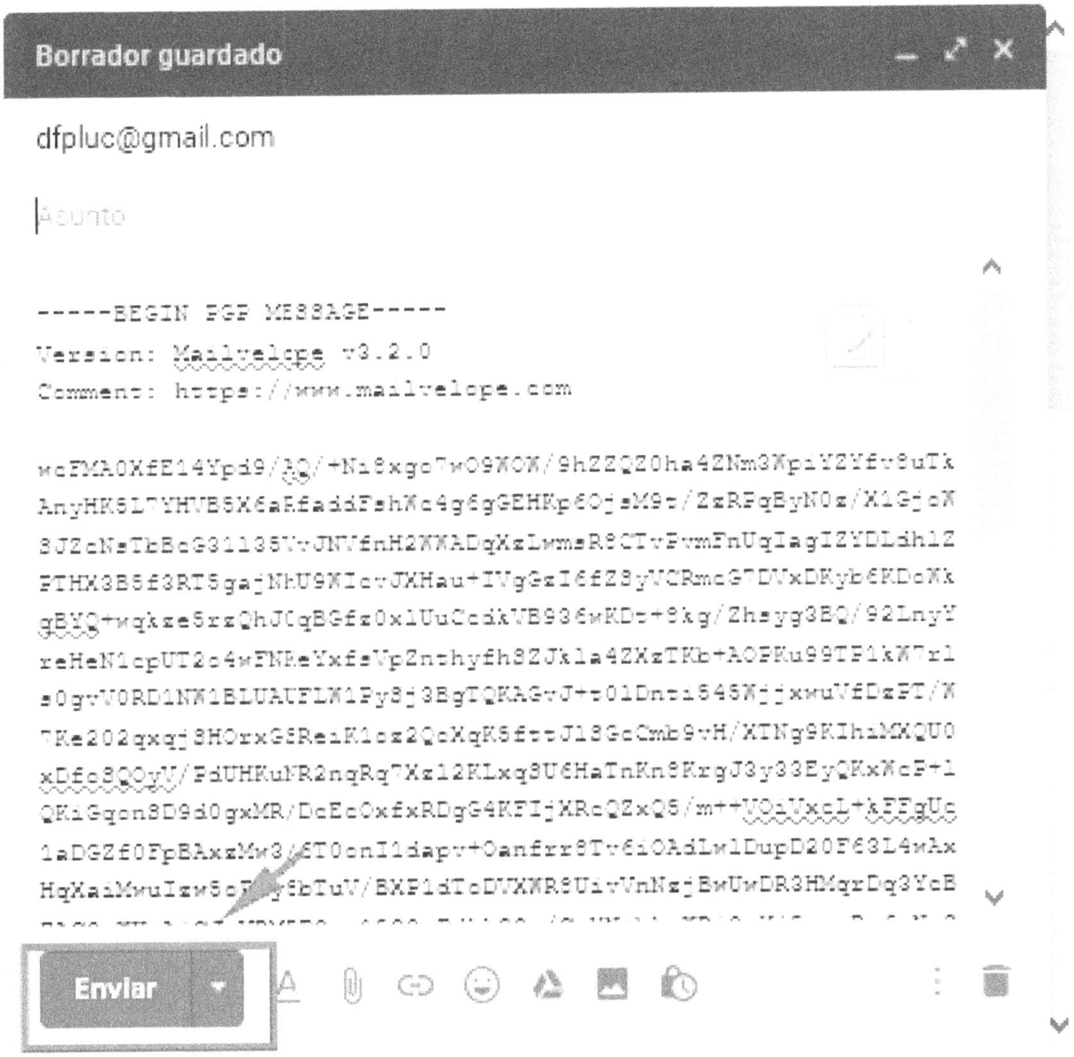

A nuestro destinatario le llegará el correo así:

Una vez recibido, al abrirlo veremos que está cifrado:

David F. Pereira Q.

Para ver su contenido, hacemos click sobre el ícono del sobre y el
candado del Mailvelope y nos pide la clave que hayamos creado en el
computador de destino en donde hemos instalado también el
Mailvelope; (No olvides que tanto quien envía como quien recibe
necesitan tener el Mailvelope instalado):

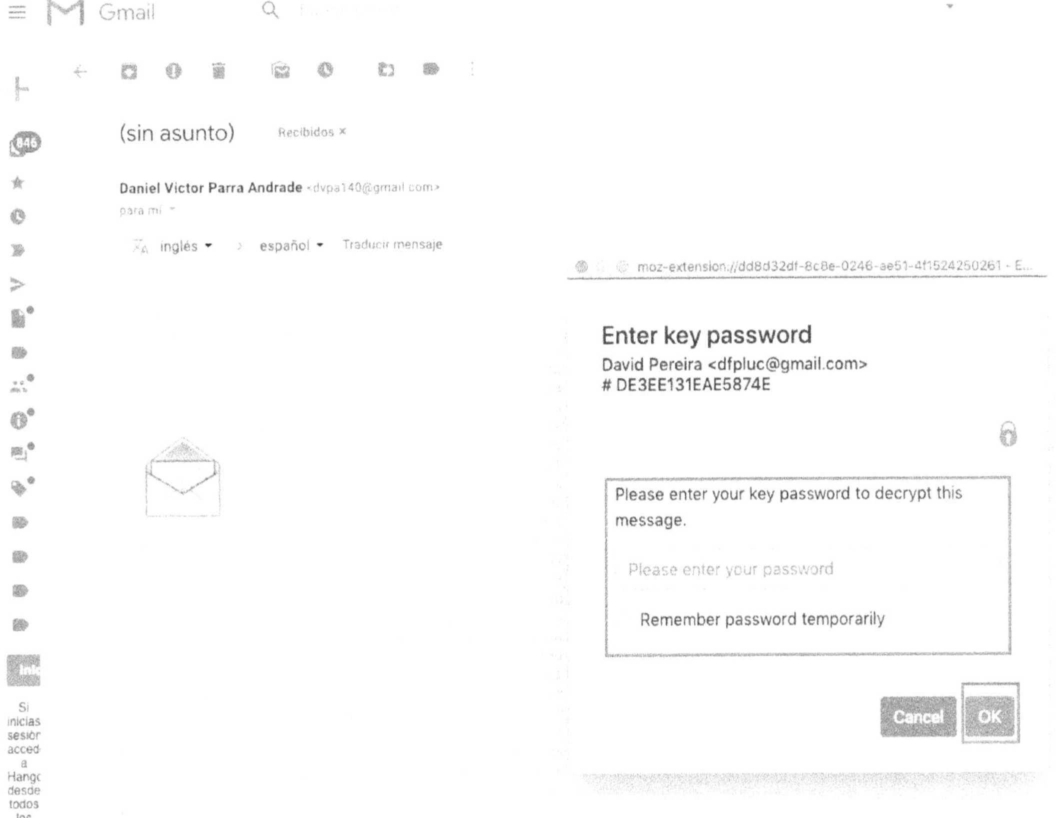

Digitamos la clave y recibimos:

David F. Pereira Q.

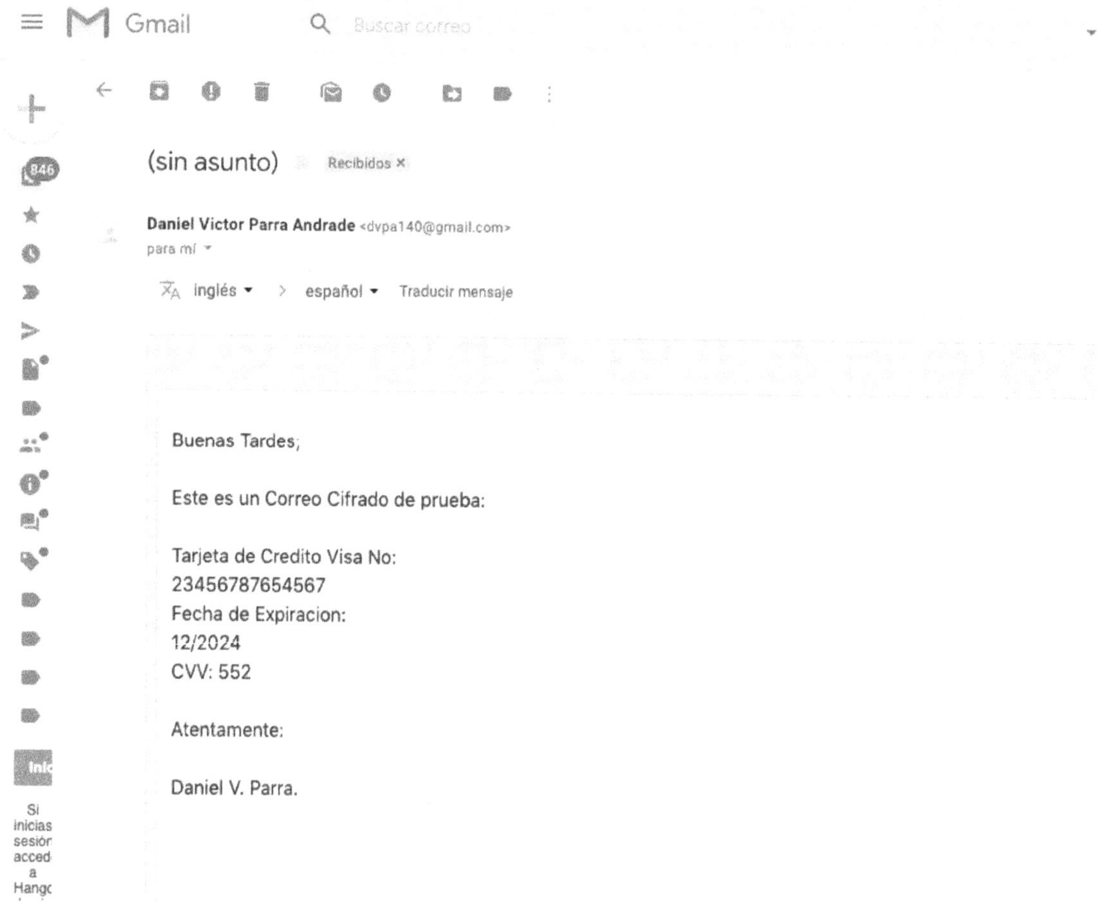

EXPORTAR NUESTRA LLAVE PÚBLICA PARA COMPARTIRLA

Vamos a aprender a exportar nuestra llave pública para poder compartirla con quien deseemos que reciba nuestro correo cifrado o firmado:

Vamos al panel del Mailvelope y hacemos click sobre él; seleccionamos la opción : Keyring:

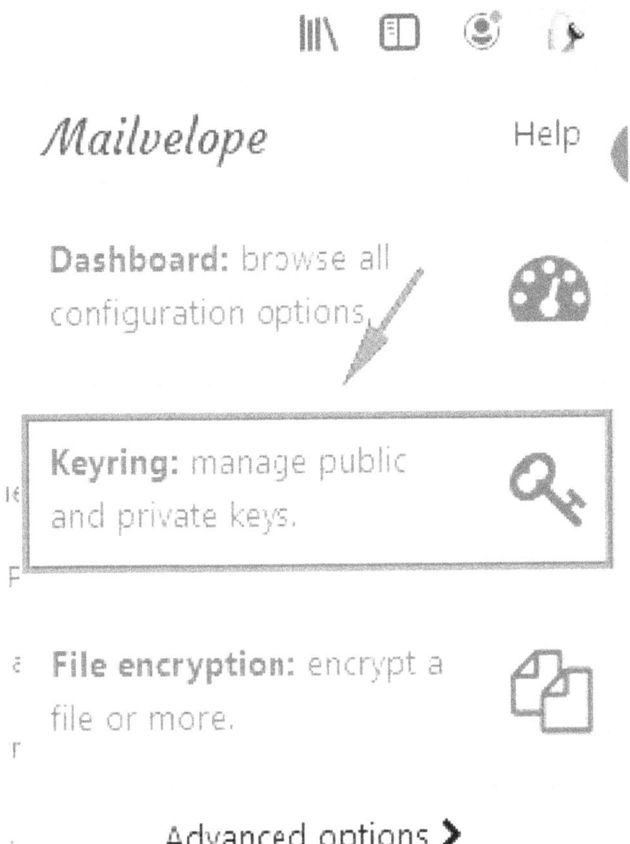

Recibiremos una pantalla como la siguiente, en donde seleccionaremos nuestra llave (para este ejercicio (Daniel Parra; Vemos que Daniel parra tiene las 2 llaves: una pública y una privada pero de David Pereira solo tenemos una llave, que es la pública); hacemos click sobre el perfil de Daniel Parra:

David F. Pereira Q.

Key Management

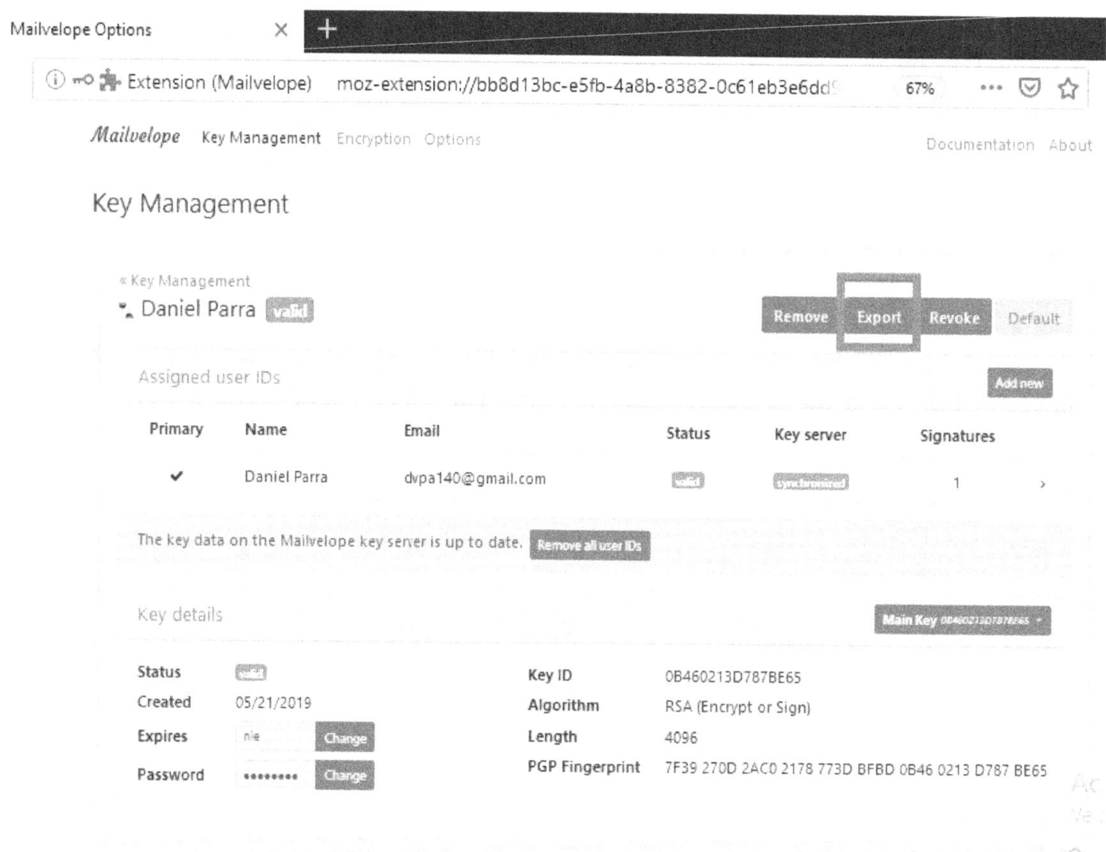

Recibimos esta pantalla en donde vemos el detalle del perfil de Daniel Parra y seleccionamos "Export":

Seleccionas "Public" y "Save" para salvar la llave pública como archivo para luego compartirla con David Pereira.

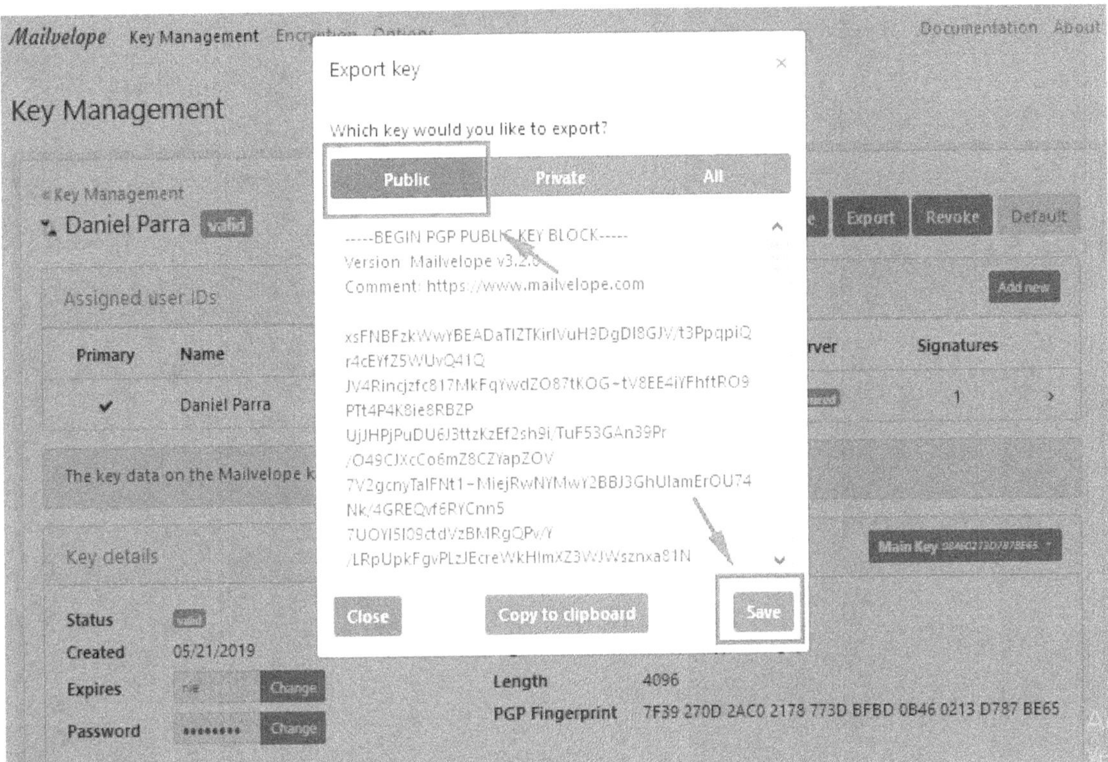

Salvamos el archivo:

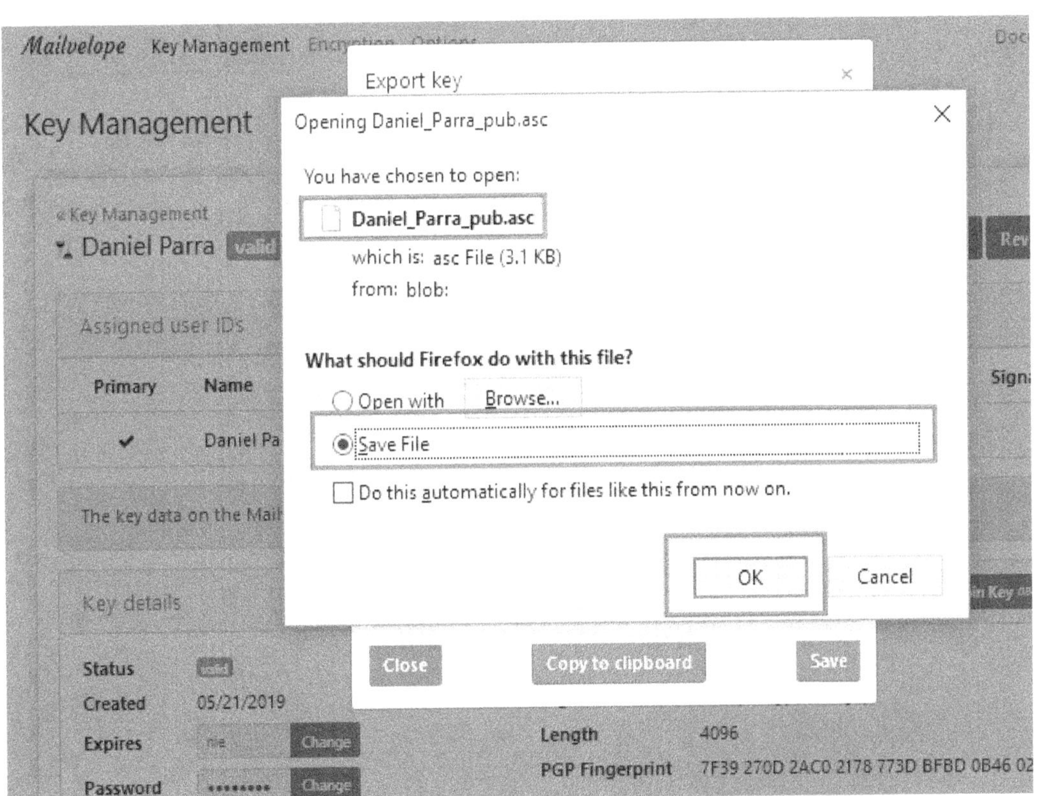

David F. Pereira Q.

Perfecto, ya puedes cerrar esa pantalla y encontrarás el archivo de la llave pública en la carpeta de descargas o donde hayas seleccionado grabarlo.

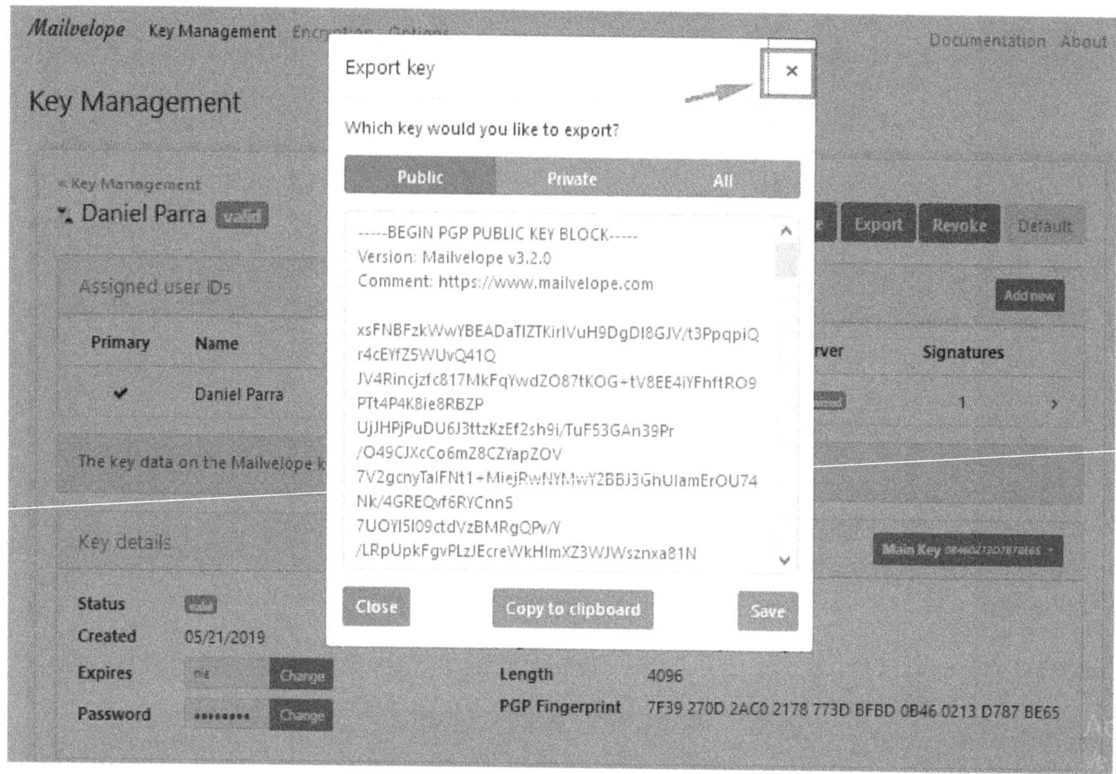

Vamos al Explorador de Archivos para encontrar la llave pública:

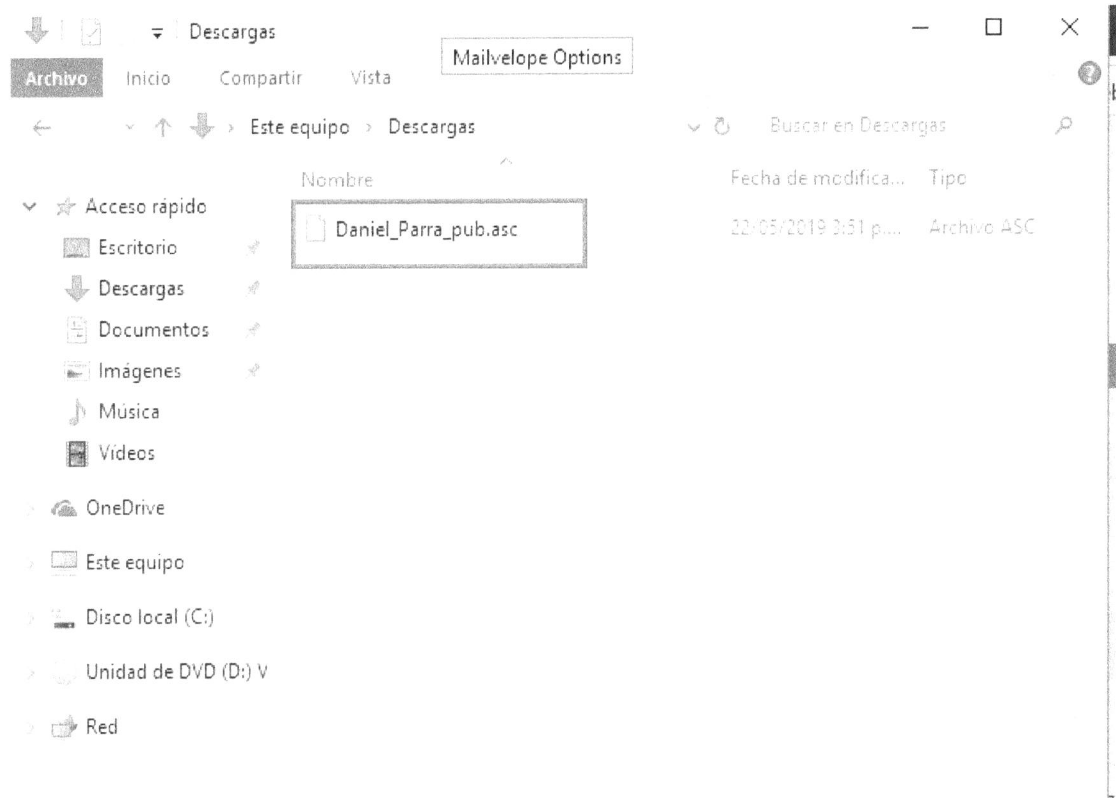

Ya podemos compartirla con quien deseemos; lo único que debemos hacer es enviársela a nuestro amigo y que el dentro de la Herramienta Mailvelope la importe a su llavero; vamos a realizar este procedimiento; primero enviémosle por correo a David la llave pública de Daniel:

David F. Pereira Q.

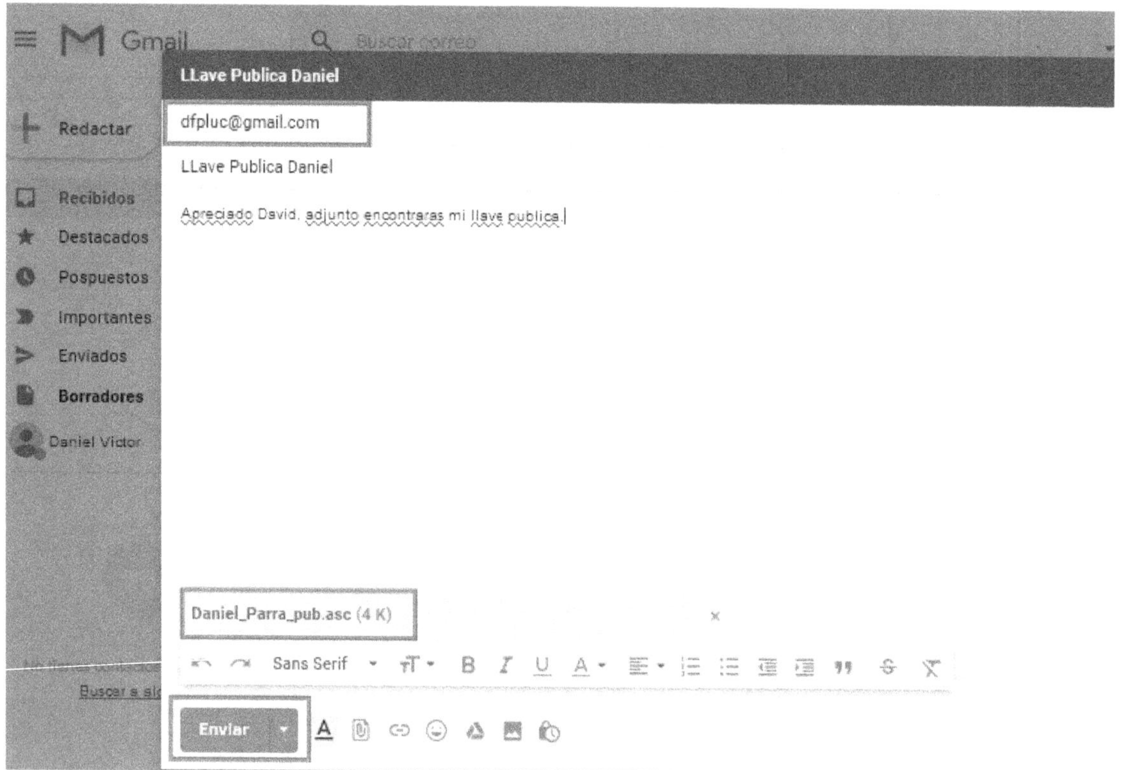

Listo, cuando yo la reciba entonces la importo a mi llavero; recibimos el mail:

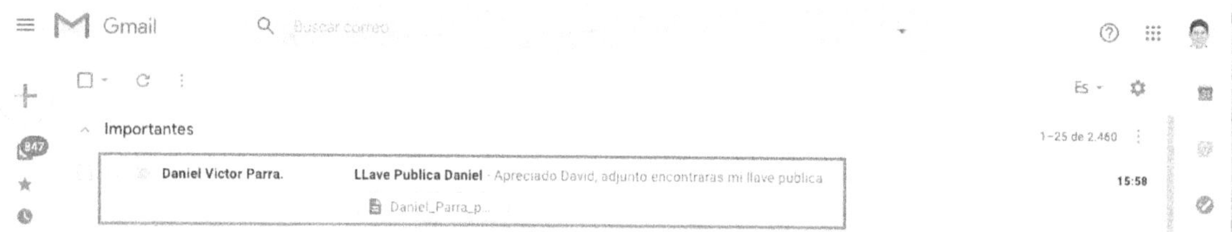

Descargamos el archivo adjunto:

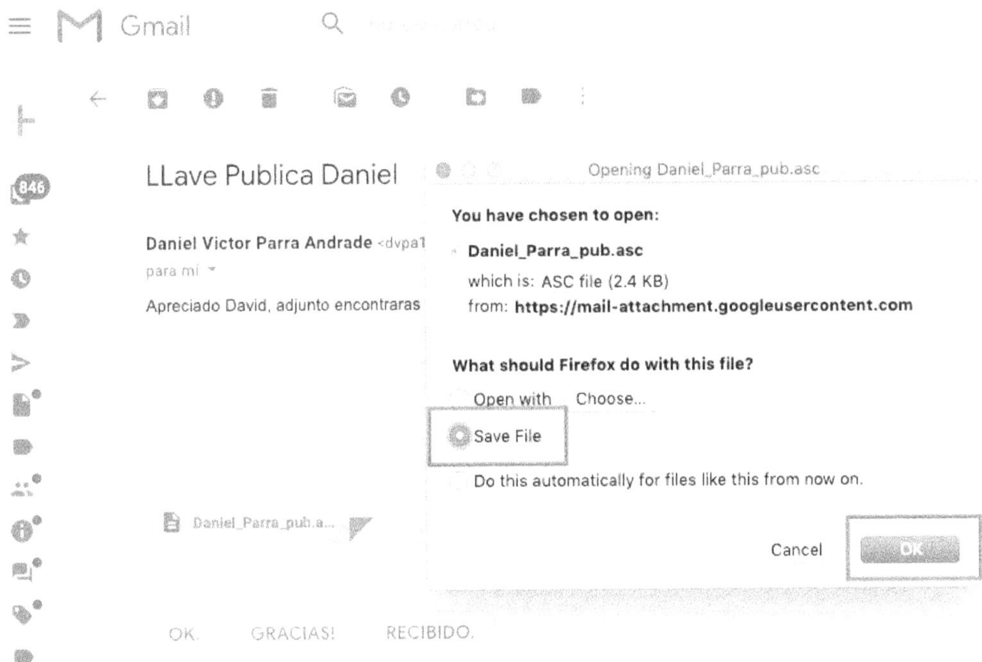

Vamos al ícono del Mailvelope, damos click y seleccionamos "Keyring" (Llavero):

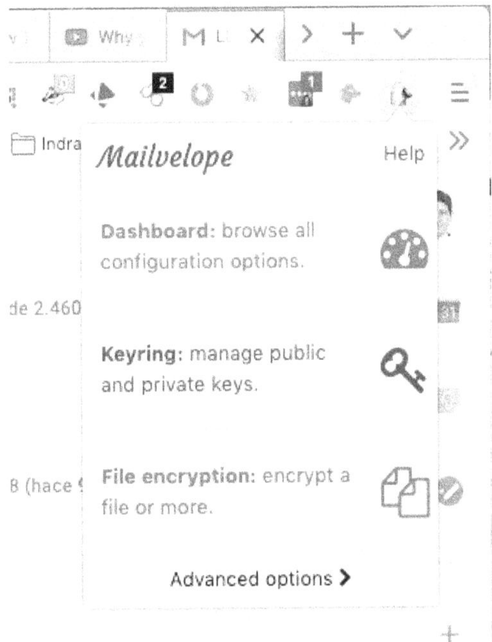

En esta pantalla vemos que tenemos mis llaves pública y privada, y vamos a importar la llave pública de Daniel; hacemos click en "Import":

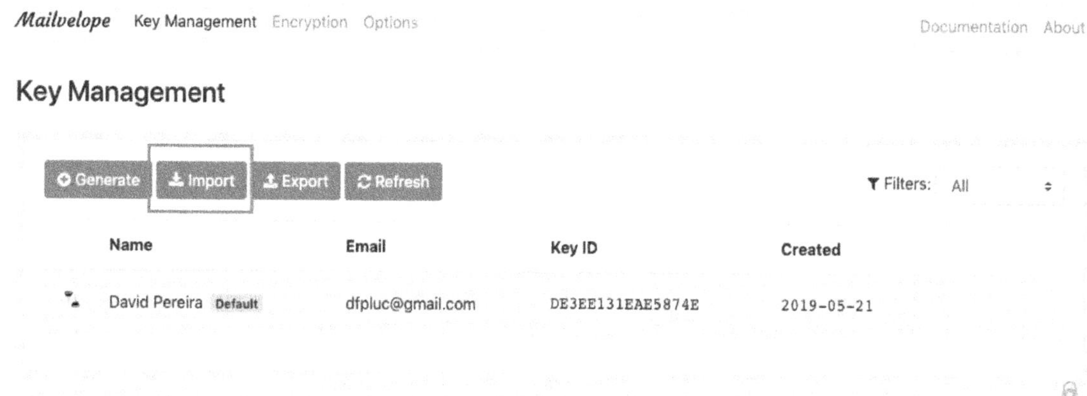

Seleccionamos la opción" "Select a key text….."

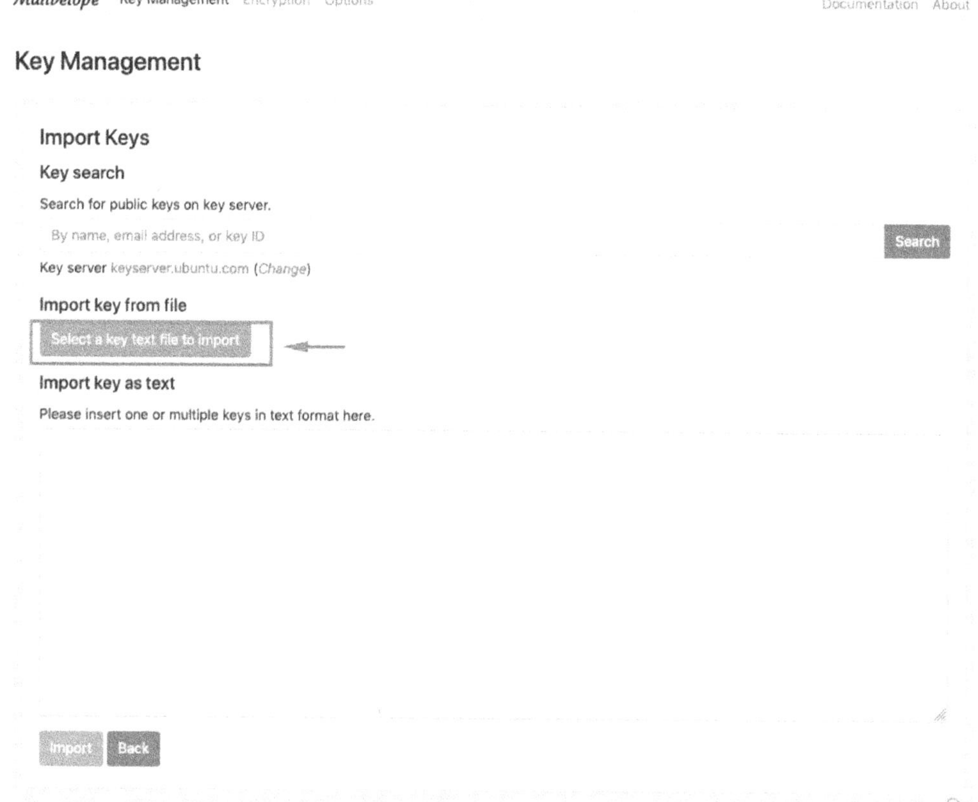

Buscamos el archivo de la llave pública y lo seleccionamos:

Y una vez importado recibimos un mensaje de éxito:

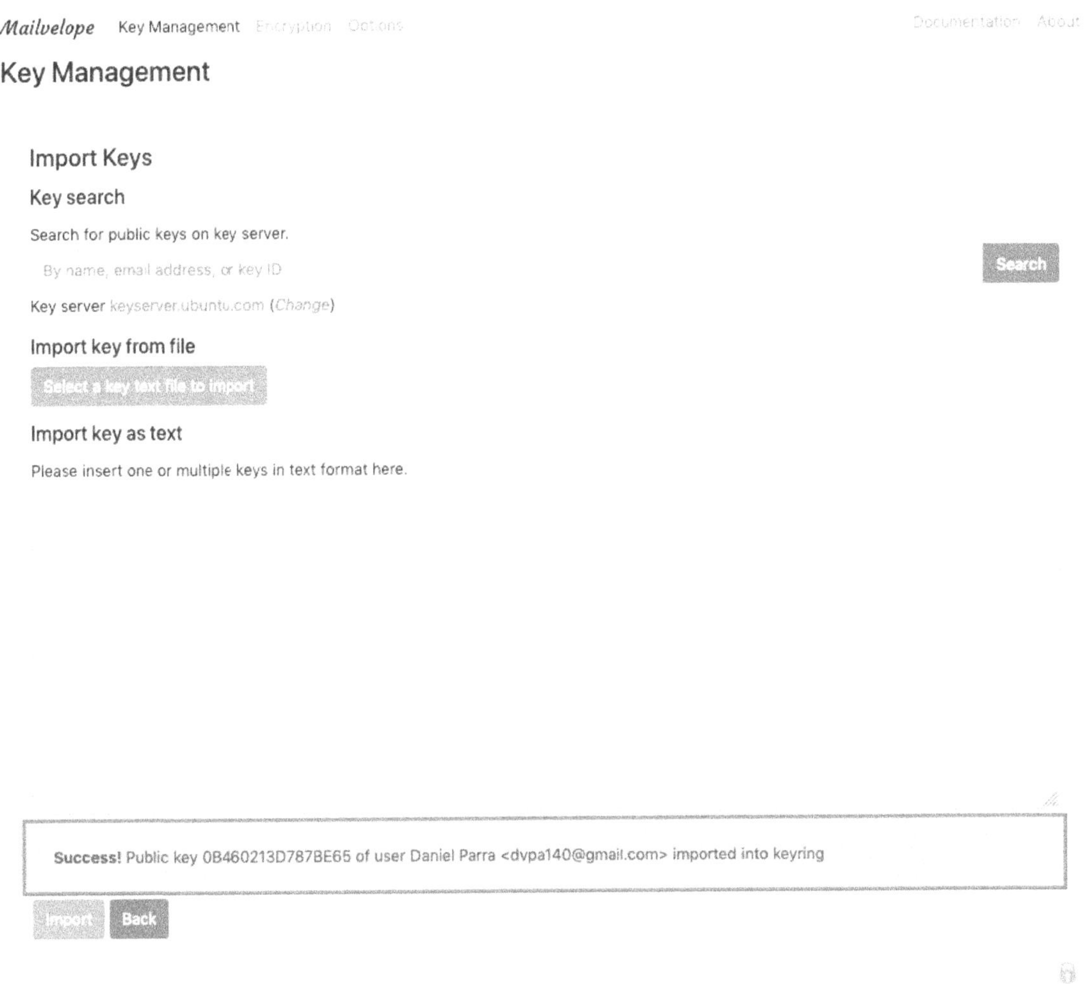

Si vamos a nuestro llavero, ya debemos tener incluida la llave pública de Daniel y ya estaremos en capacidad de descifrar el correo cifrado que él nos envíe.

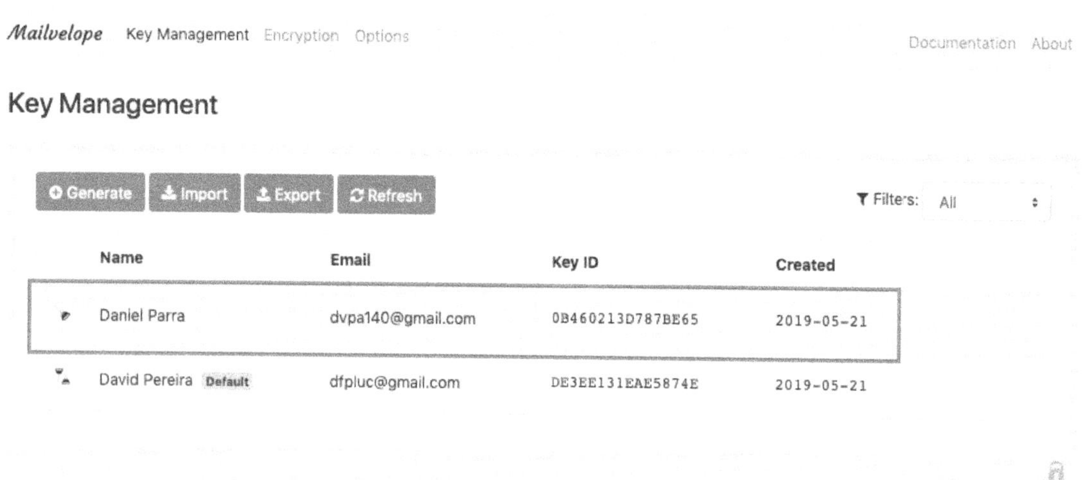

Y listo!!! Ya podemos enviar y recibir correo de forma segura; sé que fué un poco largo, pero te aseguro que vale la pena por la tranquilidad de dificultarle la tarea a quien nos quiera hacer daño y robarnos nuestra información.

El Phishing

AHORA HABLEMOS DE SABER: ¿QUIEN NOS ENVÍA UN CORREO, ES UN CIBERDELINCUENTE?; ES ESTE CORREO UNA TRAMPA?

Si te llega un correo con un enlace hacia un sitio web sospechoso, puedes revisar si alguien previamente identificó ese sitio como malicioso, es decir un dominio que envía phishing; para eso vamos a utilizar un sitio web muy práctico que se llama Phishtank:

PHISHTANK:
https://www.phishtank.com/

Vamos a la url, y simplemente necesitas pegar la dirección sospechosa en el campo de búsqueda y hacer click en el botón: "Is it a phish?"

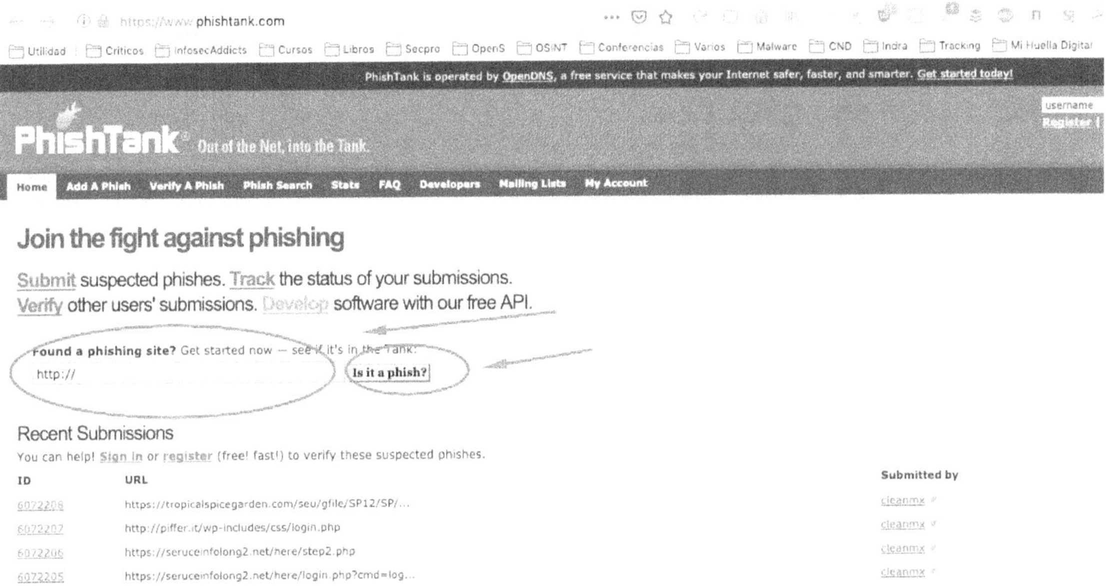

Y si este sitio que consultas está reportado como malicioso, entonces recibes una pantalla donde nos dice que definitivamente es phishing, así:

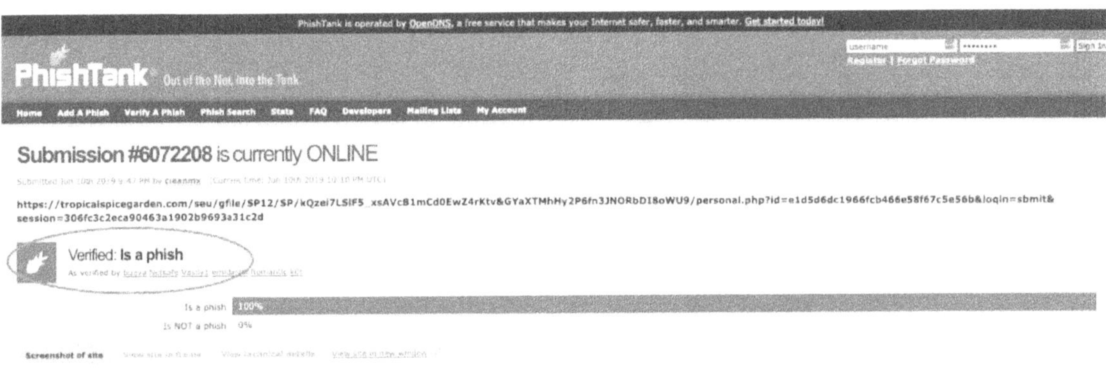

TE SIENTES SÚPER TÉCNIC@?

Te puedo mostrar como detectar si el origen del correo es falso o malicioso, de una forma más profesional... así que, si te animas sigue leyendo, o si no, ve directo al final del capítulo;

¡¡¡Súper!!! te quedaste; muchas gracias por el salto de fé; esto que te voy a explicar es muy sencillo, se llama encabezado de correo electrónico o en inglés: "Mail Header"; todos los correos electrónicos

David F. Pereira Q.

tienen unos datos que nos permiten ver desde donde salieron, por cuales servidores de correo del mundo pasaron, si estos servidores se clasifican como maliciosos, etc.

La forma de ver el encabezado de un correo, varía de acuerdo a el cliente o herramienta que uses para ver el correo; vamos a demostrarlo con Gmail, pero si necesitas que te explique cómo lo ves en una herramienta diferente, por favor déjame un mensaje ya sabes: como siempre para las dudas: Twitter: @davidpereiracib o en mi canal de YouTube: https://www.youtube.com/c/DavidPereira;

Bueno empecemos:

En Gmail, abrimos el correo sospechoso, y vamos al ícono: 

Este Ícono esta ubicado en la parte superior derecha de la pantalla:

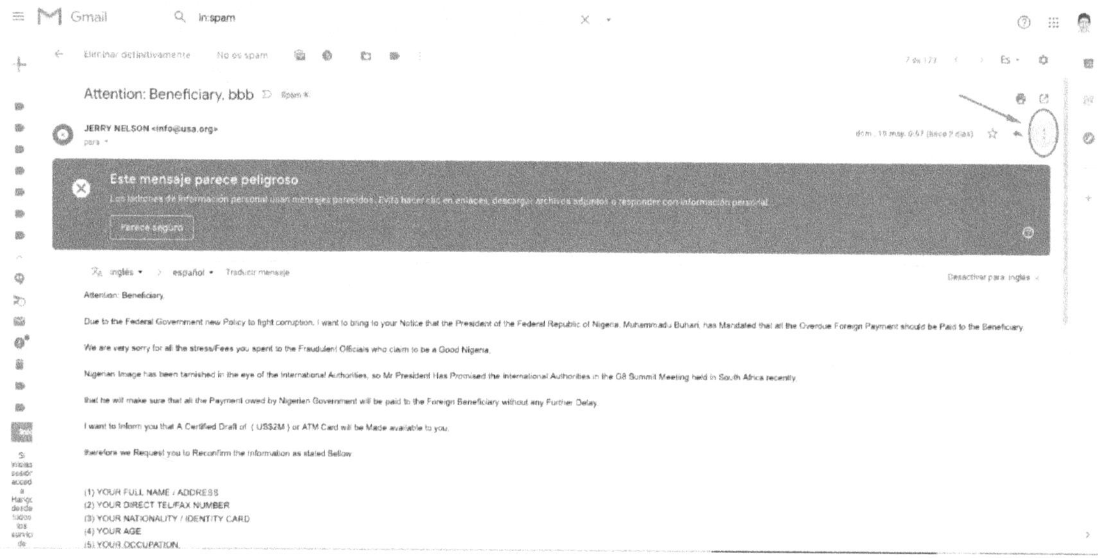

Hacemos click sobre el ícono y en el menú, seleccionamos "Mostrar Original.

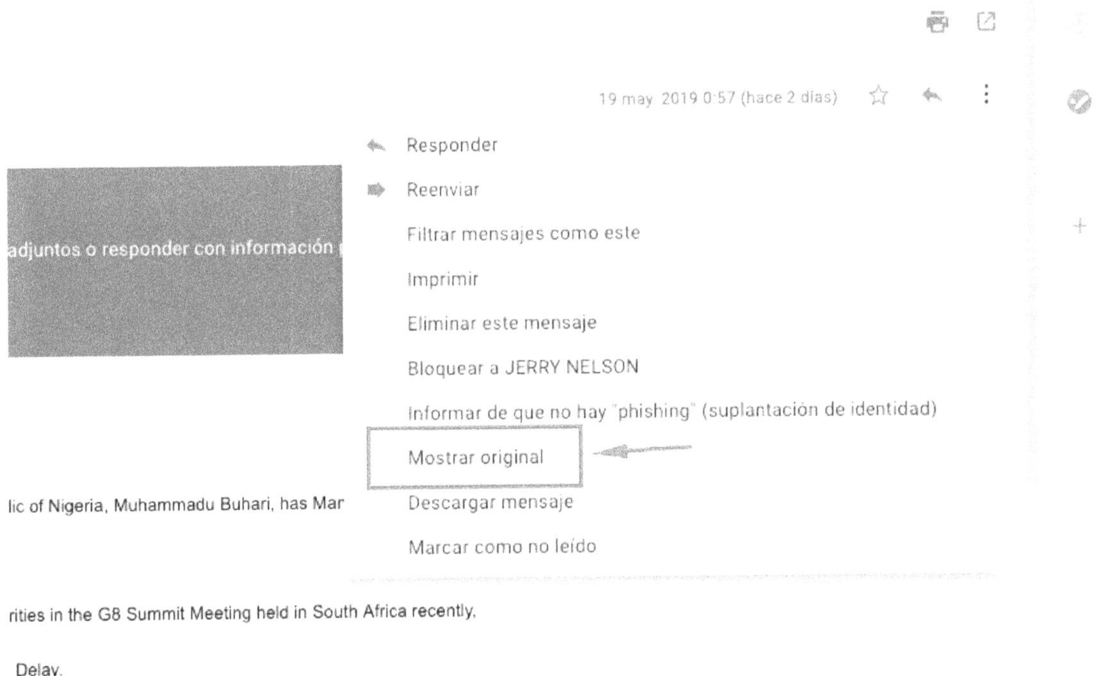

Esto nos deja ver las entrañas del correo; esa información la vamos a utilizar para ver de donde nos lo enviaron realmente; así que ahora haces click sobre el botón copiar al portapapeles.

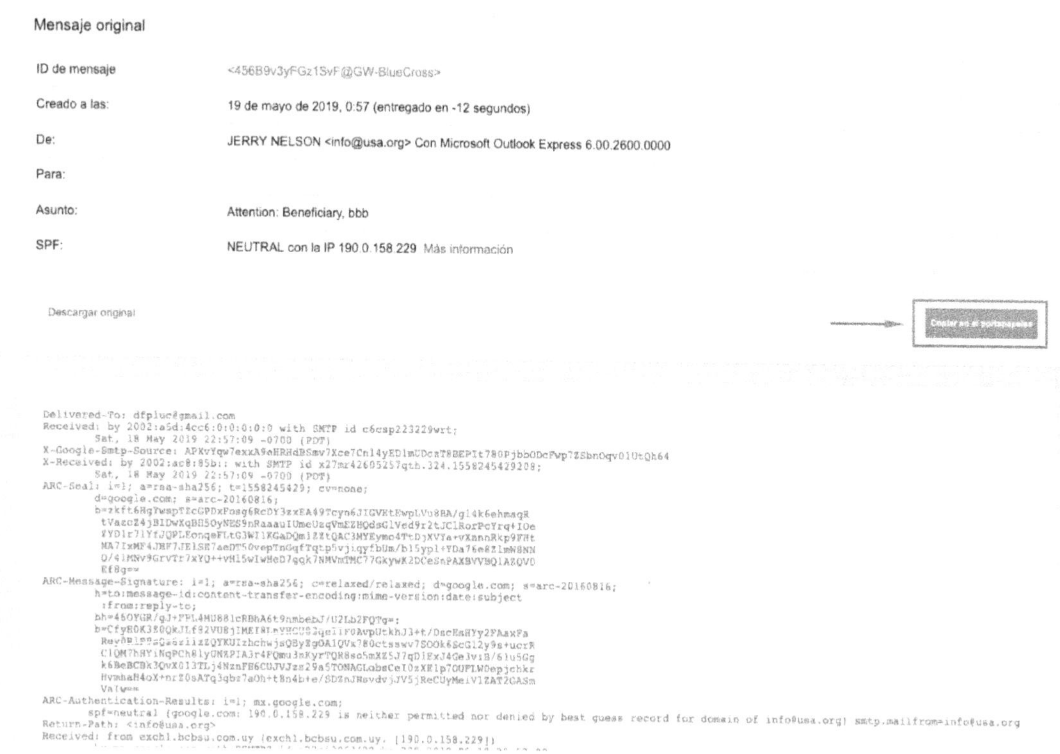

Perfecto, ahora vamos a usar un servicio muy útil; el analizador de encabezados de MXToolbox:

MXTOOLBOX

https://mxtoolbox.com/EmailHeaders.aspx

En esa pantalla en el campo grande pegas el contenido de tu portapapeles:

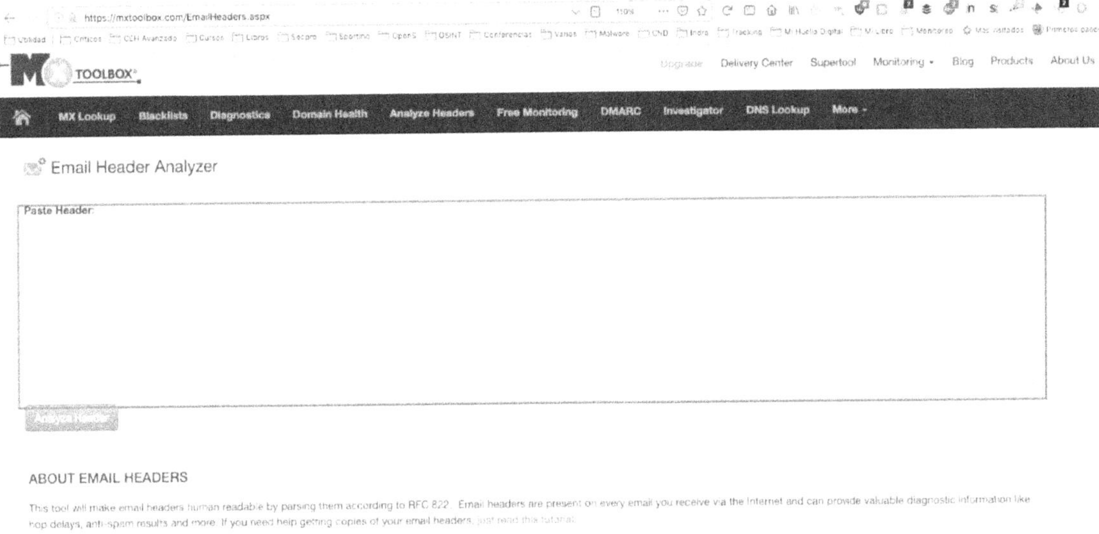

Y te queda algo así; luego hacemos click sobre el botón "Analize Header":

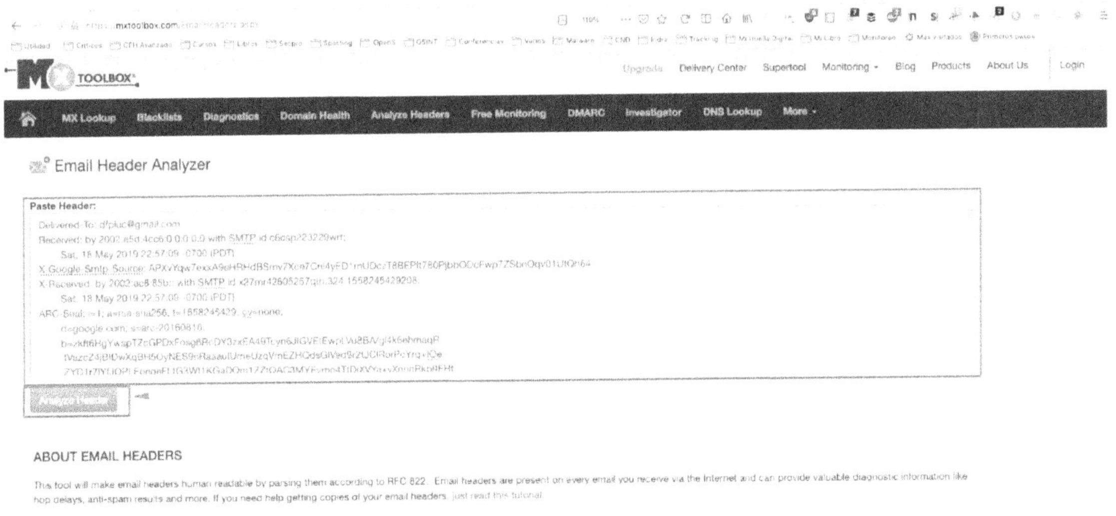

Y recibimos el resultado que queríamos: sabremos que este es un correo que viene de servidores maliciosos; verás que por lo menos hay 2 servidores maliciosos involucrados en ese correo:

David F. Pereira Q.

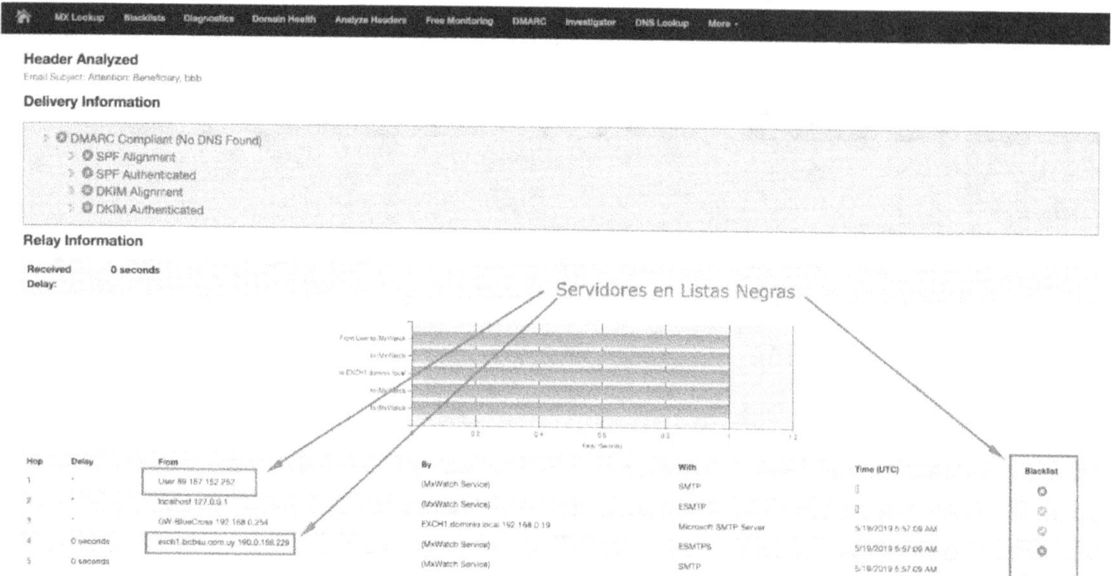

Y así definitivamente sabremos que no debemos confiar en este correo.

Espero que esta información te haya sido útil y como siempre para las dudas: Twitter: @davidpereiracib o en mi canal de YouTube: https://www.youtube.com/c/DavidPereira

CAPÍTULO 6

LAS REDES INALÁMBRICAS (WIFI)

Todos en algún momento hemos estado como "vampiros" de WiFi en un restaurante, cafetería, plaza de comidas, aeropuerto, etc. buscando desesperadamente esa señal salvadora ya sea para evitar el aburrimiento o por que necesitábamos enviar o recibir alguna información importante; lo que a veces no nos detenemos a pensar es:

1. ¿Es posible que esta red a la que me estoy conectando sea una red que suplanta a una red real?
2. ¿Alguien estará viendo lo que hago a través de la red?
3. ¿Un delincuente podría robar mi información por que me estoy conectando a esta red pública?
4. ¿Podría infectar mi dispositivo con un virus por estar conectad@ a esta red?

Desafortunadamente, la respuesta a todas estas preguntas es: SI; si es posible que alguien esté atacándote a través de la red a la que te acabas de conectar; pero no entres en pánico aún; existen algunas técnicas y herramientas que podemos utilizar para evitar o disminuir la posibilidad de caer en una trampa inalámbrica.

Comencemos por decir:

1. Si no es indispensable que te conectes a una red WiFi pública, no lo hagas.
2. Si te conectas debes implementar algunas medidas de precaución en tu dispositivo, las cuales vamos a ver a continuación.

MEDIDAS DE PRECAUCIÓN AL CONECTARNOS A REDES

WIFI:

Usa una VPN para proteger tu tráfico;

Ya veíamos en el capítulo 2 el tema de las VPN; allí explicábamos en que consisten y como protegen nuestro tráfico; en este capitulo te voy a mostrar como instalar una de las que más me gusta: NordVPN; este es un servicio de pago; existen alternativas gratuitas, pero recuerda que a veces cuando algo es gratis...TU eres el producto.

Al final te doy una lista de VPN gratuitas y si necesitas ayuda para saber como instalar cualquiera de ellas, como siempre para las dudas: Twitter: @davidpereiracib o en mi canal de YouTube: https://www.youtube.com/c/DavidPereira.

NordVPN

https://nordvpn.com/es/risk-free-vpn/

Vamos a su sitio web y buscamos la opción de prueba gratuita:

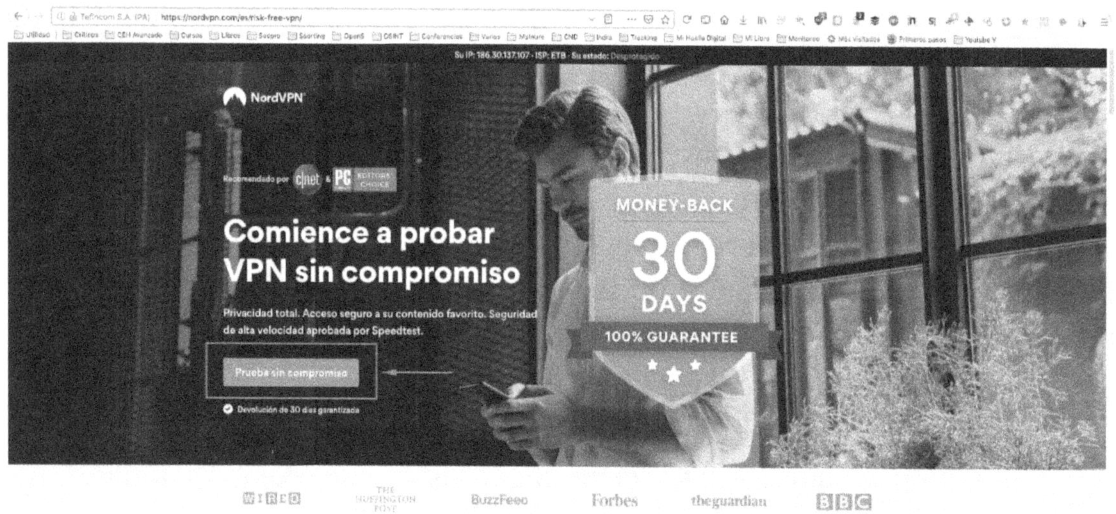

Esto nos lleva a registrarnos y seleccionar el método de pago:

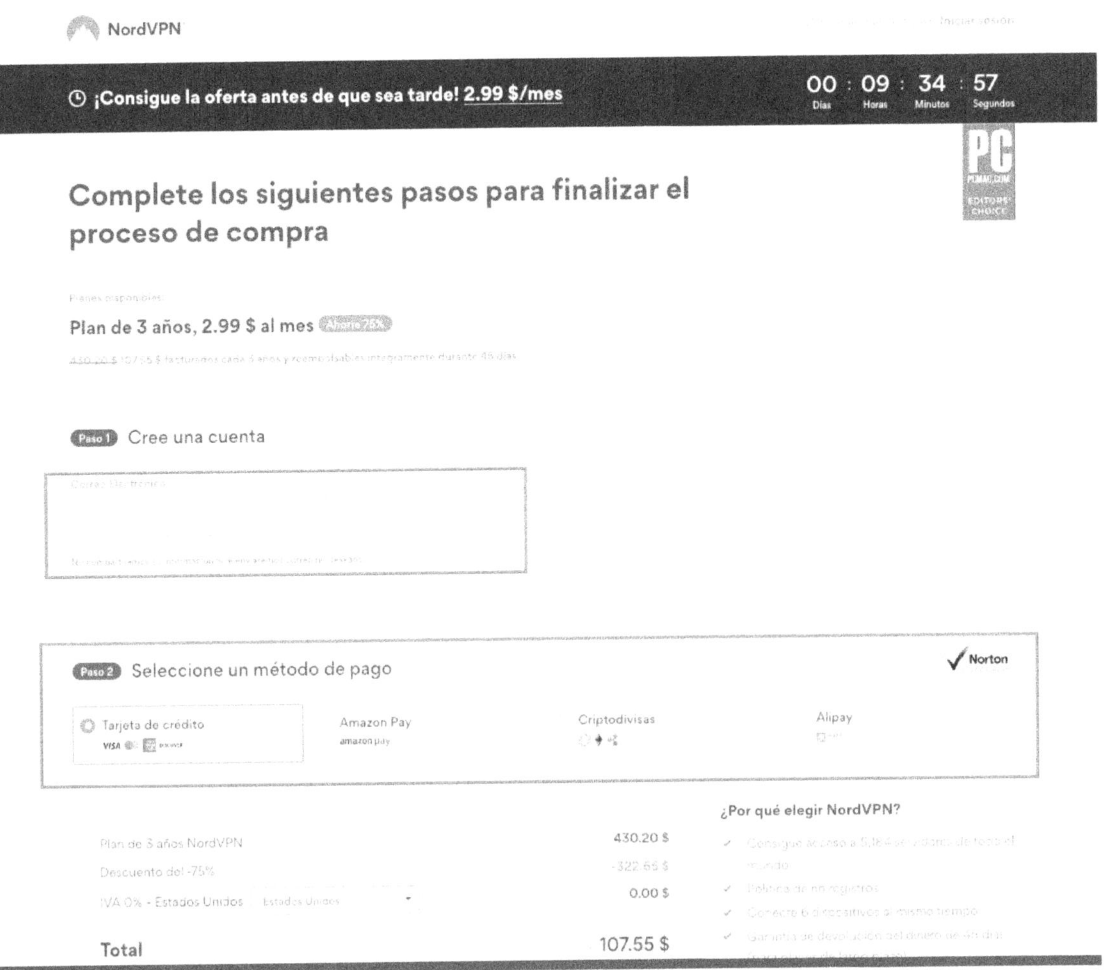

Bajas y después de digitar los datos de pago, das click en "Continuar":

David F. Pereira Q.

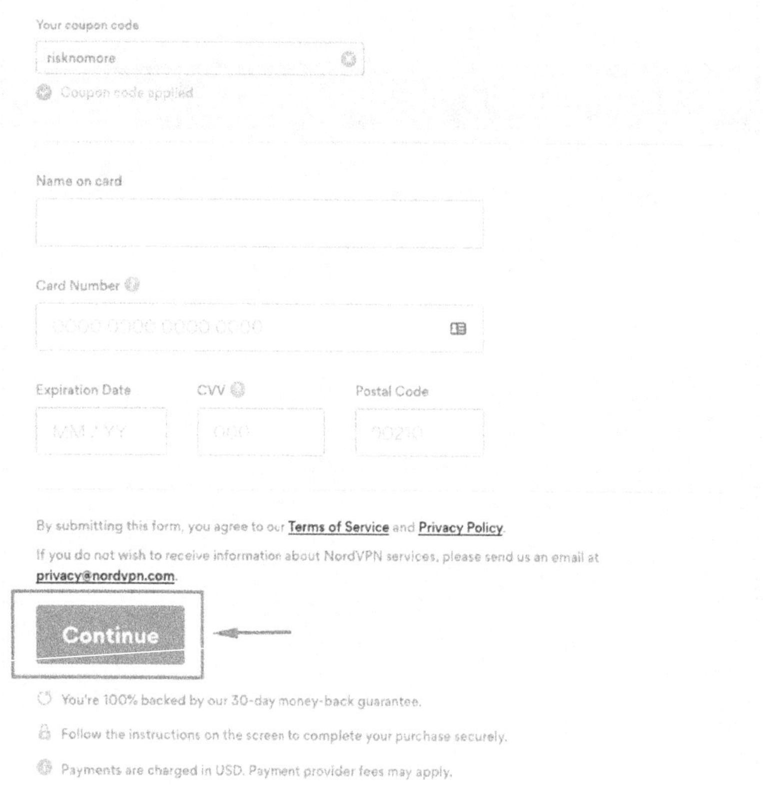

Te debería llegar un correo electrónico con tus datos de acceso y un enlace de descarga o simplemente vamos a este enlace para descargar la herramienta:

NORDVPN
https://nordvpn.com/es/download/

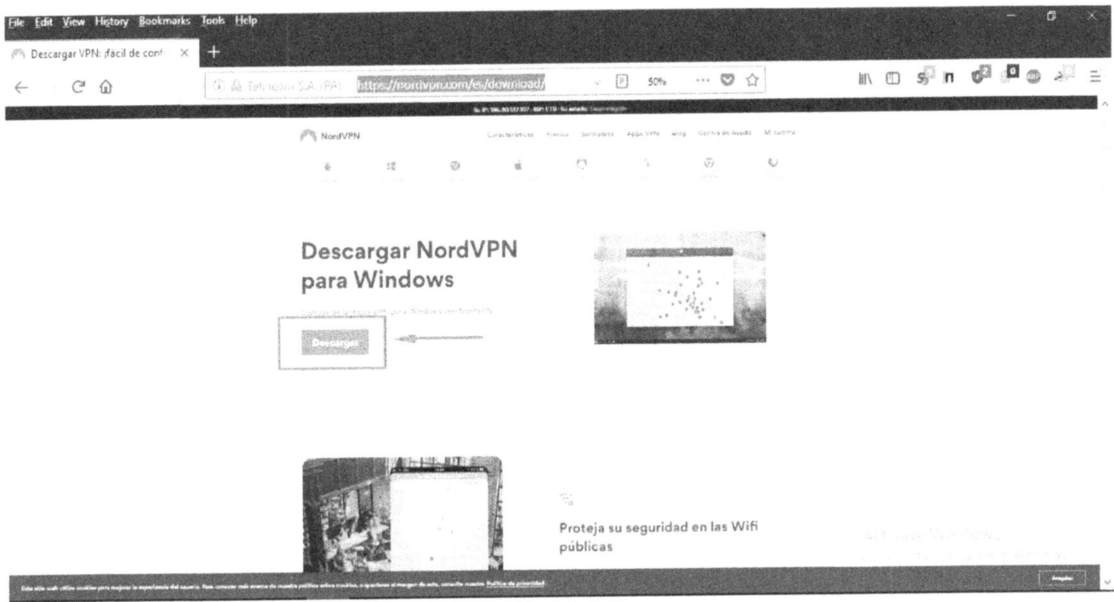

Hacemos click sobre el botón de Descargar y nos presenta la pantalla de descarga; lo salvamos:

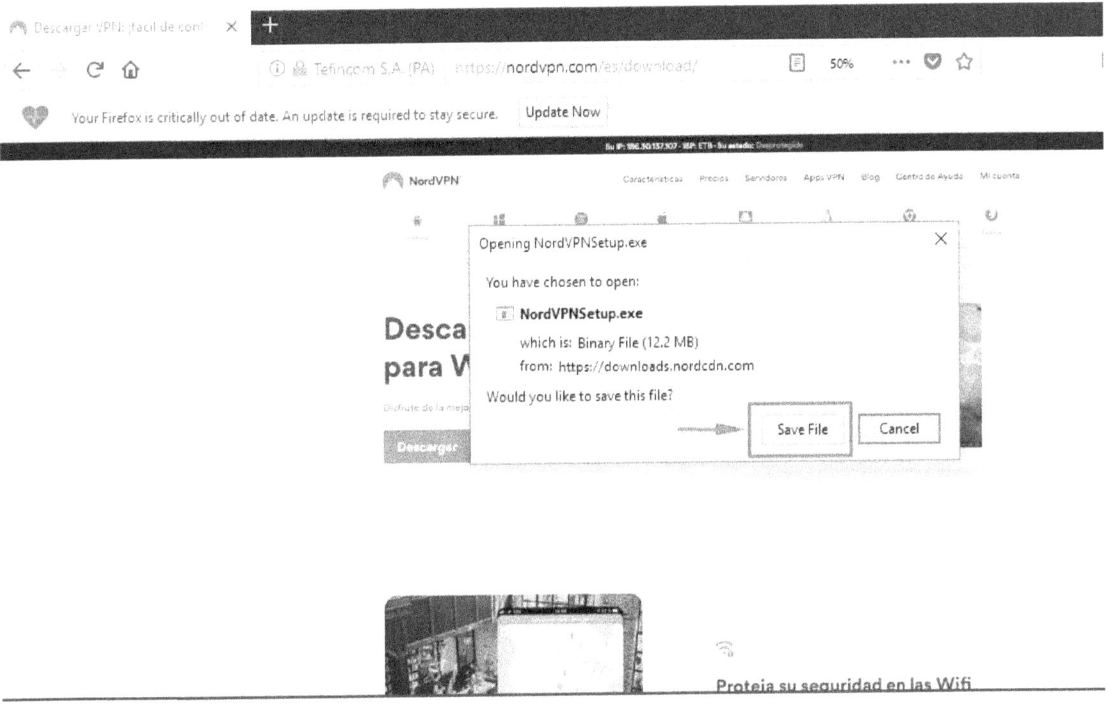

David F. Pereira Q.

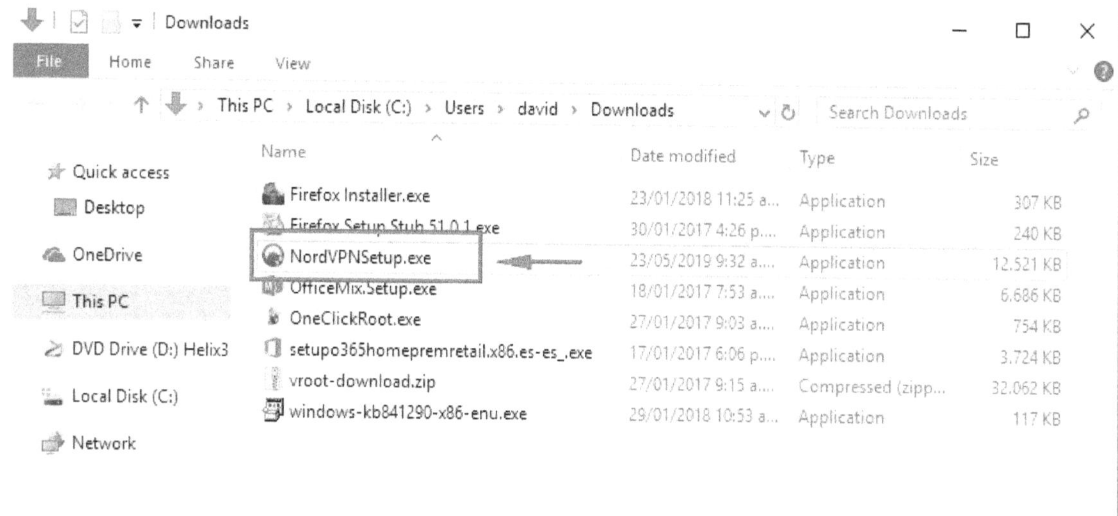

Damos doble click para instalarlo y en esta pantalla hacemos click en "Sí":

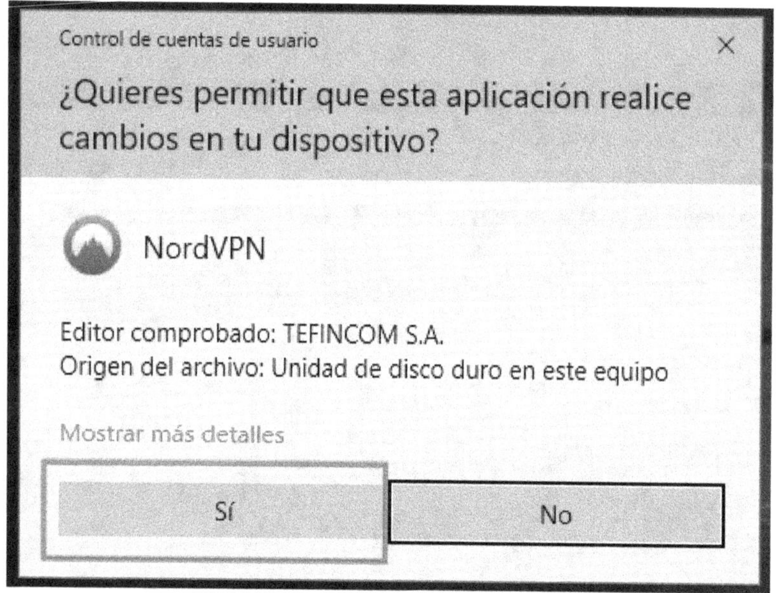

Nos lleva a esta pantalla en donde debemos seleccionar la carpeta en donde vas a instalar el NordVPN y das click sobre "Install":

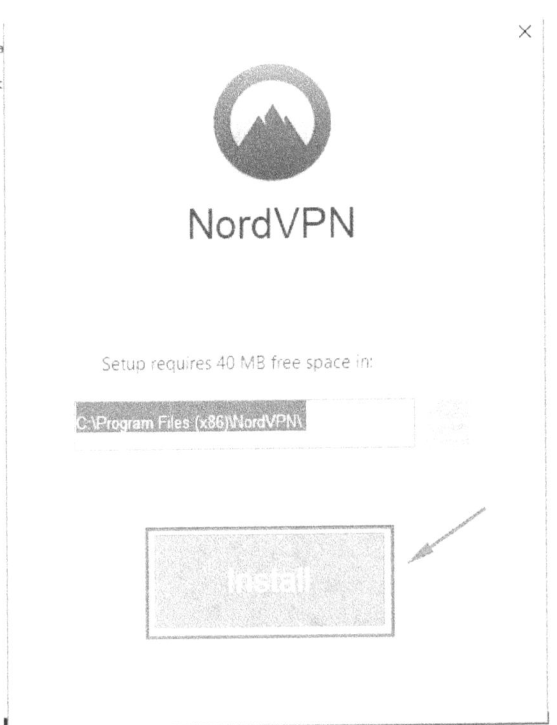

Una vez terminemos recibimos esta pantalla, en donde iniciamos sesión con nuestras credenciales:

David F. Pereira Q.

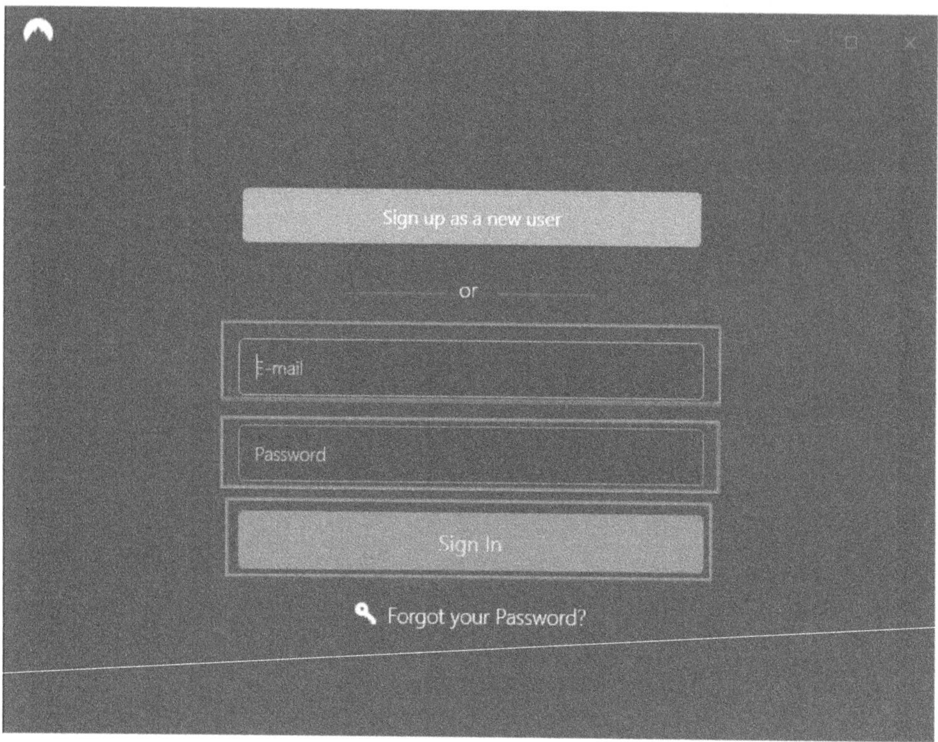

Al iniciar sesión te sale esta pantalla ofreciéndote activar niveles de protección adicional; puedes activarlos si deseas:

Luego verás el panel principal de la herramienta que te permite escoger desde que país te vas a conectar, es decir con que país vas a establecer el túnel cifrado para que nadie vea tu información; vemos en la barra de estado de la herramienta que aún no estamos conectados:

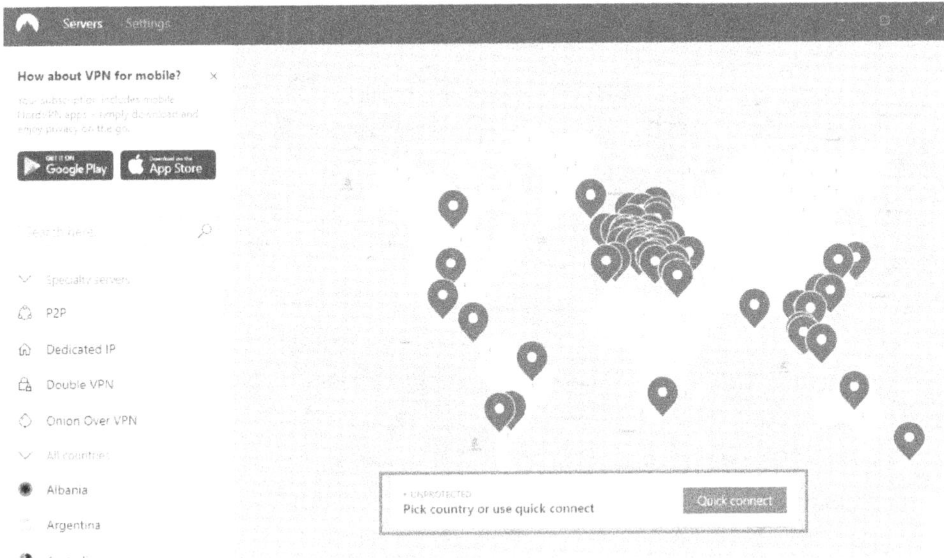

Para el ejemplo escogeremos Estados Unidos; solo tienes que hacer click sobre el país seleccionado y la comunicación se establece inmediatamente;

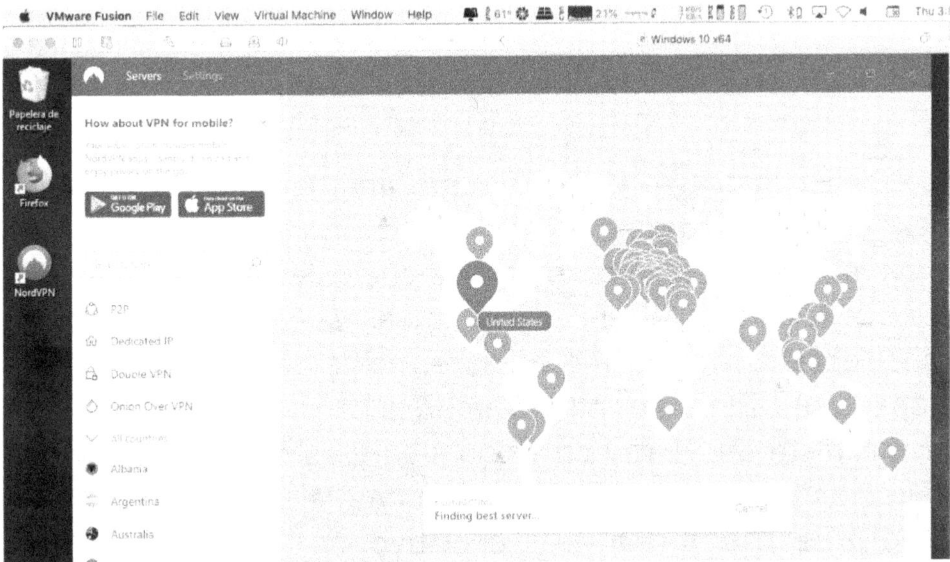

Hacemos click por ejemplo sobre Estados Unidos:

David F. Pereira Q.

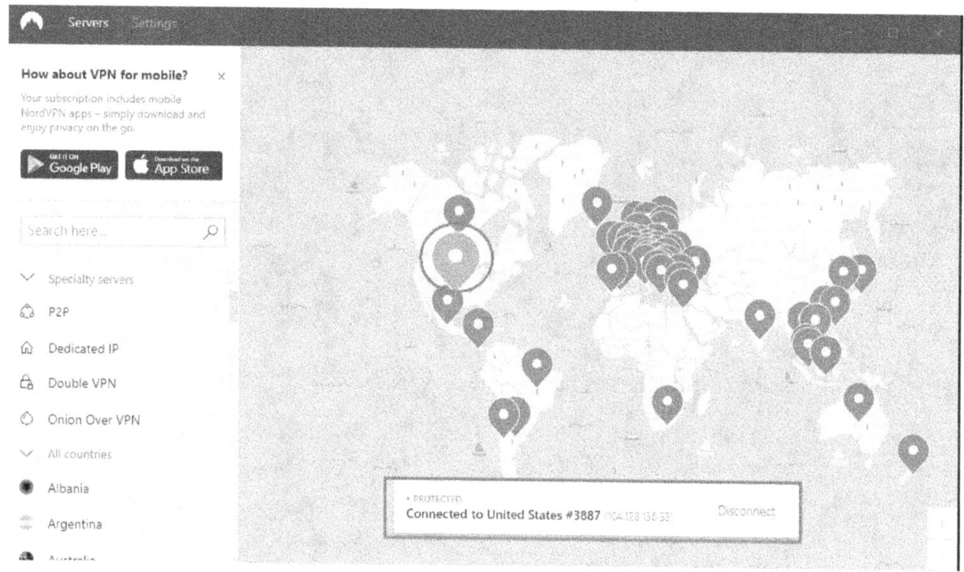

Ya tenemos nuestro túnel VPN establecido y aunque un delincuente estuviera escuchando nuestro tráfico, le va a quedar muy difícil entenderlo!.

1. Siempre tener instalado un antivirus o antimalware actualizados en nuestro dispositivo.
2. Preferiblemente antes de conectarte a cualquier red desconocida, verifica que tu equipo se encuentre actualizado.
3. Si ves 2 redes con el mismo nombre, no te conectes a ninguna red y apaga tu tarjeta de red inalámbrica.
4. Si te conectaste a una red de algún sitio y ya te vas, entras a la configuración de tu red wifi y seleccionas la opción de "olvidar esta red", de esa forma tu dispositivo no va a permanecer eternamente buscando conectarse a ella, y tampoco te conectarás automáticamente a redes con el mismo nombre.
5. Si no vas a utilizar tu tarjeta WiFi en tu dispositivo, entonces desactívala.
6. Igual si no vas a utilizar la tecnología Blietooth, descativala en tus dispositivos.

CAPÍTULO 7

USO SEGURO DE LA NUBE...PARA QUE NO TE CAIGAS DE ELLA!!

Día a día ponemos más y más información en servicios que nos regalan o que nos ofertan a muy buen precio, para almacenar nuestra información más preciada: Fotos, Videos, Música, Documentos, etc., como si fueran un Disco Duro adicional, pero al que nos conectamos a través de internet.

David F. Pereira Q.

El problema del crecimiento del uso de las nubes de almacenamiento, es que nadie nos ha dicho como usarlas de forma segura, o al menos que nos digan como proteger los datos que almacené en mi nube; pero no te preocupes, para eso estamos, así que vamos a hablar de 3 nubes, que podríamos decir son las más utilizadas por todos: Google Drive, Microsoft One Drive y Dropbox.

Acá no vamos a explicarte como usar cada servicio a nivel de funcionalidades; lo que te voy a explicar es cómo proteger tu información colocada en la nube; cada uno de los servicios que vamos a utilizar tiene guías de cómo usarlos muy detalladas y en español, así que te voy a colocar los enlaces de las guías de uso para cada una de ellas;

COMENCEMOS CON GOOGLE DRIVE:

https://www.google.com/intl/es_ALL/drive/

Sitio Web de Ayuda en línea en español:

https://support.google.com/drive/answer/2424384?hl=es

Vale, comencemos a hablar de seguridad en Google Drive; la primera recomendación: Activa la autenticación en 2 pasos o autenticación multifactor; esto quiere decir que para acceder a tu información no solo necesitas tu contraseña sino algo adicional, como por ejemplo algo que tienes (Tu celular) o algo que eres, (Tu huella dactilar o tu retina en tu ojo); vamos a hacerlo con lo más fácil: tu celular;

Para activar esta función en Google Drive, debemos acceder a las opciones de "Cuenta de Google" en el ícono de nuestra cuenta:

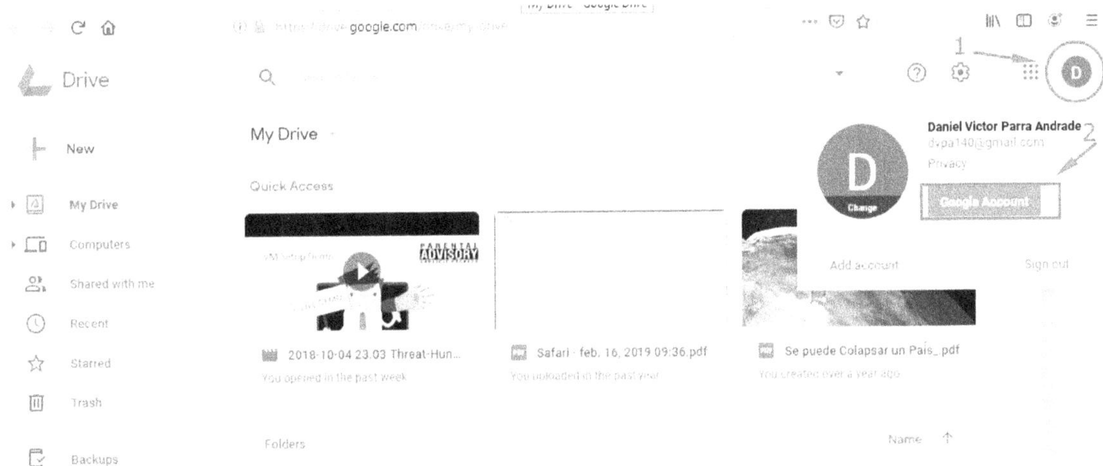

Luego vamos a la pestaña de seguridad al lado izquierdo y hacemos click sobre ella:

Buscamos la opción "Verificación en dos pasos" y hacemos click sobre ella:

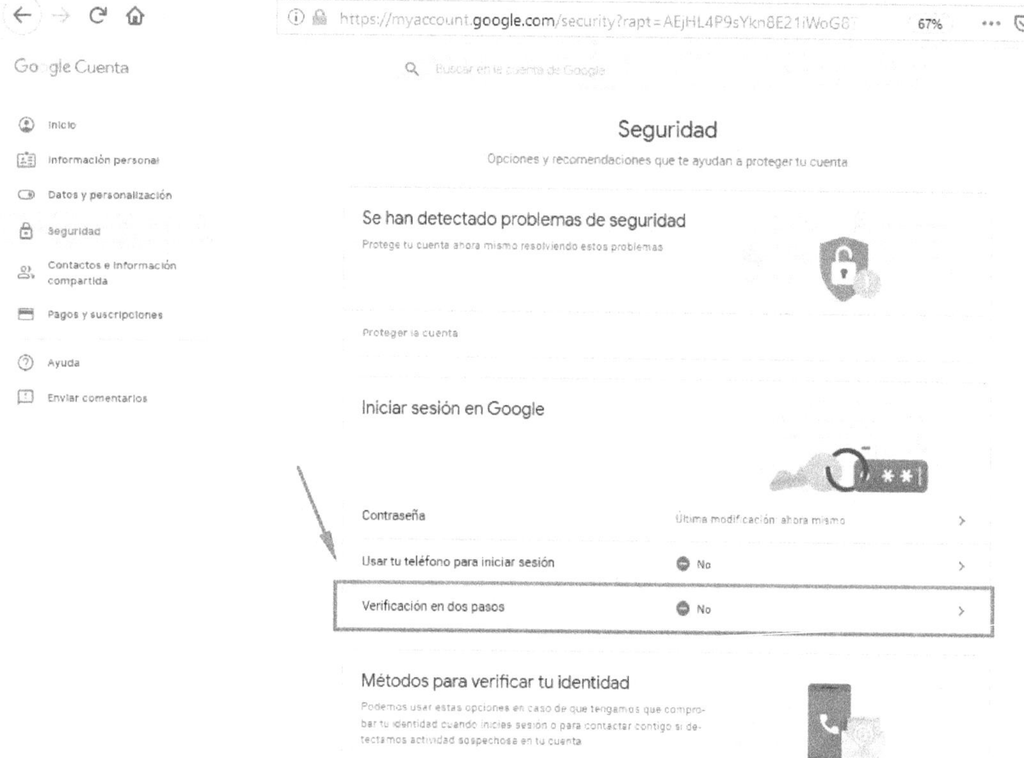

En la pantalla que aparece, seleccionas "Empezar":

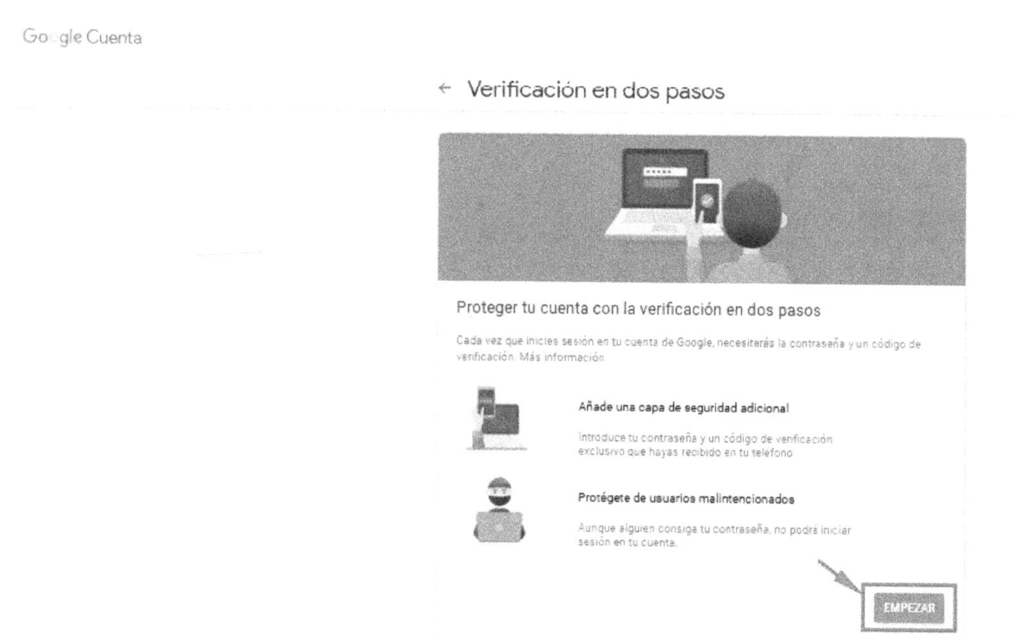

Debes colocar tus credenciales de acceso, verificando tu identidad:

Luego, simplemente colocas la información del numero de celular a donde deseas recibir un mensaje de texto cuando quieras ingresar a tu cuenta de Gmail: (También puedes pedir que te llamen, pero es más simple el mensaje de texto):

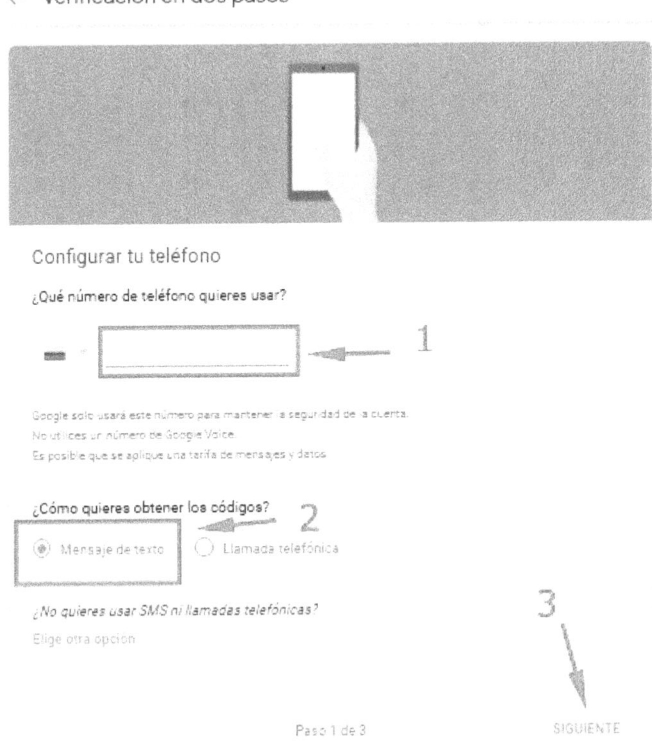

David F. Pereira Q.

Luego, Google te envía a tu celular, un mensaje de prueba para validar que todo funciona bien; en ese mensaje te llega tu primer código de acceso; debes digitarlo para poder continuar; luego haces click en siguiente:

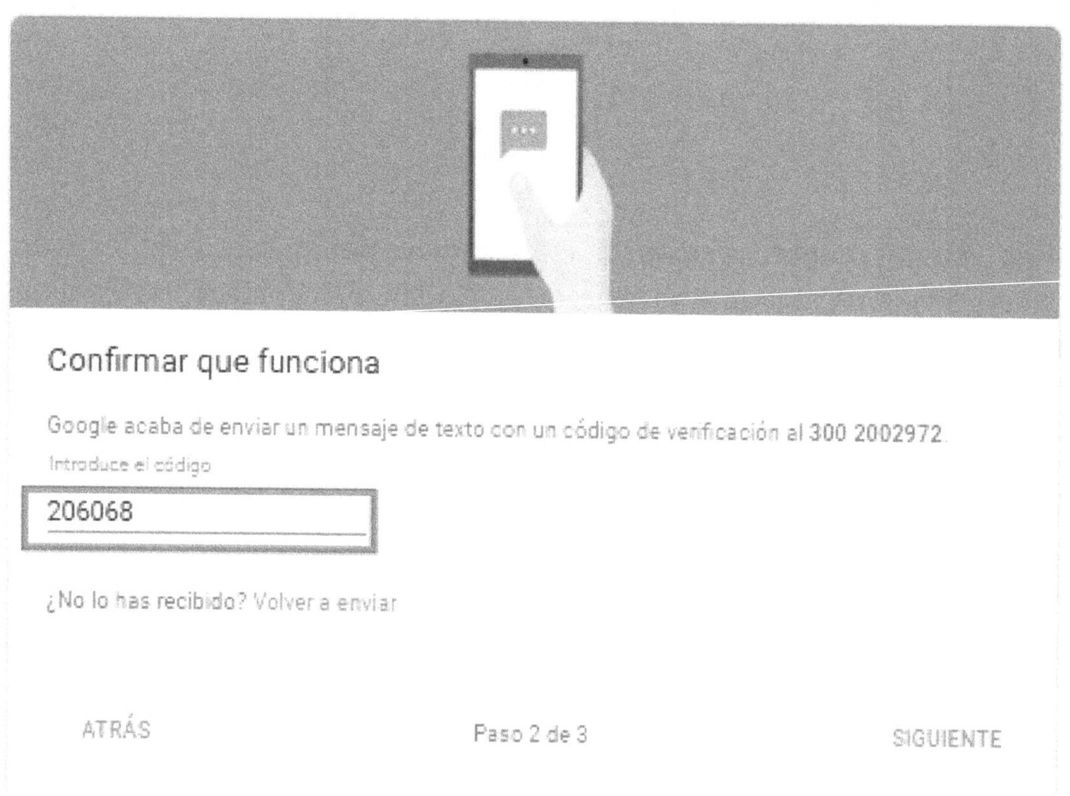

Si digitaste correctamente tu código, la siguiente pantalla es similar a esta; debes hacer click sobre "Activar":

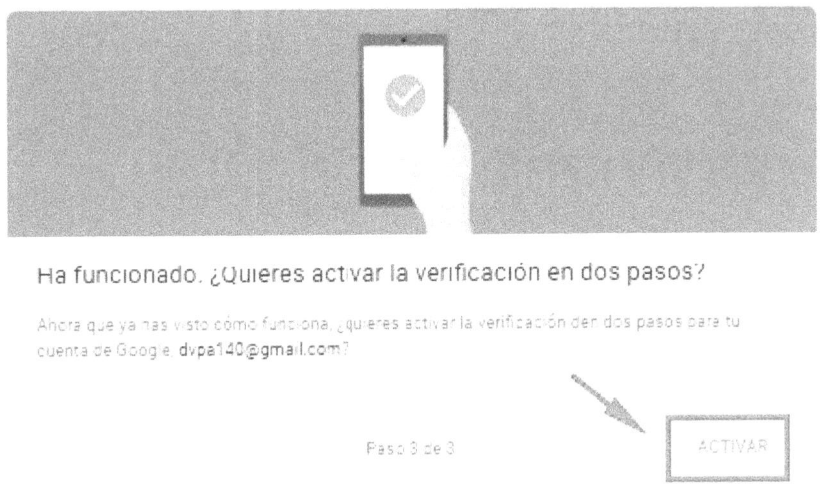

Y listo ya tenemos nuestra verificación en 2 pasos activada en nuestro correo electrónico:

La próxima vez que inicies sesión en tu correo electrónico, recibirás un mensaje de texto en tu celular con un código que debes digitar tal como lo acabas de hacer, haciendo mucho más seguro tu correo; Felicidades!

AHORA VAMOS CON ONE DRIVE:

https://onedrive.live.com/about/es-419/

Sitio Web de Ayuda en línea en español:

David F. Pereira Q.

https://support.office.com/es-es/article/v%C3%ADdeo-de-aprendizaje-de-onedrive-1f608184-b7e6-43ca-8753-2ff679203132

En esa pagina escoges Personal:

Vídeo de aprendizaje de OneDrive

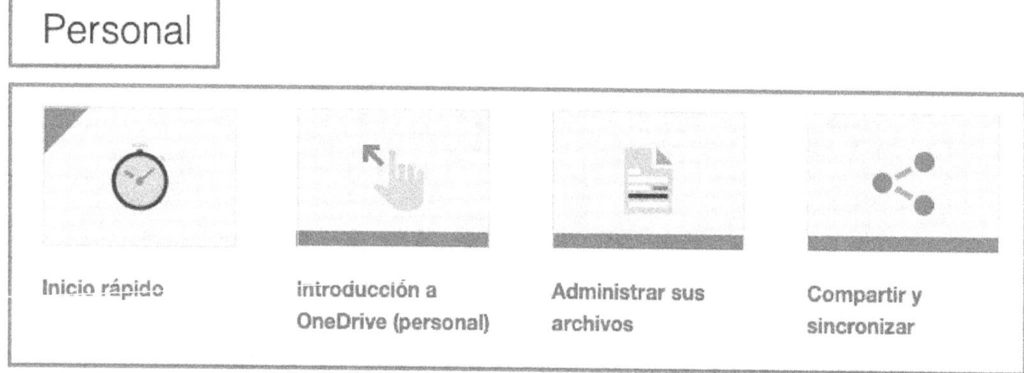

Profesional o educativa

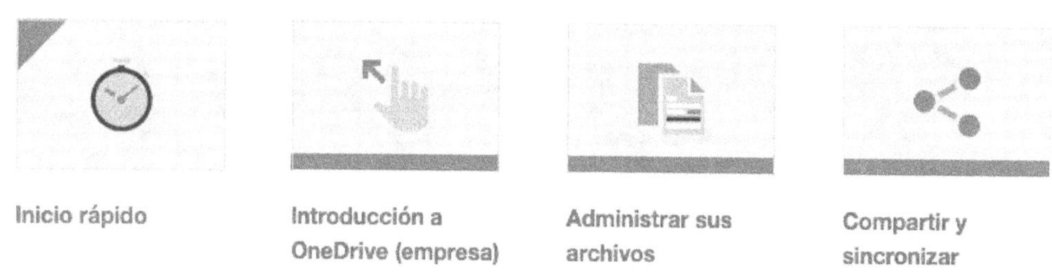

El OneDrive es muy similar a Google Drive, simplemente que éste es de la empresa Microsoft y está conectado a tu cuenta Hotmail o Outlook con una capacidad de 15 GB;

Hablemos de la seguridad:

En forma parecida a lo que vimos antes, podemos activar autenticación de doble factor en nuestra cuenta Microsoft; lo podemos hacer de esta forma:

Vamos al círculo que tiene tus iniciales en la parte superior derecha de la pantalla, y hacemos click sobre él; luego aparece un menú en donde vas a seleccionar la opción "Ver Cuenta":

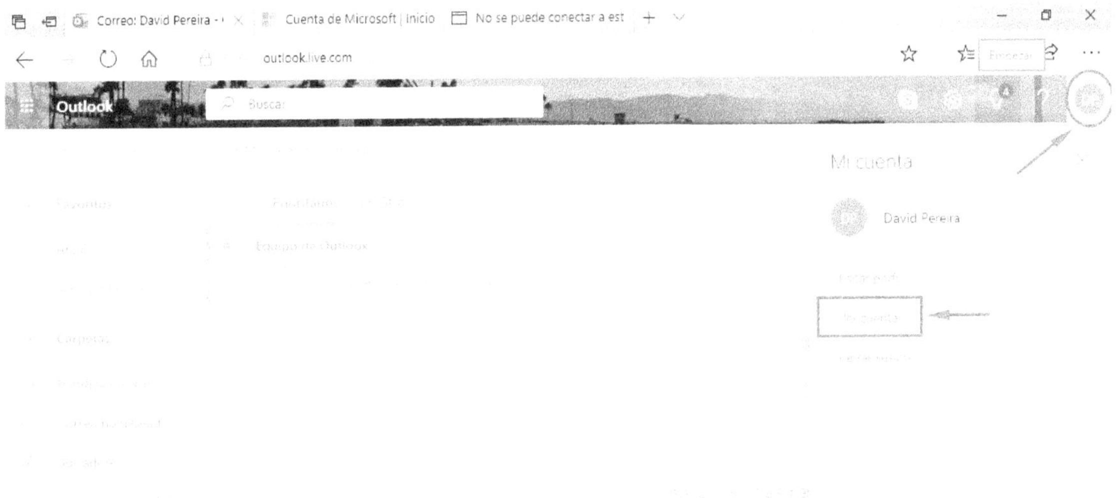

Eso nos lleva a una pantalla de configuración de la cuenta; allí seleccionarás la opción "Seguridad":

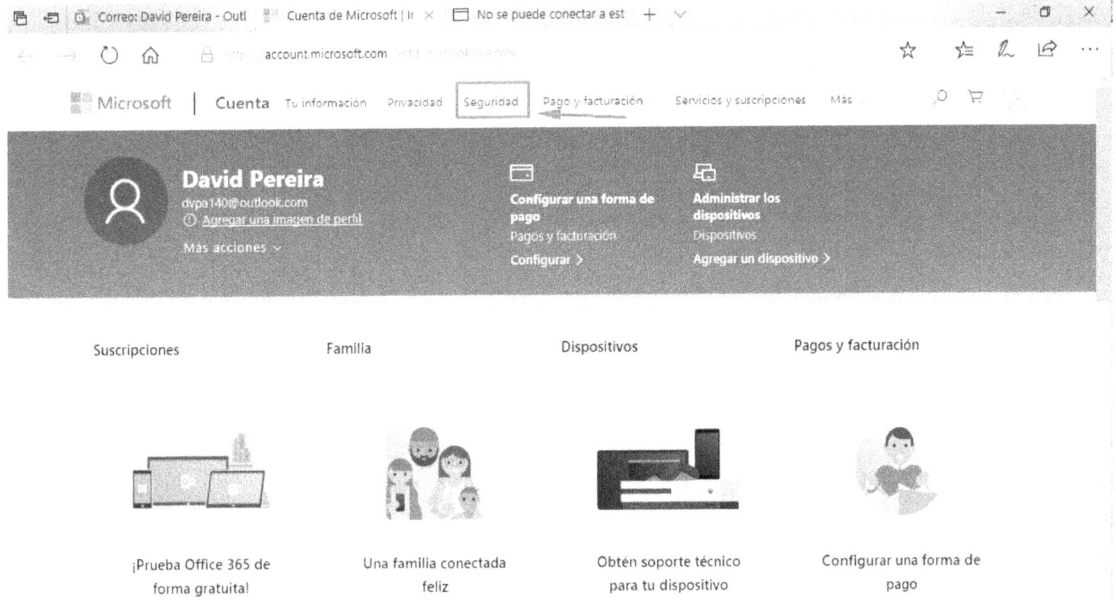

Luego en la pantalla de Seguridad, vamos al área: "Más Opciones de Seguridad" y seleccionamos "Explorar":

David F. Pereira Q.

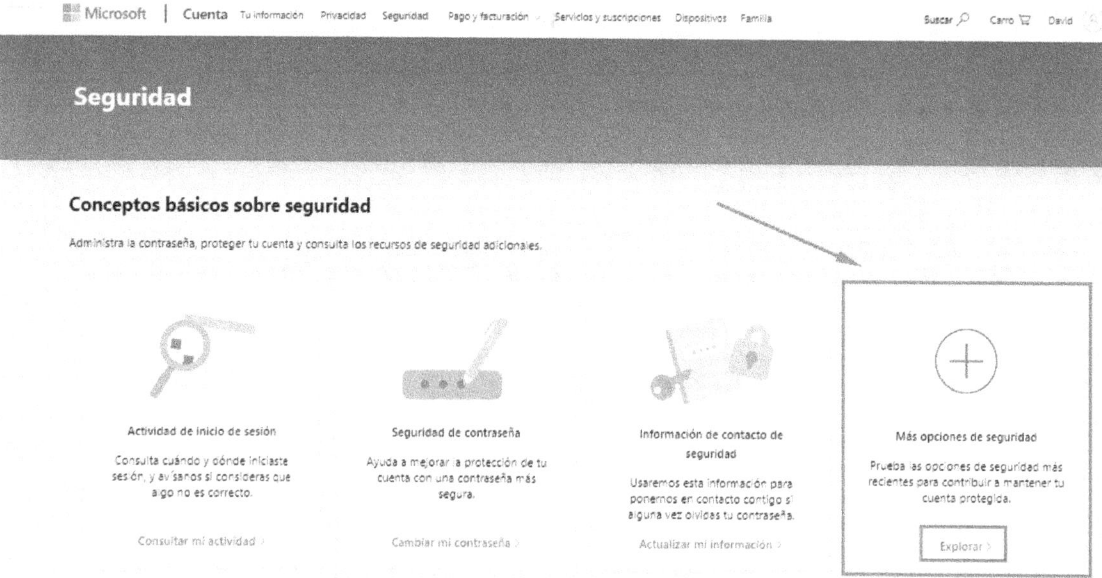

Si es una cuenta reciente, nos lleva a una sugerencia de colocar un número de teléfono para poder recuperar nuestra cuenta en caso de que tengas algún problema; es recomendable hacerlo, así que digita la información y podemos solicitar mensaje de texto para la validación; si prefieres que te envíen un correo electrónico a otra de tus cuentas, selecciona la opción en "Qué información de seguridad quieres agregar":

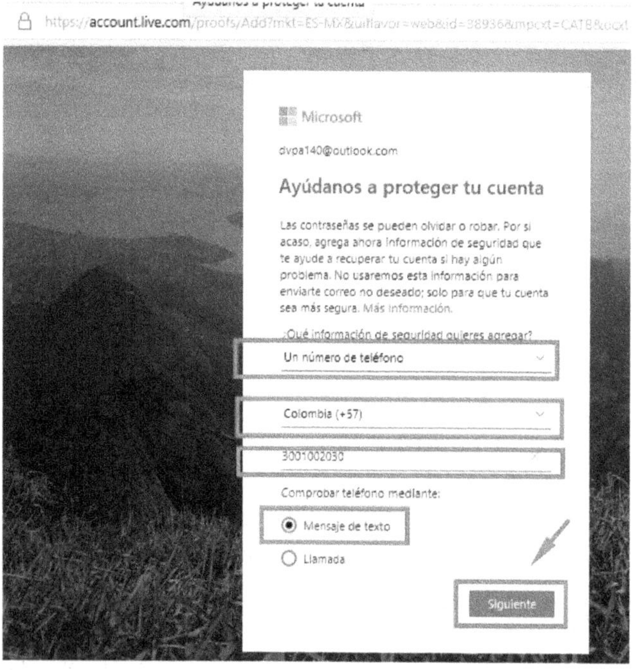

Dependiendo de si escogiste recibir correo o un código por mensaje de texto a tu celular, viene una pantalla en donde debes digitar el código recibido; en nuestro caso seleccionamos el mensaje de texto al celular así que la pantalla es:

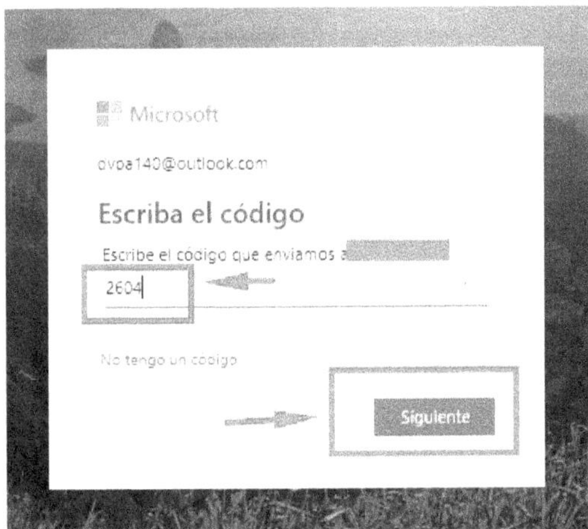

Luego nos solicitan nuestra clave, por lo que vamos a hacer cambios en nuestra cuenta:

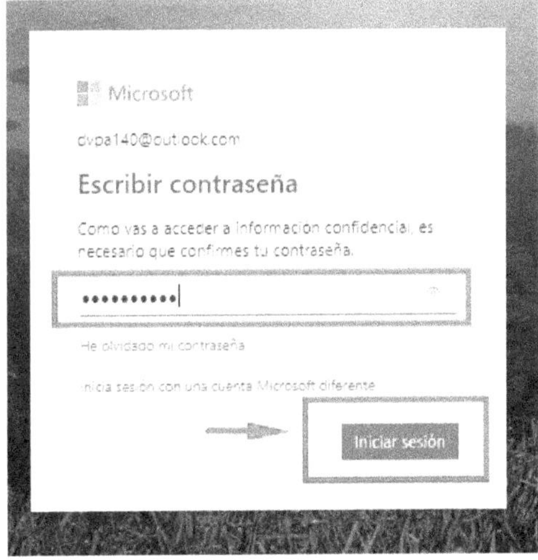

David F. Pereira Q.

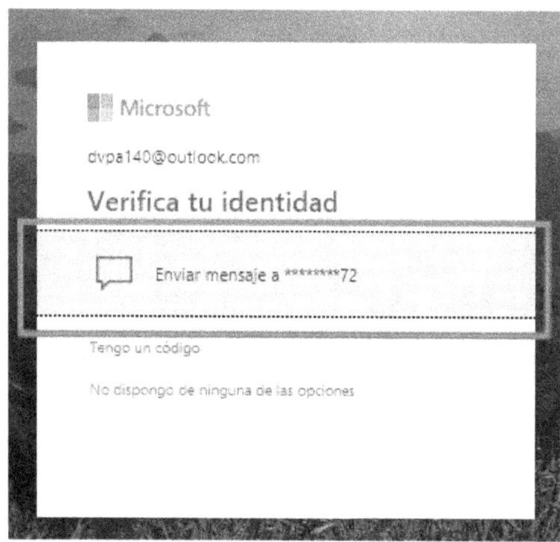

Te p[iden los 4 últimos dígitos de tu celular:

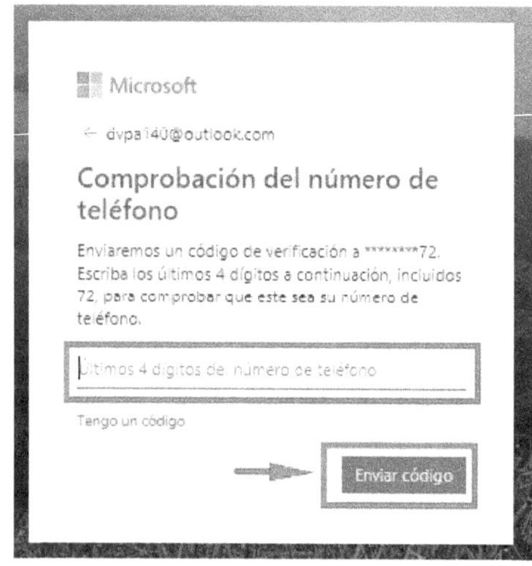

Luego el Código; si confias en el dispositivo desde el cual te estás conectando, seleccionas la opción: "No volver a preguntar en este dispositivo"; luego hacemos click en "Comprobar"

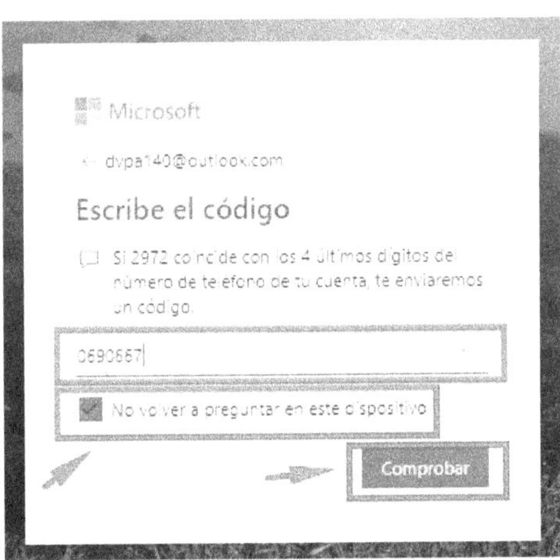

Microsoft tiene una aplicación de autenticación para celulares; por ahora vamos a decir: "No, gracias".

En la pantalla de "Opciones de seguridad adicionales", seleccionamos la opción: "Configurar la verificación en dos pasos".

David F. Pereira Q.

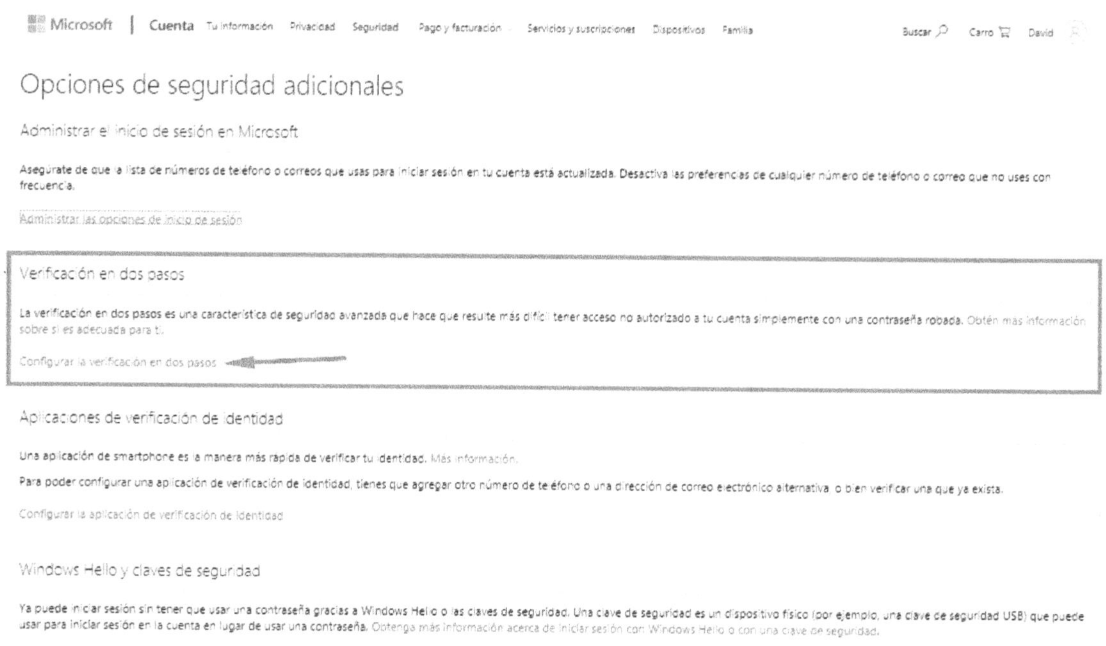

Luego hacemos click en "Siguiente".

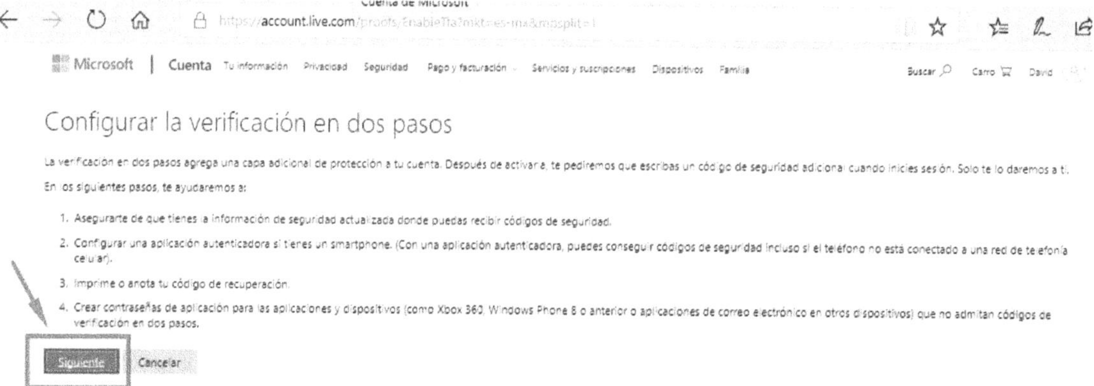

Nos preguntan las maneras en que quieres verificar tu identidad; vamos a seleccionar "Un número de teléfono" pero tu decides si prefieres recibir un correo electrónico a otra de tus cuentas.

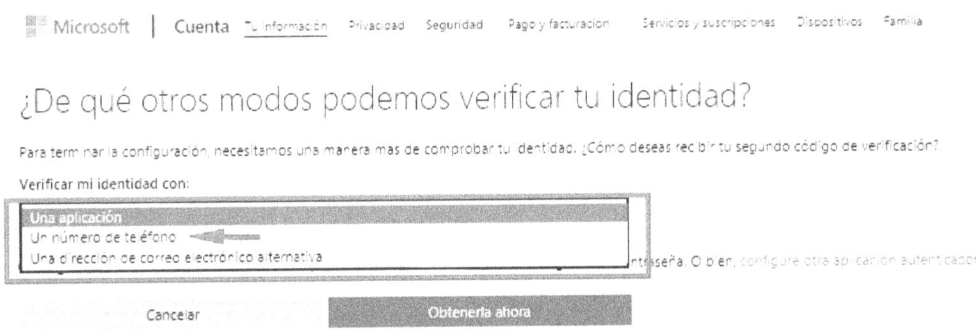

Seleccionas el país y digitas el número de teléfono donde deseas recibir el código de seguridad o una llamada telefónica; luego damos click en "Siguiente".

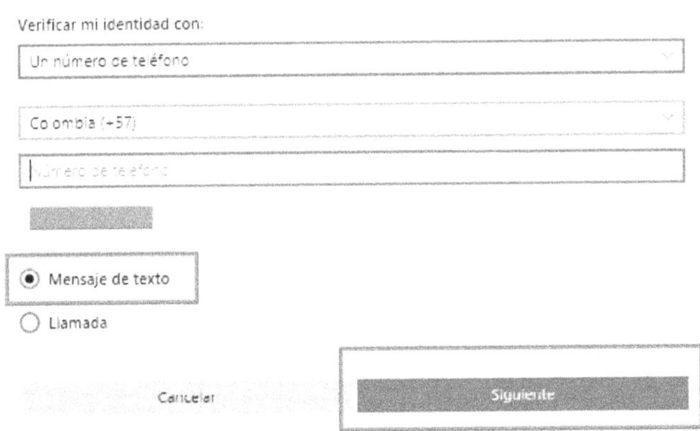

Te va a pedir tu clave por lo que vas a hacer cambios en tu cuenta.

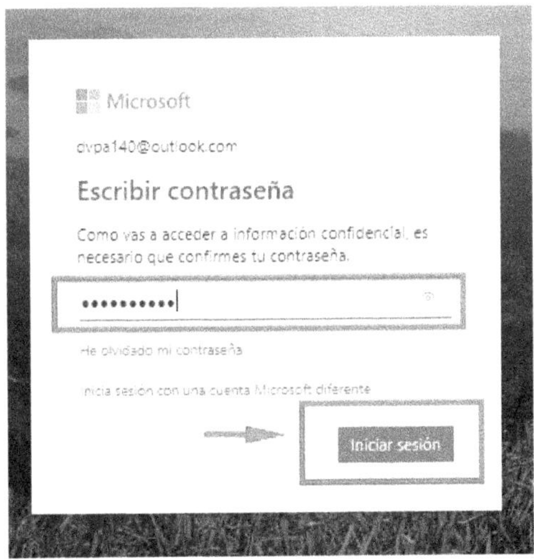

David F. Pereira Q.

Y ya estas list@; cada vez que quieras iniciar sesión, Microsoft te va a enviar un código por mensaje SMS a tu celular, a menos que en ese dispositivo en especifico hayas seleccionado "No volver a preguntar en este dispositivo".

FINALICEMOS CON DROPBOX:

https://www.dropbox.com/es/

Sitio Web de ayuda en línea en español:

https://www.dropbox.com/es/guide/business/set-up/save-your-work-in-dropbox

Vamos a activar la autenticación en 2 pasos en Dropbox; para esto vamos al ícono de tu cuenta en la parte superior derecha:

En el menú desplegable seleccionamos "Configuración":

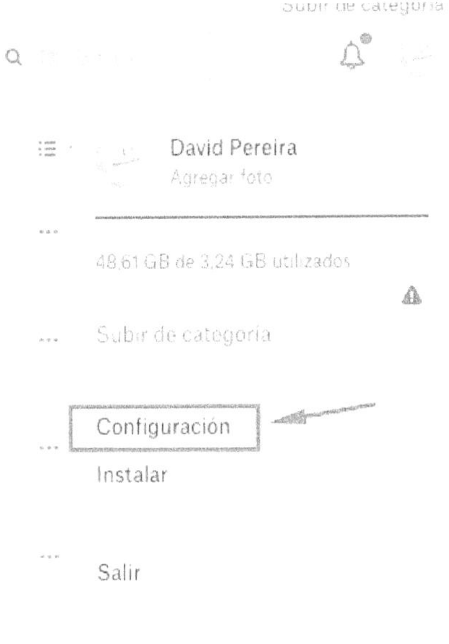

En la siguiente pantalla seleccionas la opción de "Seguridad":

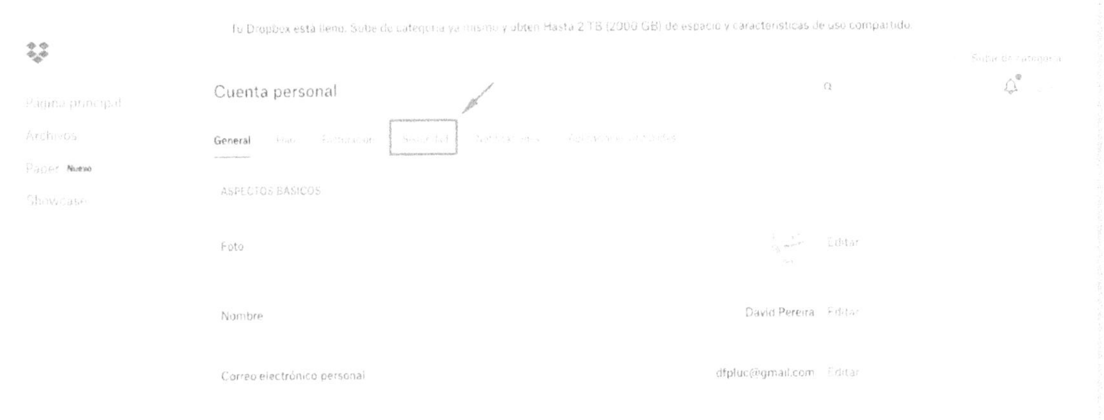

Luego seleccionamos la opción de "Verificación de dos pasos" en donde tenemos un botón para activarla; en ese botón hacemos click:

David F. Pereira Q.

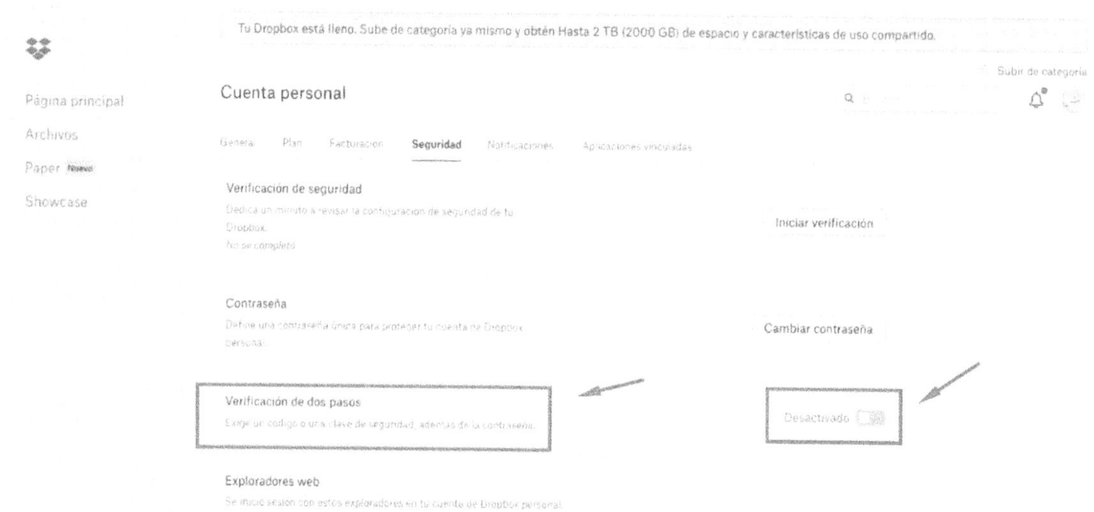

Vamos a recibir esta pantalla; haces click en "Comenzar":

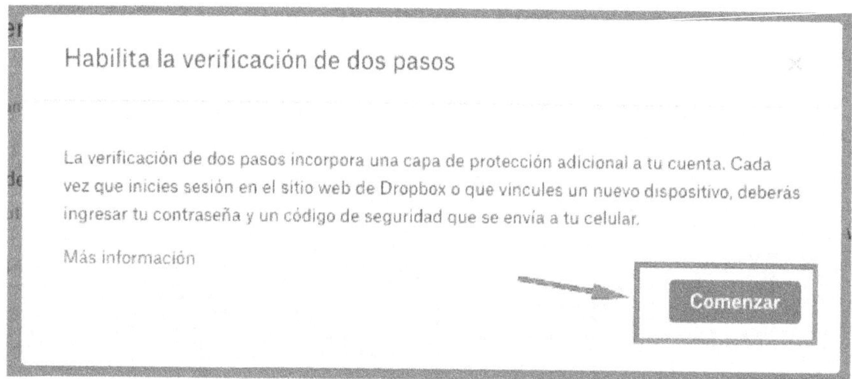

Te pide tu contraseña; la digitas y das click en "Siguiente":

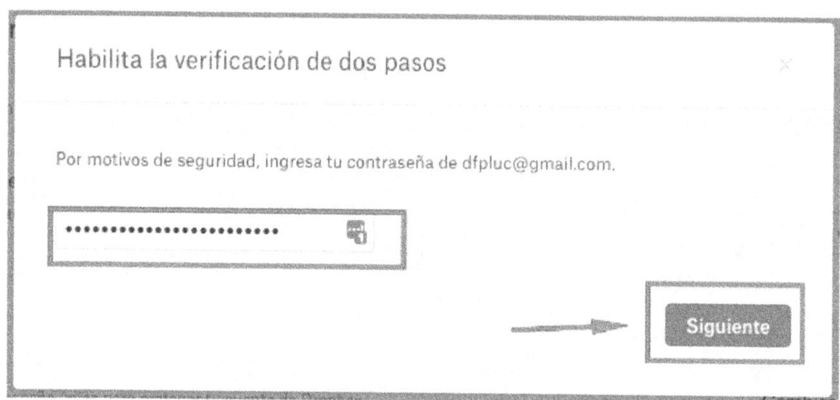

En la siguiente pagina seleccionas el método de autenticación en 2 factores; te recomiendo "Usar mensaje de Texto":

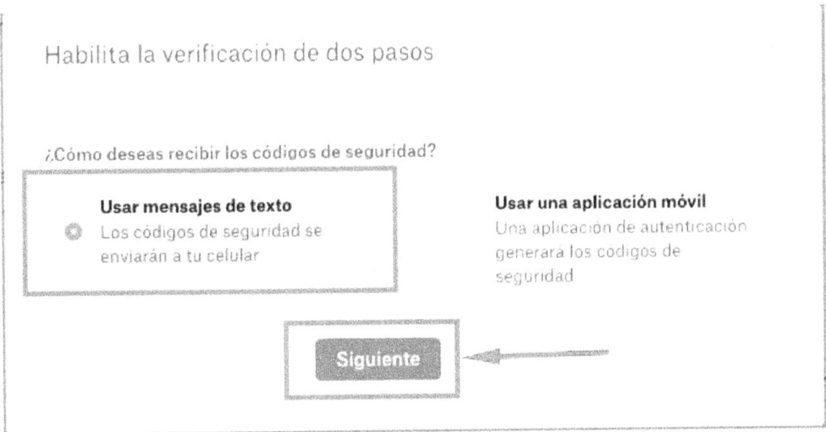

Digitas tu numero de teléfono, y das click en "Siguiente":

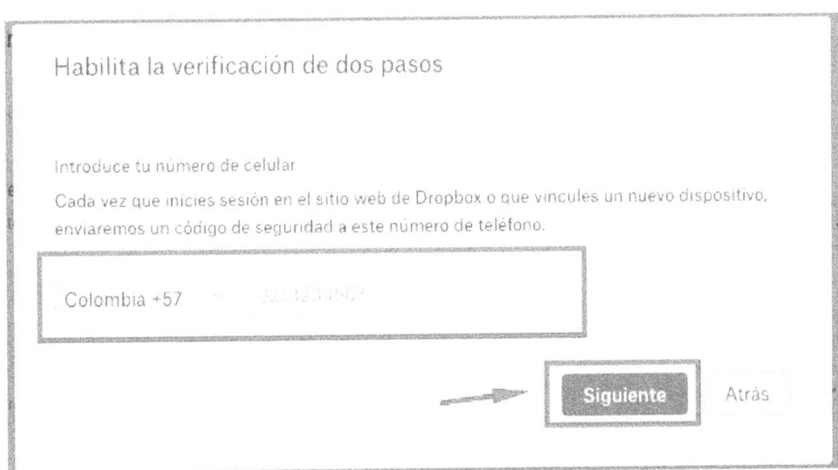

Te llega un código a tu celular, lo digitas en el campo correspondiente y das click en "Siguiente":

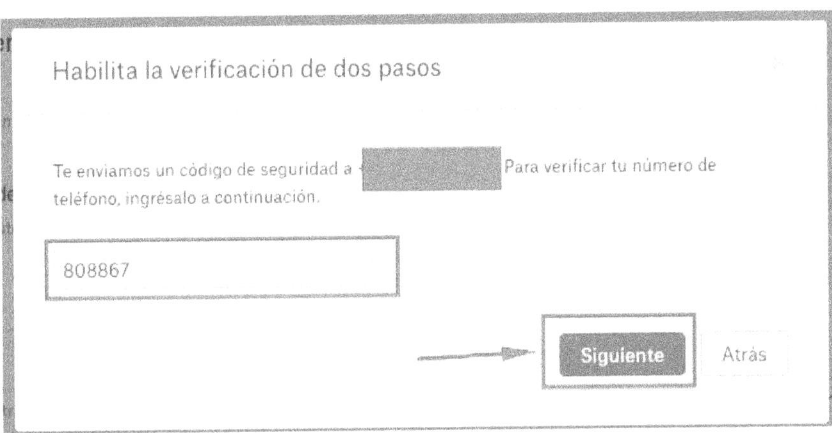

David F. Pereira Q.

Luego digitas tu contraseña para autorizar el cambio:

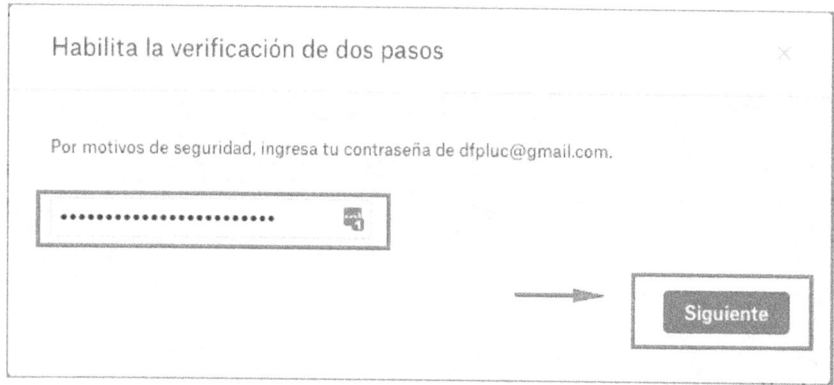

Te pide un teléfono opcional; no es necesario que lo pongas; dale click en "Siguiente":

A la pantalla que viene tómale una foto o hazle una captura de pantalla; esos son códigos de rescate en caso de tener problemas; luego damos click en "Siguiente":

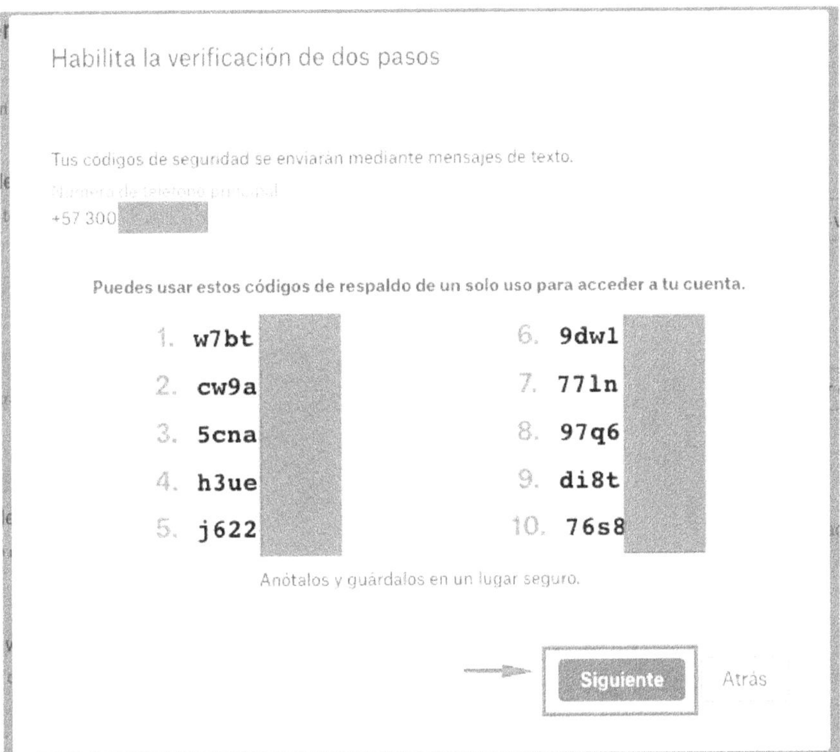

Llegamos a este menú, en donde al hacer click en "Siguiente", habilitamos la verificación en dos pasos:

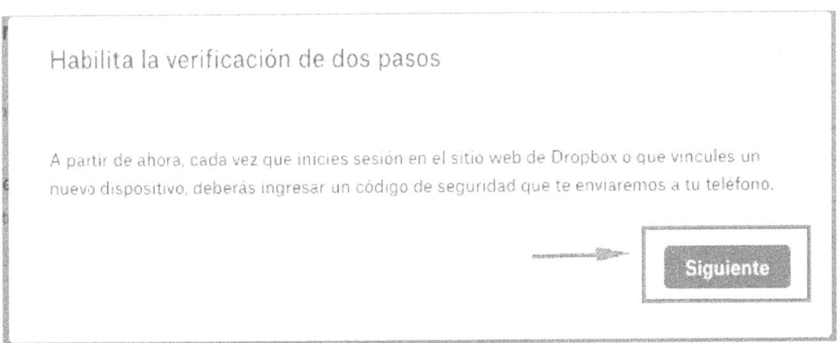

Y listo!!! Ya tenemos nuestra verificación en dos pasos habilitada:

David F. Pereira Q.

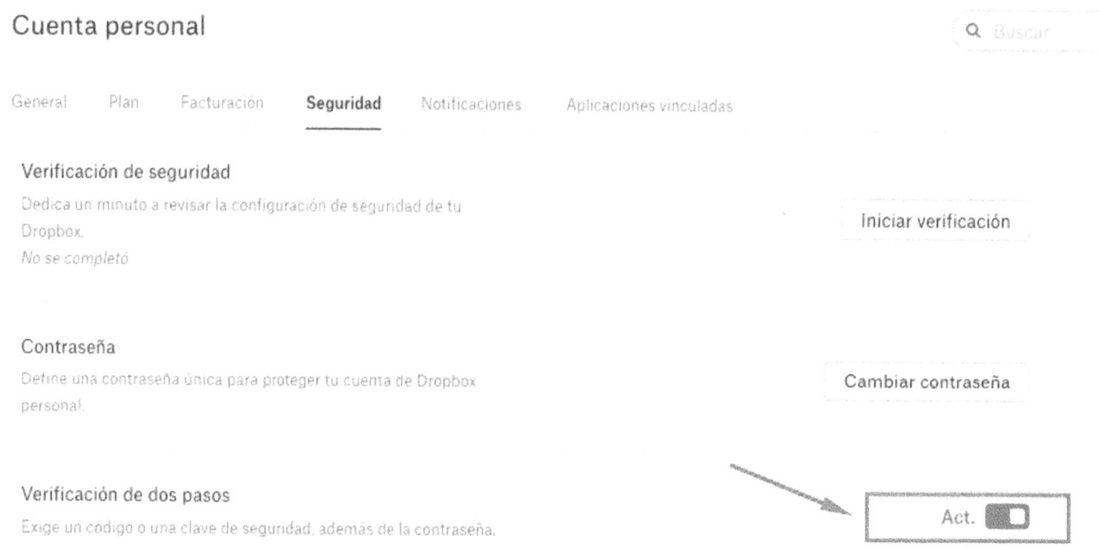

Bueno, ya protegimos nuestras cuentas en cada servicio; vamos ahora a proteger de extremo a extremo nuestros datos!!; esto quiere decir, proteger los datos desde donde se originan hasta donde se reciben; una de las formas de lograrlo es usar una herramienta que nos permita proteger nuestros datos cuando los subimos a la nube, como cuando ya quedan almacenados en lo que llamamos técnicamente "en reposo"; vamos a hablar de una herramienta que se llama Boxcryptor:

BOXCRYPTOR:
https://www.boxcryptor.com/es/for-individuals/

Comenzamos por crear una cuenta gratuita:

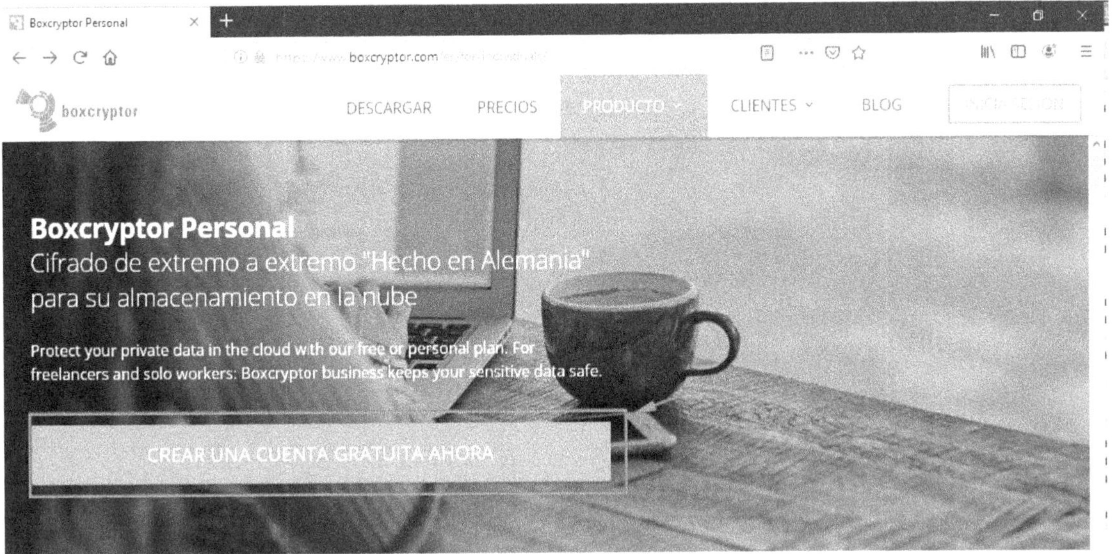

Suministramos los datos que nos piden:

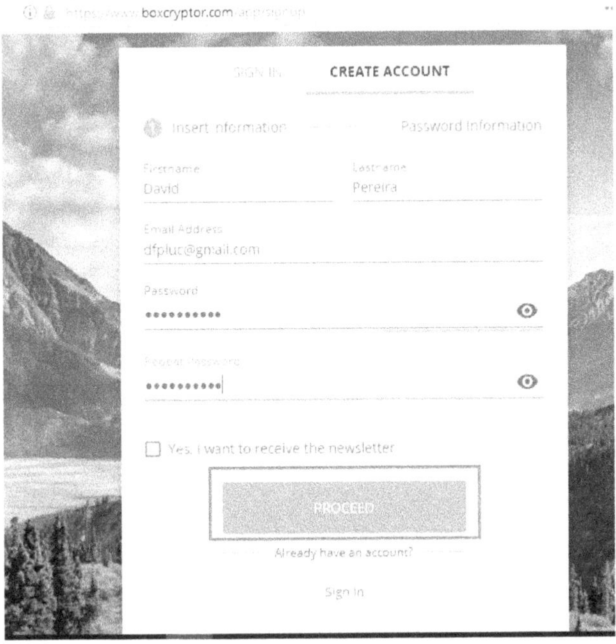

Debes marcar en la casilla de verificación que entiendes que si pierdes la contraseña, vas a perder el acceso a tus archivos!!!, así que por favor NO PIERDAS TU CLAVE!!; luego le dices "Create Account":

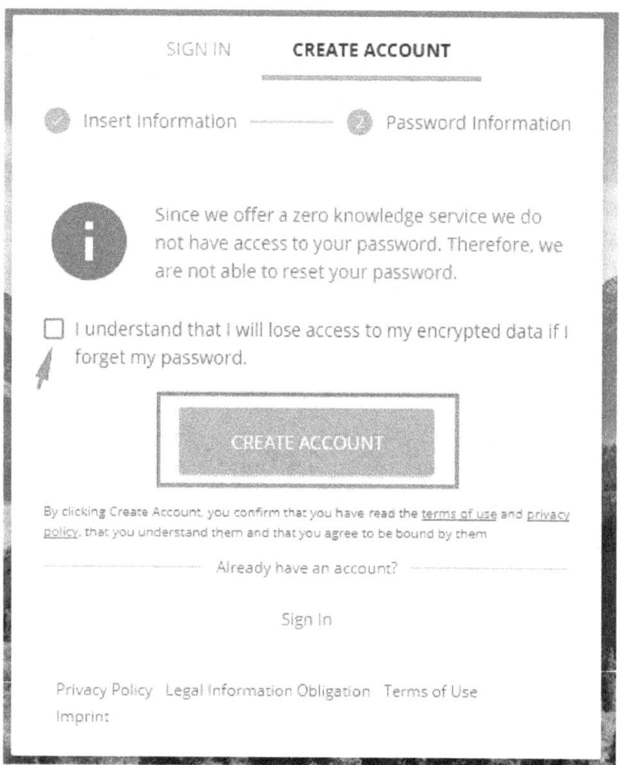

Luego te ofrecen planes pagos, pero no te preocupes, al final tienes la opción "I WANT TO STAY WITH THE FREE PLAN".

Choose your license

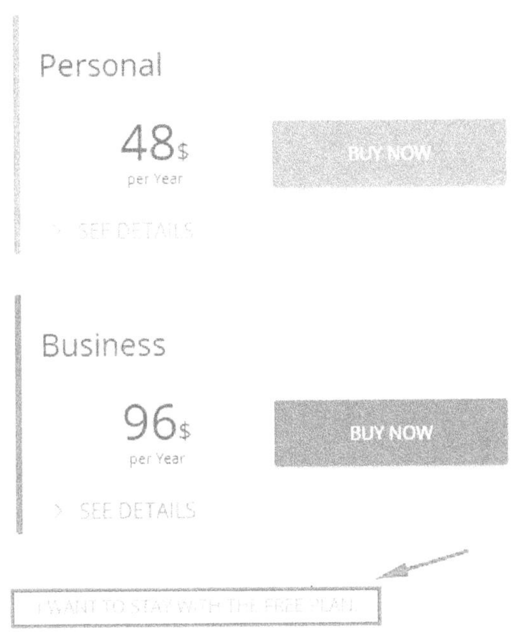

Descargamos la herramienta:

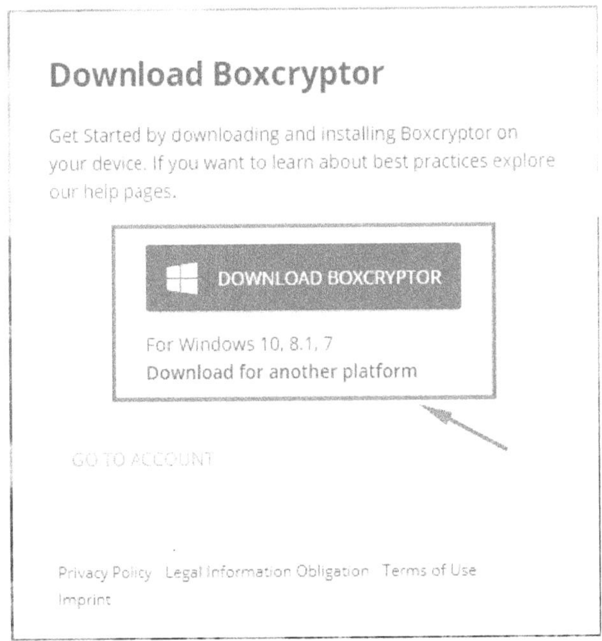

Salvas el archivo:

David F. Pereira Q.

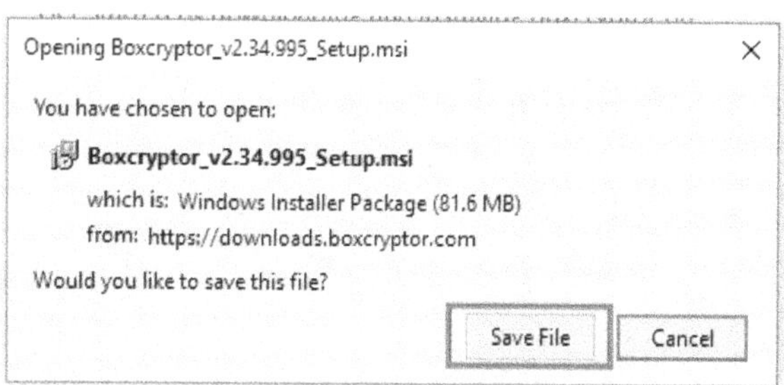

Una vez descargado, lo instalamos dando doble click sobre el archivo descargado:

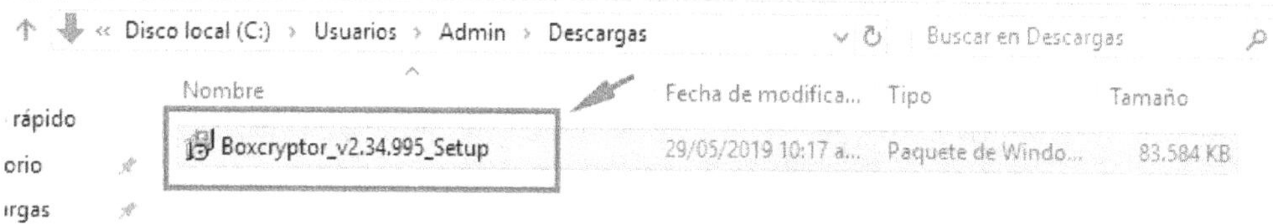

Recibimos esta pantalla; damos click en "Next":

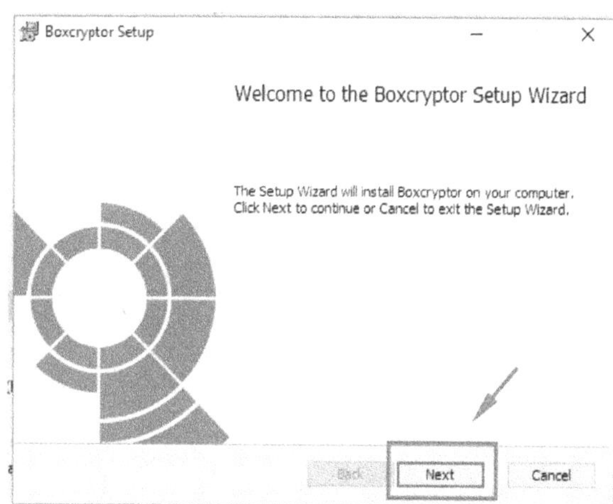

Aceptamos el acuerdo de uso:

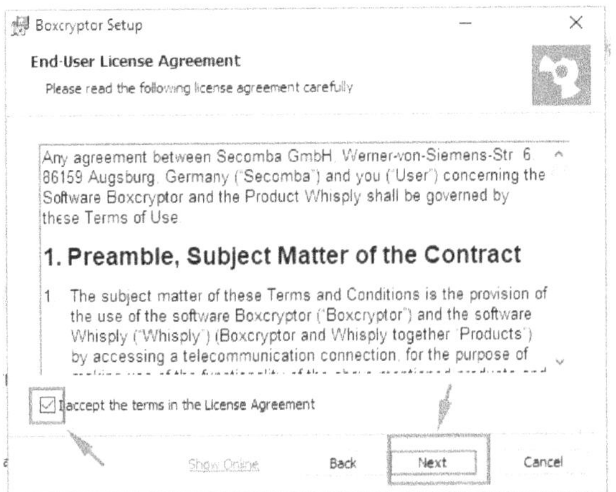

Debes aceptar su política de privacidad:

Luego le de decimos que NO queremos enviar datos anónimos:

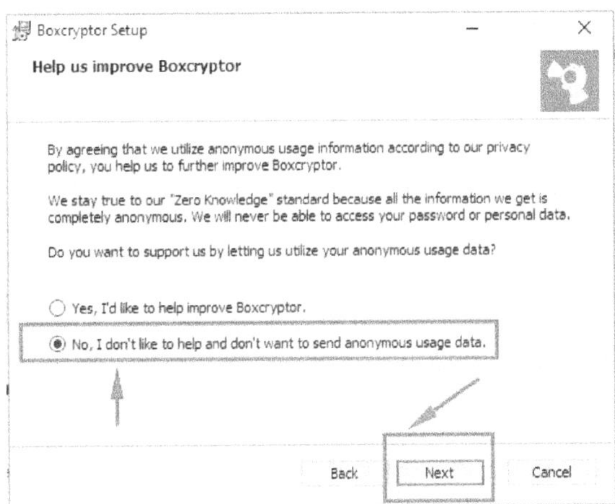

Dejemos la misma ruta de instalación:

David F. Pereira Q.

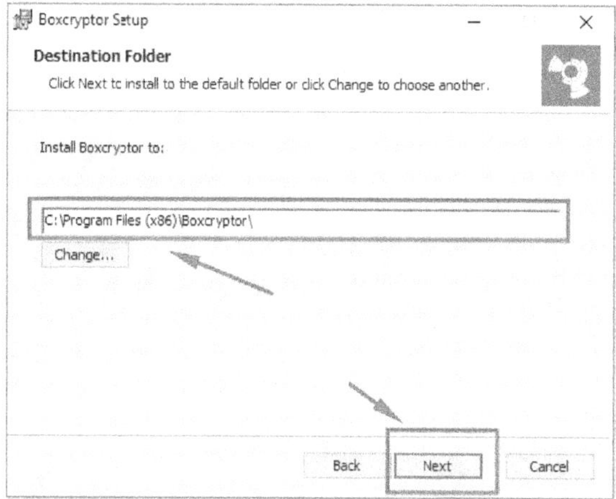

En la siguiente pantalla seleccionamos "Install"

Autoriza la instalación:

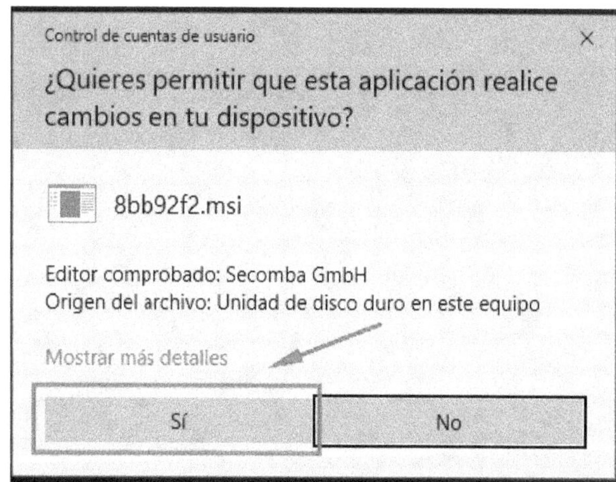

Se realiza la instalación:

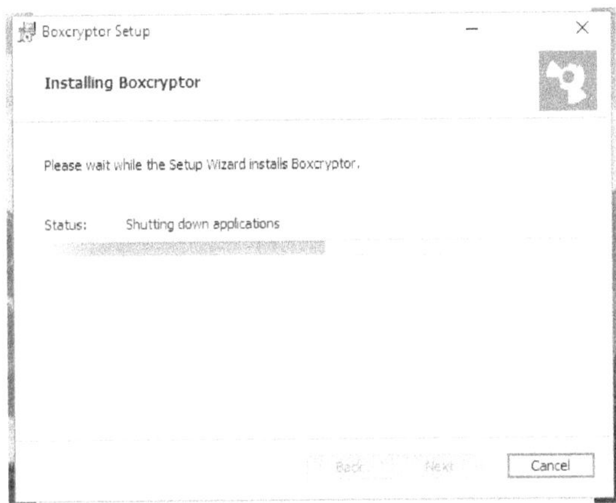

Y finalizamos:

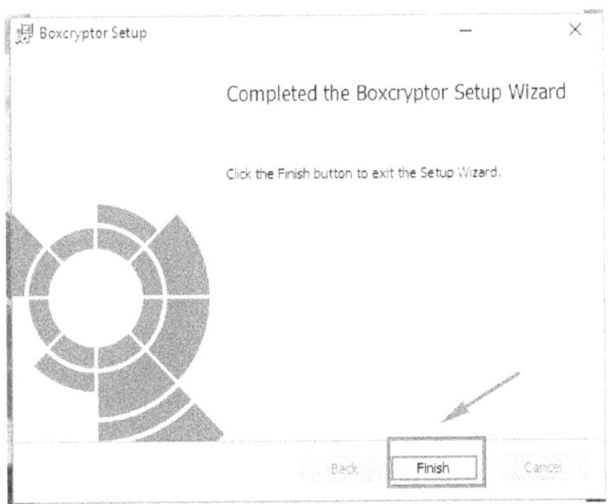

Iniciamos sesión en Boxcryptor: (digitas tu correo y la clave que creamos al principio):

David F. Pereira Q.

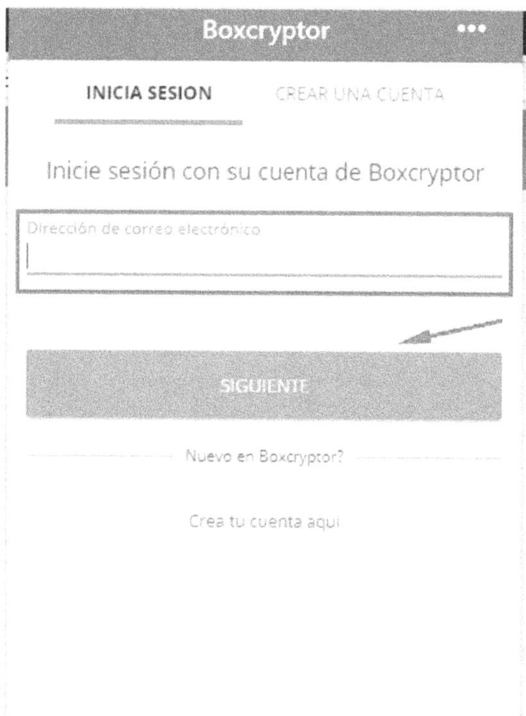

El Boxcryptor te crea una unidad virtual que se conecta directo a tu nube de una forma simple, práctica y lo más importante: Segura.

Haces click en la flecha de siguiente:

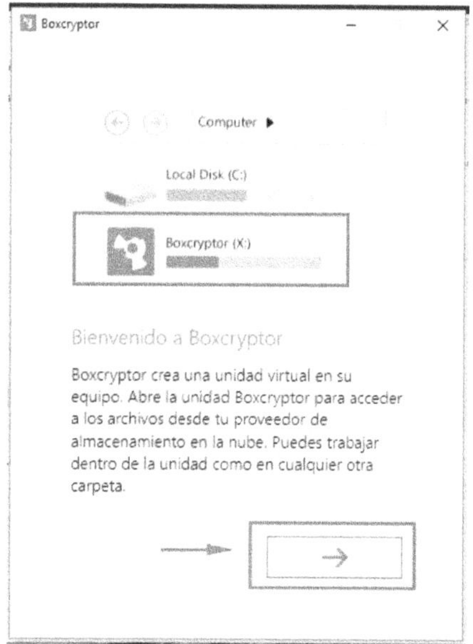

En la pantalla que viene explican perfecto lo que hace la herramienta; luego le das click a la flecha:

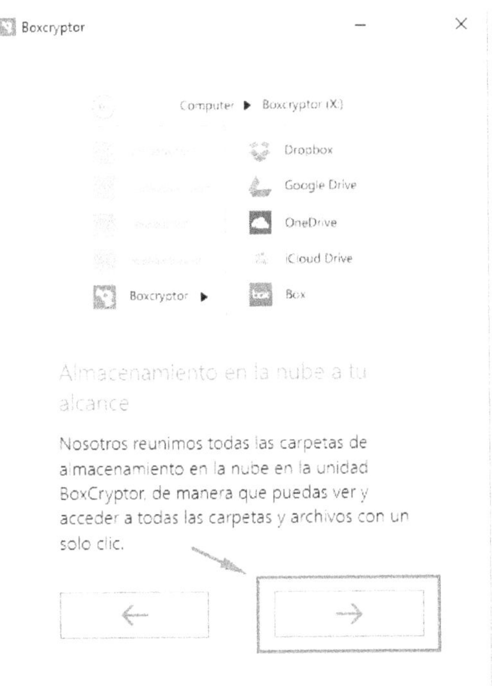

Viene otra explicación muy útil:

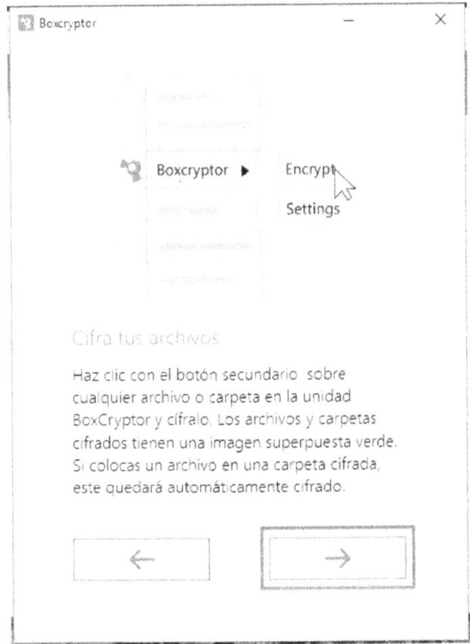

Si quieres cierras esas ventanas; ya el Boxcryptor está instalado; eso te llevaría a la ventana del Tutorial:

David F. Pereira Q.

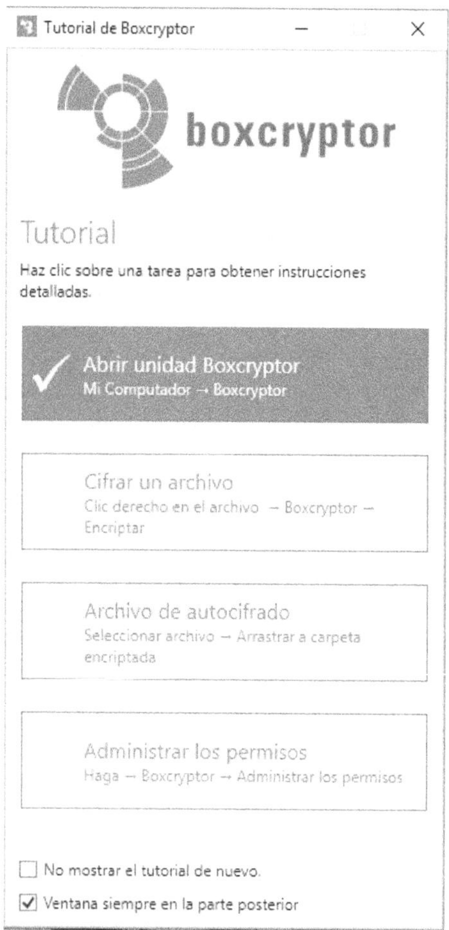

Probemos a cifrar un archivo:

Tenemos conectado el Onedrive y un archivo que queremos Cifrar:

Haces click derecho sobre el archivo y en el menú de Boxcryptor seleccionas cifrar:

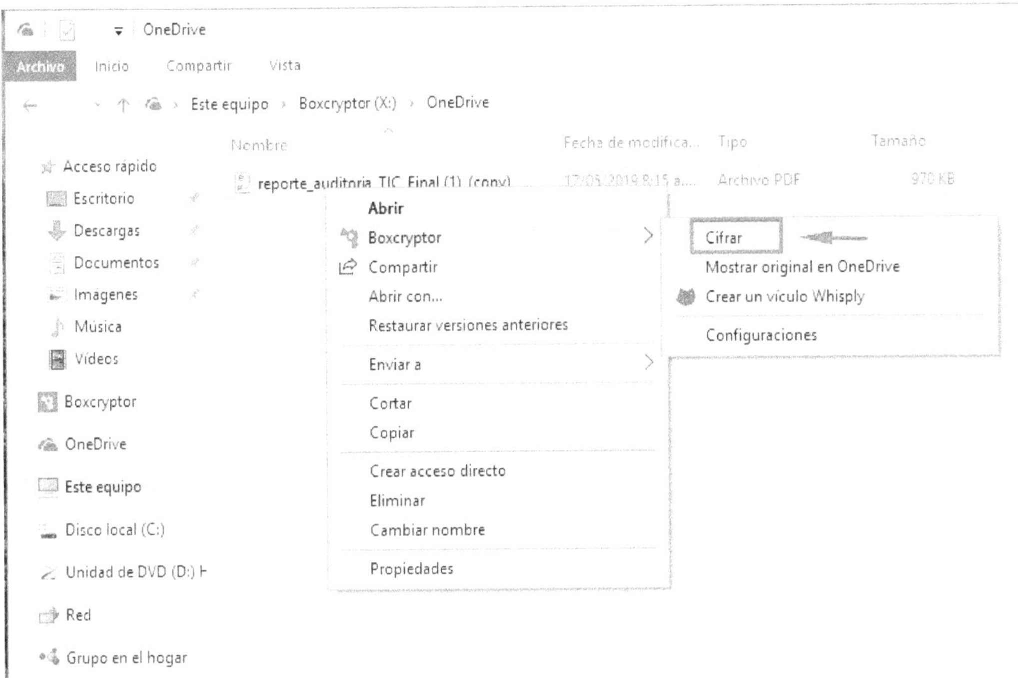

Cuando ya está cifrado un archivo, te aparece un cuadrado verde en la parte inferior derecha:

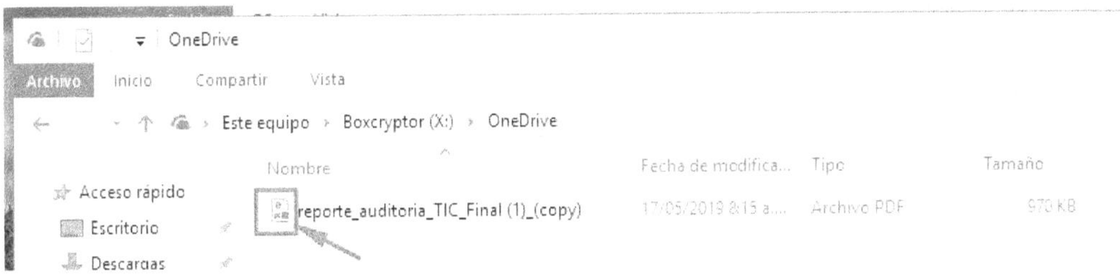

Listo; es posible que tengas dudas así que: como siempre para las dudas: Twitter: @davidpereiracib o en mi canal de YouTube: https://www.youtube.com/c/DavidPereira.

CAPÍTULO 8

INGENIERÍA SOCIAL:
LA TÉCNICA DEL ENGAÑO

Ingeniería social son todas las técnicas que un hacker malicioso, ciberdelincuente o delincuente común, podría utilizar con el objetivo de engañarte para:

- Convencerte de que un correo que te llegue es legítimo
- Que hagas click sobre un enlace
- Descargues un archivo adjunto en un correo electrónico
- Abras ese archivo adjunto
- *Entregues Información (Contraseñas, Nombres de Usuario, Datos Personales)*
- Entregues datos familiares
- Entregues datos bancarios
- *Hagas algo (Instalar una aplicación, descargues un archivo y lo ejecutes, conectes una memoria USB en tu computador, etc.)*
- Y tristemente muchas otras posibilidades

Algunos ejemplos de Ingeniería social son:

- Llamada telefónica del Banco para darte un crédito preaprobado, pero necesitan validar los datos de tu tarjeta de crédito.

- Llamada telefónica del operador móvil para actualizar datos y mejorarte el plan de celular, pero tienen que validar tu identidad con unas "preguntas de seguridad"

- Una Persona te saluda en la calle y te pregunta por "Jorgito, Mónica, Katy" y te da pena decirle que no sabes quién es…. Y conversas 10 minutos y entregas información personal familiar o laboral, hasta intercambias números de celular, por que la persona es linda o agradable.

- Mensaje de texto a tu celular felicitándote por haberte ganado un carro, y te piden que envíes un mensaje al No. xxxx.

Este podría ser el "Call Center" desde donde te están llamando….

No pongo los derechos de autor de la foto, por que no se quién la tomó, pero si alguien sabe, me dice y le reconocemos su autoría.....y de una vez a la cárcel!!.

Entonces vamos a hablar un poco de los diferentes tipos de engaño, y sus nombres técnicos para que puedas estar prevenid@ ante una situación de riesgo; (Perdón por ponerlas en inglés, pero es que para la mayoría no hay nombre en español)

- **Phishing** *(Engaño por medio de Correo Electrónico Falso, combinado con Sitios Web Falsos esperando a que hagas click en el enlace que te pusieron en el correo falso para que digites información personal en un sitio web, aceptes imágenes o archivos, etc.)*

- **Spearphishing** *(Phishing dirigido específicamente contra una persona o grupo de personas puntual, a diferencia del Phishing común que va dirigido contra cualquier víctima; Ej. Correo falso enviado al área financiera o de tesorería de una entidad puntual, etc.). Cuando el correo va dirigido específicamente a los directivos o gerentes de una empresa, entonces este ataque se denomina "Whaling".*

- **Vishing** *(Engaño en llamadas telefónicas..."Le habla Patricia Gómez del Banco XXX, dado que usted está en una lista de clientes preferenciales....blah, blah" y luego te preguntan datos de tus productos con el banco, o con otros bancos, etc.)*

- **Smishing** *(Engaño por medio de mensajes de texto SMS en celulares: "Lo felicitamos!!! Usted ha Ganado el sorteo No. 34565 de xxxxx; es usted el feliz propietario de un vehículo cero kilómetros; para reclamar su premio enviar mensaje de texto al No. 65435..." y envías el mensaje, luego te piden dinero para tramites del traspaso, etc. y te estafan.)*

- **Suplantación de Personas o Funcionarios** *(Llega alguien con un casco, chaleco y una planilla y dice que viene del operador de internet a revisar una falla o una queja, o llega alguien muy bien* *vestido con saco y corbata y dice ser inspector, auditor o algún tipo de autoridad estatal, oficial o de policía para que lo dejen entrar a inspeccionar o a un allanamiento o por que tiene una orden de captura contra alguien que vive en el edificio o labora en la empresa.*

- *__Niñ@s:__ Una forma muy común es que lleguen a tu casa y digan que tu papi o mami sufrieron un accidente o que los cogieron presos y los tiene la Policía y que te necesitan; que los acompañes; o que vienen a charlar con tus papás, que quedaron de encontrarse con ellos en tu casa y que los van a esperar adentro, o que tu papá o mamá los enviaron a recoger el computador, televisor, joyas, etc.; ante esto debes tener claro lo siguiente:*
    - *Jamás abrir la puerta a desconocidos o a poco conocidos que no sean tu familia; habla a través de la puerta sin abrirla, si tienes forma de ver con quien hablas trata de identificar señales que luego ayuden a las autoridades como tatuajes, cicatrices, estatura, color de piel, acento, etc.*
    - *Si te tratan de asustar diciéndote que son policías o que te van a llevar preso, o que llevaron a la cárcel a tus padres, NO les creas y llama inmediatamente a la policía.*
    - *Debes memorizar algunos datos para que estés más seguro: Dirección de tu casa, teléfono de tu casa, teléfonos de tus padres; estos datos serán útiles para tí y para que las autoridades acudan rápidamente en tu ayuda.*
    - *Si llaman por teléfono a tu casa y preguntan a donde llamo o de donde contestan, tu respuesta SIEMPRE debe ser: "a quien necesita?"; si buscan a alguno de tus familiares y estás solo, pide que le dejen el mensaje contigo; si se niegan o preguntan si estás solo, dices como si estuvieras llamando a una persona: "Tío, buscan a mi papá o mamá" y cuelgas y llamas inmediatamente a alguno de tus padres*

para que acudan a tu casa lo más pronto posible. Si para tus padres es imposible ir pronto, llama a la Policía, les explicas lo ocurrido y pides que el Policía más cercano haga rondas por tu casa.

- ***Baiting*** *Aprovechan la curiosidad innata de la persona; Ej. Dejan una memoria USB abandonada para que la víctima la recoja y conecte en su computador y de esta manera se infecte con algún tipo de Malware.*

- ***Tailgating / Piggybacking*** *(Entrar a un lugar sin tener permiso de acceso, incluso con identificación falsa), engañando a la persona encargada de la seguridad (Vigilantes, Celadores, Porteros, etc.) quienes al no saber con quien tratan, le dan el beneficio de la duda y lo apoyan dejándolos entrar.*

- ***Scareware*** *(Cualquier información que trate de hacer uso de tu miedo o temor para obligarte a hacer o a no hacer algo Ej. Esos molestos avisos cuando estás navegando en internet y te dicen: "Su computador está infectado, haga click aquí para desinfectar".... Y tú caes....;)*

- ***Pretexting*** *(Usar mentiras o escenarios que faciliten la obtención de información; Ej. Llamada telefónica con ruido de fondo de una oficina, o el llanto de un bebé para generar ansiedad en el oyente y sentido de apuro, para que entregue la información rápidamente)*

- ***Ingeniería Social Inversa*** *(El Atacante crea un desperfecto o* lo simula y luego aparece para brindar "ayuda")
    - Ej: Persona uniformada con una planilla en la mano, diciendo que viene a "reparar" El Internet.

    - O la llamada telefónica de "Soporte" diciendo que detectaron un virus en tu dispositivo, u ofreciendo mejorar la velocidad de nuestro computador.

- *Entre Otras.*

Como ves desafortunadamente no hay herramientas técnicas para evitar caer en un engaño, pero tenemos algo mucho mejor: EL SENTIDO COMÚN y tu nivel de concientización ante el riesgo potencial; no es un tema de estar paranoicos todo el tiempo, sino de estar alerta ante los riesgos potenciales y más importante aún: que te vuelvas un multiplicador o multiplicadora de esta información con tu familia, tus hijos, tus amigos, conocidos y equipo de trabajo; recuerden siempre esta frase:

"Las personas son la primera línea de ciberdefensa de sus familias y de las compañías en donde trabajen"

Así que es responsabilidad de todos nosotros velar por nuestra ciberseguridad.

CAPÍTULO 9

¿Cómo protejo a mi familia?

La respuesta a esta preocupación no es fácil, precisamente el objetivo de esta guía es construir un mundo más ciberseguro para todas aquellas personas que la lean y la pongan en práctica; como te decíamos en páginas pasadas la idea es que seas un multiplicador o multiplicadora del conocimiento, difundiéndolo a todos a tu alrededor y de paso te digo: este libro está pensado para ser prestado todas las veces posible, lo que queremos es que su contenido sea compartido con la mayor cantidad de personas.

Vamos a hablar de la protección de los más pequeños, los niños y niñas que son vulnerables al engaño, al depredador, al delincuente; esta sección va dirigida específicamente a ti, padre o madre de familia o tío, tía, etc. en fin, familiar preocupado por la seguridad en línea de los menores a su alrededor.

Sabrás que existe un número enorme de redes sociales; en este gráfico nos damos una idea:

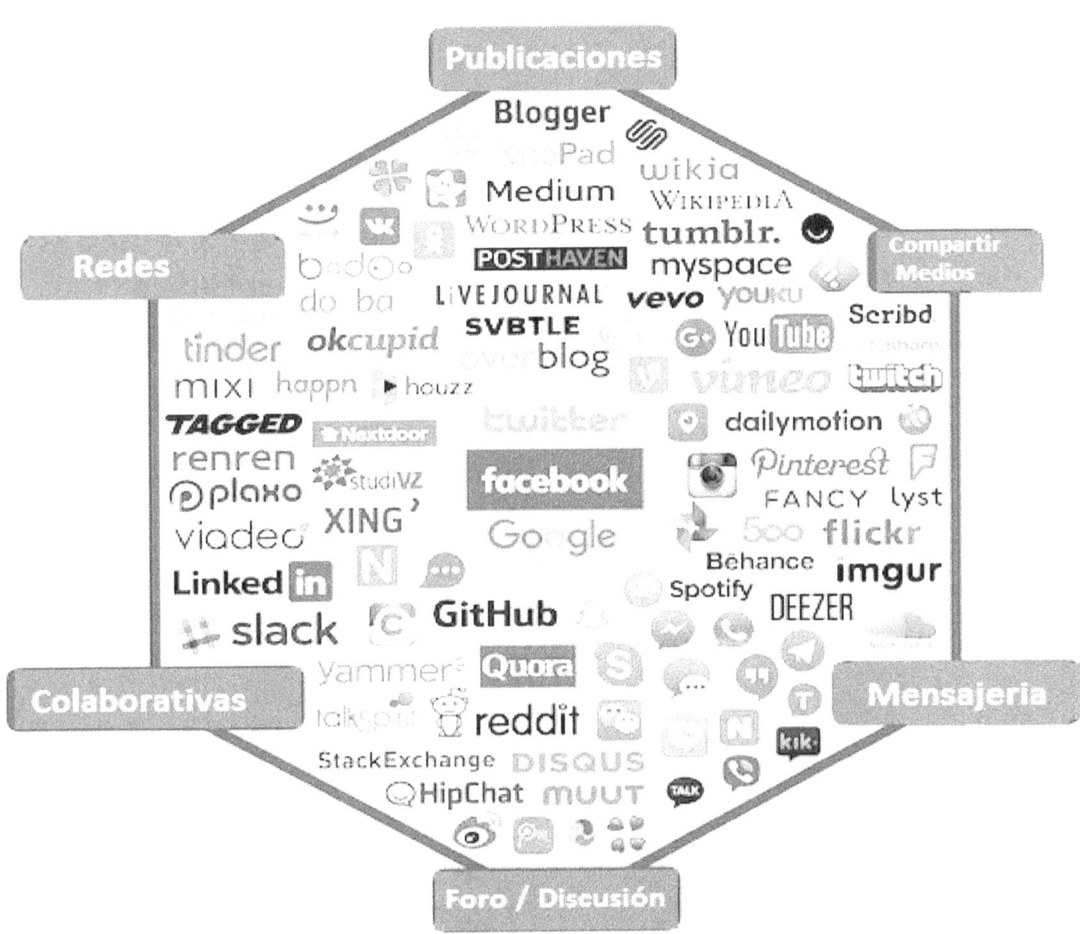

Fuente: https://fredcavazza.files.wordpress.com/2016/04/sm-landscape-20162.png

Preguntas que queremos que te formules:

- ¿De todas estas redes sociales, sabes cuales usan tus hijos?
- De todo el tiempo que pasa el niño frente al computador, tableta, celular… ¿cuanto usa realmente para estudiar o para labores productivas en pro de su formación?
- ¿Sabes con quienes se relacionan en línea?
- ¿Sabes que tipo de contenidos busca / consulta el niño o niña?

Espero de corazón que hayas podido responder las preguntas anteriores, pero en cualquier caso te quiero recomendar implementar una herramienta de Control Parental en los dispositivos que el niño o niña utilice.

Este tipo de herramientas te permite contestar de forma inmediata y sin equivocaciones todas las preguntas que formulamos anteriormente.

Existen muchas y aquí te vamos a mostrar una gratuita y muy efectiva.

Pero antes, queremos darte una idea de los riesgos a los cuales están expuestos los menores en internet: (De nuevo excusas por ponerlos en inglés, pero muchos no tienen un nombre específico en español)

GROOMING:

Son acciones que un adulto realiza con el objetivo de ganar la confianza o generar curiosidad en el menor, creando una relación o amistad y al final poder abusar sexualmente de el niño o niña. Casi siempre el delincuente se hace pasar por un niño a niña ante los ojos inocentes de su víctima; muchas veces esto termina con el envío de fotos o videos explícitos del menor hacia el delincuente y estos contenidos luego pueden ser publicados en sitios de pederastia, o ser usados para forzar al menor a realizar actos sexuales con la amenaza de informar a sus padres acerca de lo que han hecho, o inducirlos a redes de prostitución y/o pornografía infantil. El delincuente al principio trata de sacar toda la información posible del menor, por ejemplo, dirección física, colegio, nombre de los padres, etc. para que el menor no tenga escapatoria; esto nos lleva al siguiente riesgo:

SEXTORSION:

En este caso el delincuente hace uso de las imágenes, videos o grabaciones que tenga del menor con el objetivo de chantajearlo, amenazándolo con informar a sus padres o familiares o incluso a autoridades si no cumple con las demandas del extorsionista; éstas demandas pueden ser enviar más fotos o videos, encuentros físicos sexuales con el pederasta o con quien el decida, mostrarse en video en tiempo real tocando su cuerpo, encuentros con otros niños y todo lo que la enferma y podrida creatividad del pederasta sea capaz de imaginar.

Es importante destacar que las víctimas también podrían ser mayores de edad, casi siempre mujeres, que cometieron el error de confiar en un supuesto novio o pareja virtual.

Cibermatoneo / Ciberbullyng

Consiste en generar un estado de miedo, estrés y ansiedad en la víctima por medio de amenazas, críticas, agresiones u ofensas en redes sociales; este caso tristemente casi siempre es generado por otros menores que en la mayoría de los casos conocen personalmente a su víctima, ya sea por que estudian en el mismo lugar o viven en el mismo barrio.

Golpiza Feliz / Happy Slapping

Consiste en grabar en video el momento en que un grupo de niños golpea a otro para luego subir este video a redes sociales y burlarse de la víctima.

Sexting

Consiste en intercambiar imágenes o videos con contenido sexual o sexualmente sugerente por medio de mensajería electrónica tipo WhatsApp, Telegram o similar. Muchas veces estos contenidos luego son filtrados a redes sociales para acosar a la víctima.

Stalking o Ciber Acoso

Consiste en presionar psicológicamente a la victima por medios electrónicos y hacerla sentir vigilada, amenazada o atemorizada por medio del continuo seguimiento de sus actividades; por ejemplo decirle: Te vi ayer cuando saliste en la tarde con falda a cuadros y blusa azul...eran como las 3:30, lástima que ibas con tu mamá... pero la próxima vez que vayas al supermercado...tal vez vayas sola y yo te siga.

Vamping

Es cuando el menor no duerme la cantidad de horas adecuadas por estar conectado a redes sociales o a medios tecnológicos que lo mantienen despierto.

David F. Pereira Q.

Medidas de prevención recomendadas:

- Dialogo con los hijos para generar confianza y conciencia acerca de los riesgos

- Mantener privacidad en redes sociales; determinar:

  - ¿Quiénes pueden acceder a lo que publicamos en redes sociales?

  - ¿Qué información estamos brindando en redes sociales?

  - Ser prudente a la hora de publicar contenidos en redes sociales

  - Escoger adecuadamente nuestros amigos en redes sociales; no aceptar a todo el que te envíe una invitación.

- Enseñar a los hijos a utilizar los beneficios de internet (Libros, material de estudio, cursos, entre otros) – Fomentar con el Ejemplo de los Padres y allegados.

Regla 3-6-9-12: (Libro de Serge Tisseron)

- Niños Entre 0-3 años: Evitar uso de Televisión, Tablets, Videojuegos, Smartphones

- Niños Entre 3-6 años: Ver ciertos programas de TV a ciertas horas bajo supervisión, Videojuegos bajo supervisión, TV y PC fuera del cuarto, en un lugar publico de la casa; ej. Sala de estar.

- Niños Entre 6-9 años: Ver ciertos programas de TV a ciertas horas, Consolas propias de videojuegos con control parental; Consolas de Videojuegos, TV y PC fuera del cuarto.

- Niños Entre 9-12 años: Uso de smartphone bajo control parental, control de privacidad en internet y redes sociales

Hablemos de una herramienta de Control Parental que nos puede ayudar:

Qustodio

https://www.qustodio.com/es/

Mi video de explicación de la instalación del Qustodio:

https://www.youtube.com/watch?v=g2m9pSnK1_A

Antes de explicar como instalar la herramienta es importante que recuerdes que es tu OBLIGACION proteger al menor hasta los 18 años; no es que tengas derecho a espiarlo, simplemente es que él tiene el derecho de ser protegido y para esto puedes usar herramientas con el fin de monitorear el uso de los recursos tecnológicos que lo podrían poner en peligro.

Qustodio tiene unas funcionalidades gratuitas muy buenas, pero si quieres todas las funciones por ejemplo la de monitorear el Chat de Facebook, etc., tienes que pagar una suscripción; las funcionalidades que te voy a mostrar aquí, son las gratuitas.

Muy bien empecemos:

Una de las ventajas de esta herramienta es que se puede instalar casi que en cualquier dispositivo que el niño o niña tenga; desde celulares, pasando por tabletas hasta computadores.

Comencemos por crear una cuenta:

https://www.qustodio.com/es/family/downloads/

Vamos al botón de "Crear Cuenta":

David F. Pereira Q.

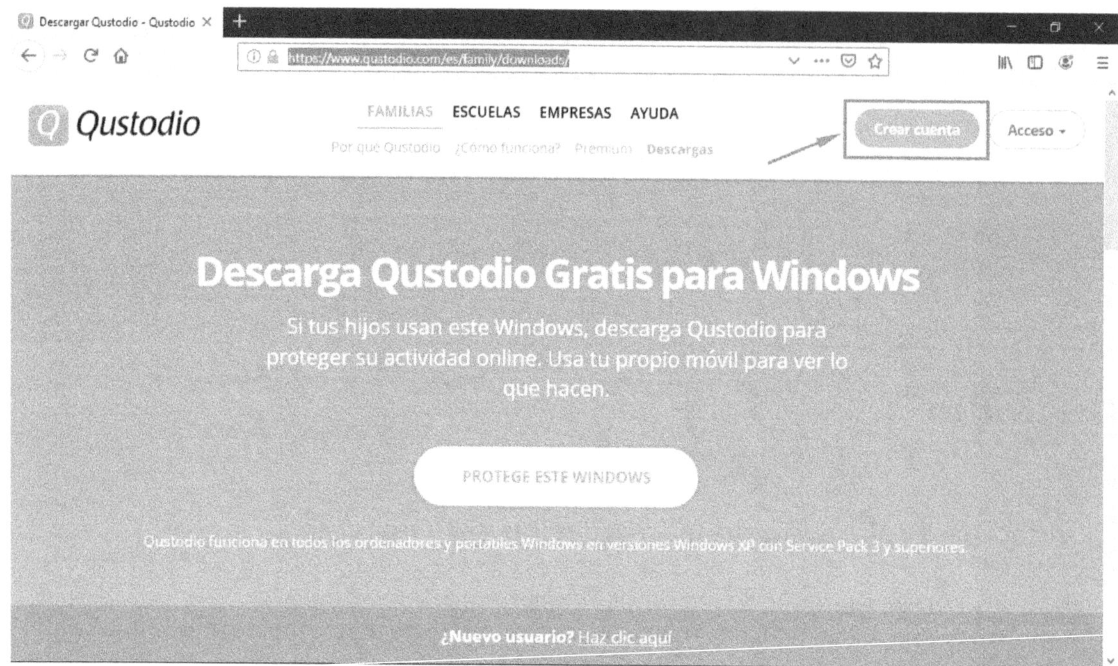

Digitas la información solicitada y haces click sobre el botón de "Crea tu Cuenta":

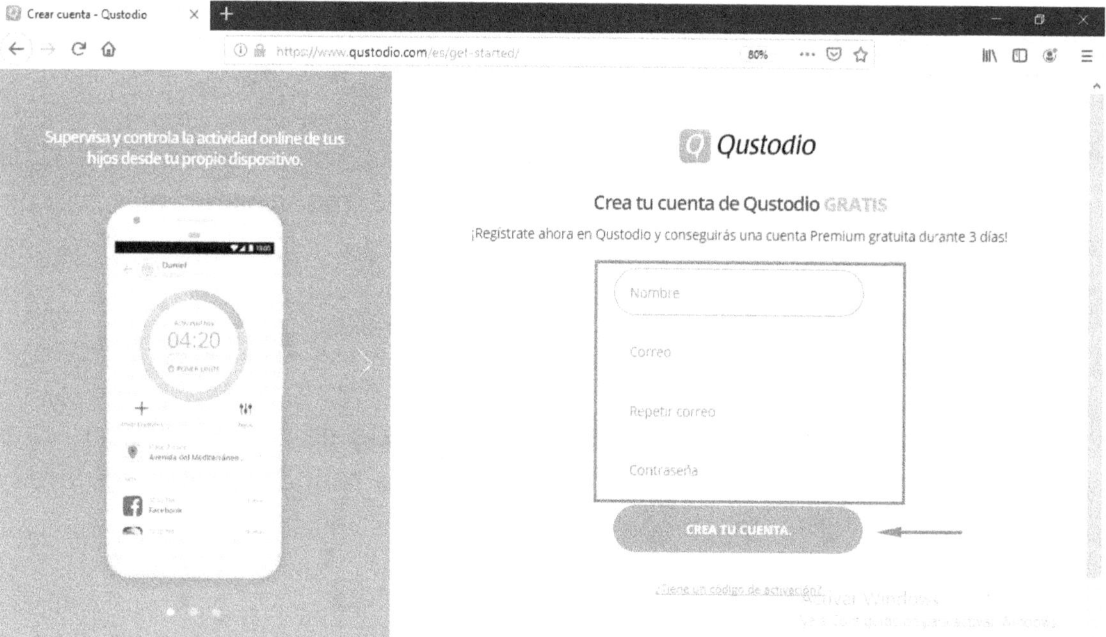

Te va a llegar un correo electrónico con un enlace, para validar y activar tu cuenta; una vez comprobada tu cuenta, puedes iniciar sesión en el portal; vas a seleccionar "Acceso" y dentro del menú, seleccionas "Qustodio para Familias":

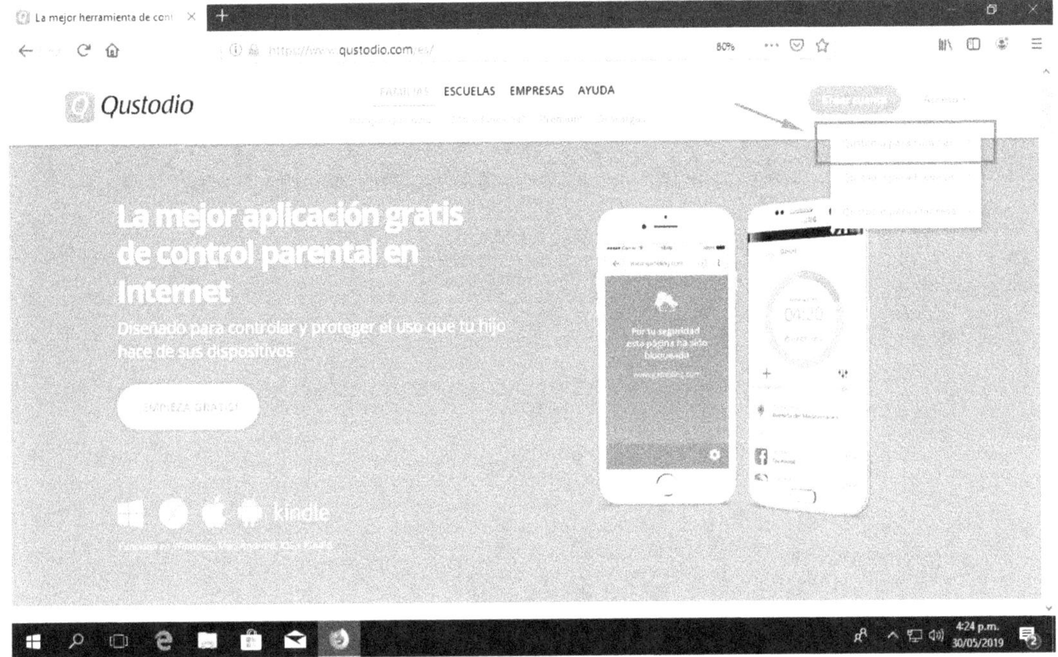

Accedes con tu correo electrónico y la clave que seleccionaste:

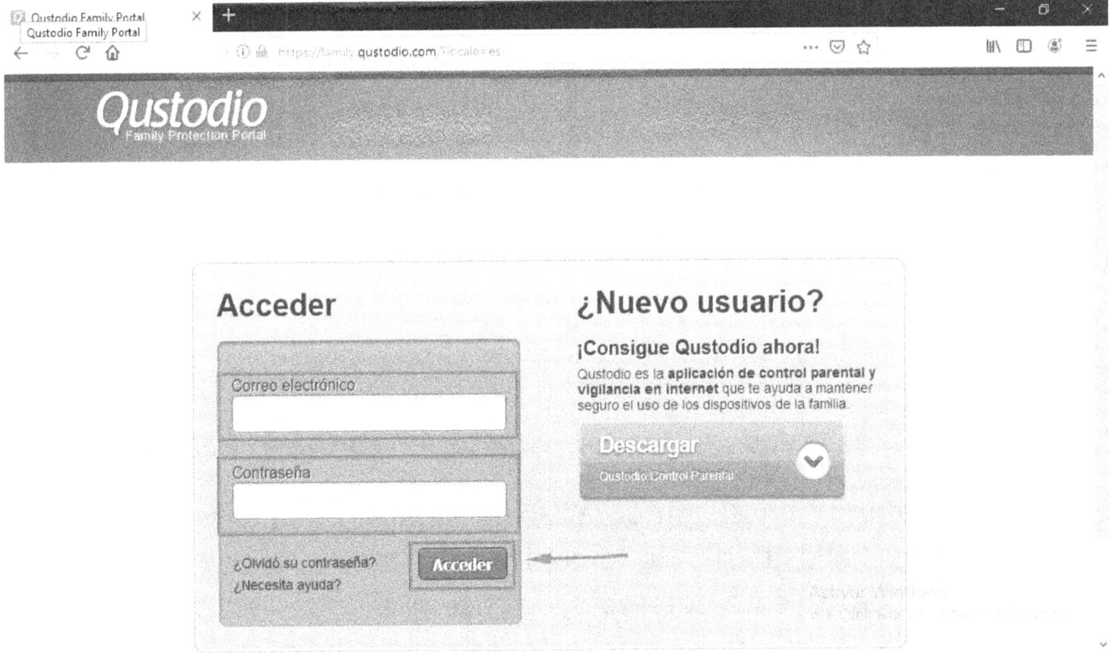

David F. Pereira Q.

Llegamos a esta pantalla en donde puedes crear a tu hijo o hija, es decir, seleccionamos "Añadir mi primer usuario" la versión gratuita solo soporta un menor:

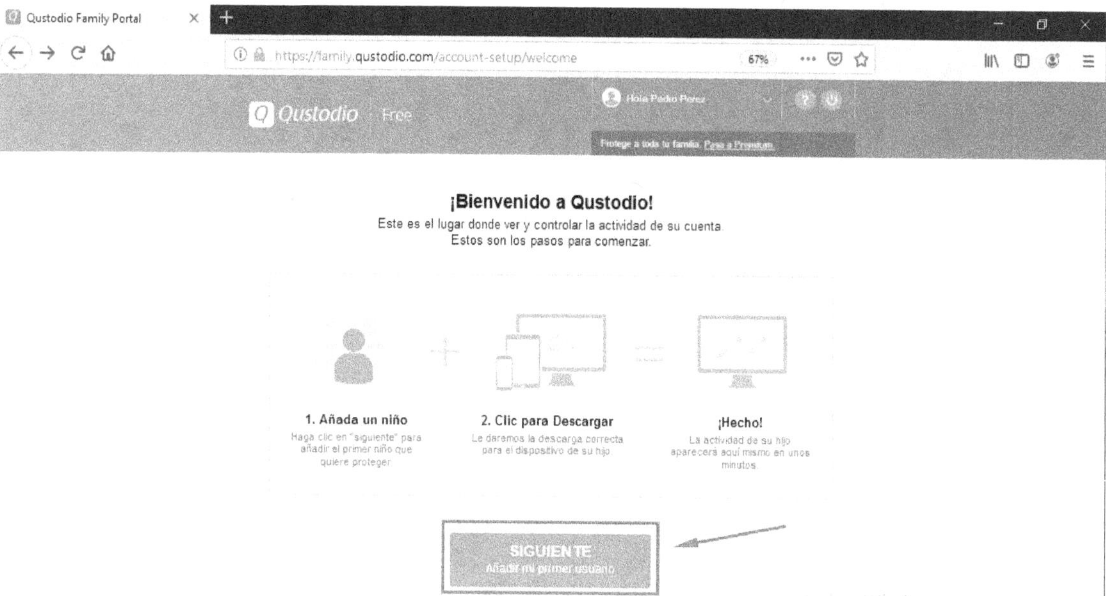

Digitas y seleccionas la información correspondiente:

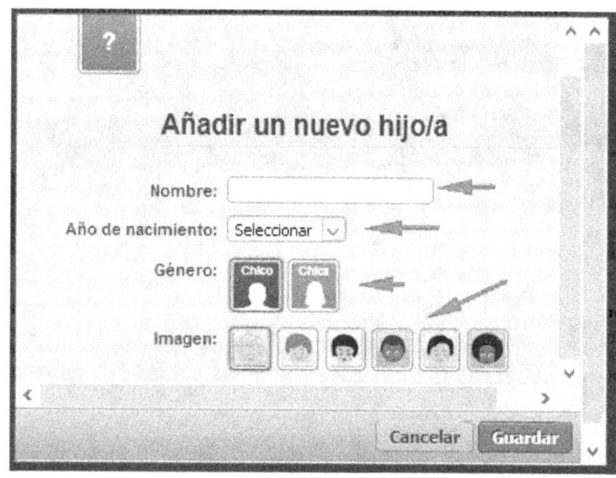

Listo, ya tenemos creado al primer usuario, en mi caso, Pepita.

Si estas trabajando en el computador de Pepita, puedes hacer click en "Proteger este dispositivo"; de lo contrario vamos a la pestaña "Añadir Dispositivo"; para este ejemplo, pensemos que este no es el computador de Pepita, sino que estoy en mi propio computador, así que vamos a "Añadir Dispositivo":

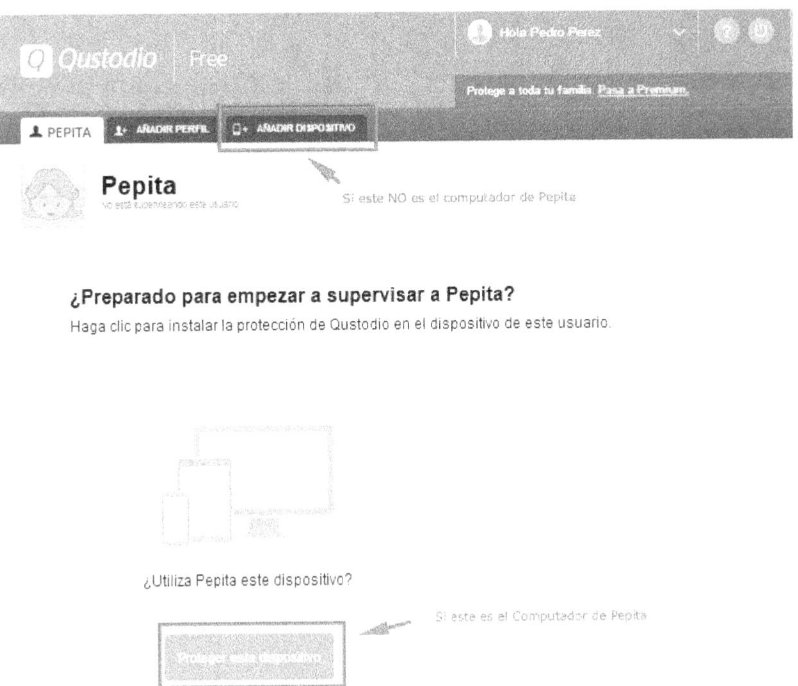

En la siguiente pantalla tendremos la opción de "Proteger un dispositivo diferente":

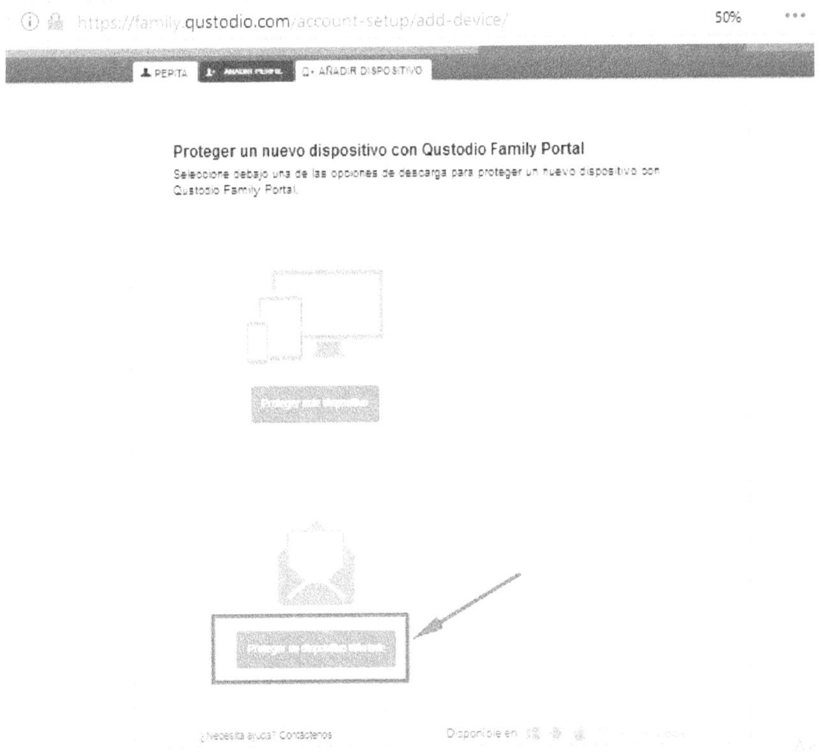

David F. Pereira Q.

Después de hacer click en esa opción, te van a ofrecer enviarte un enlace de descarga por correo electrónico; verifica que tu dirección esté bien, y le das click a "Enviar":

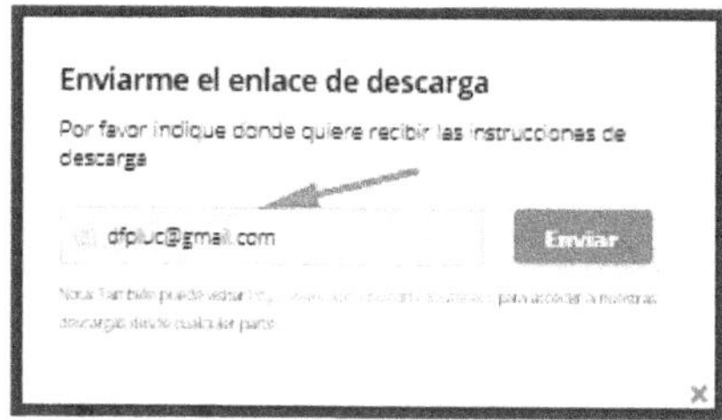

Lo único que debes hacer es abrir el correo que te han enviado en el dispositivo de Pepita que desees proteger; la descarga es automática al hacer click sobre el botón "Descargar Qustodio":

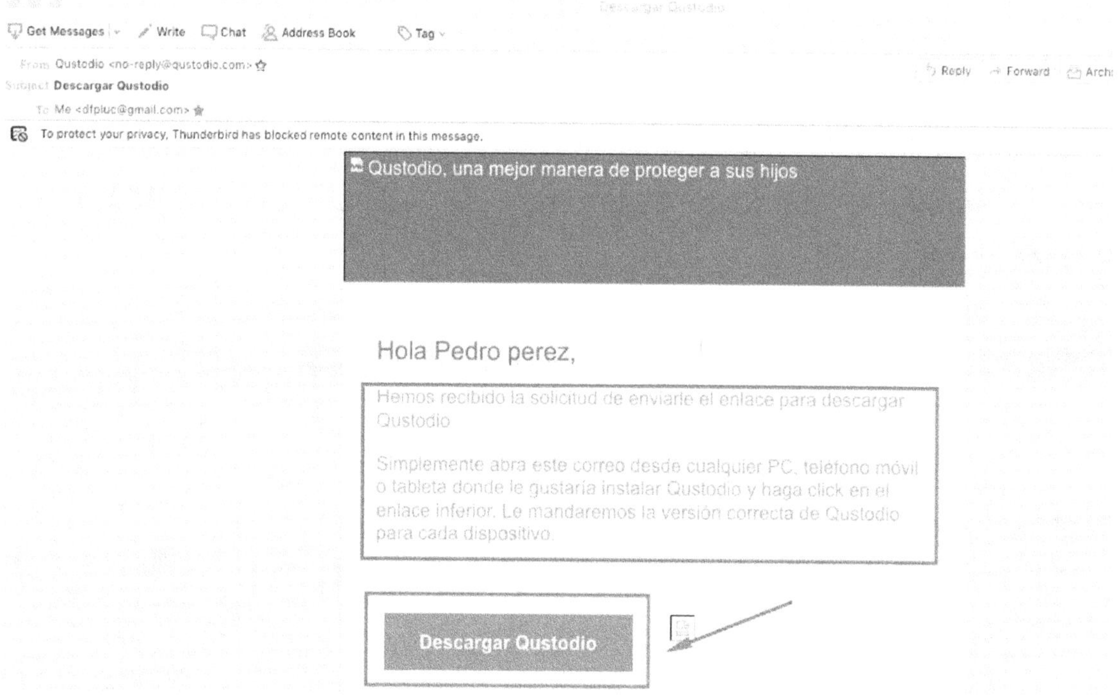

Digamos que vamos a proteger el computador de Pepita, que es un Windows 10; entonces puedes abrir el correo en el computador de pepita o copiar el enlace que viene en el botón; lo que tu prefieras; eso nos va a abrir el navegador con la descarga del Qustodio; le das "Salvar":

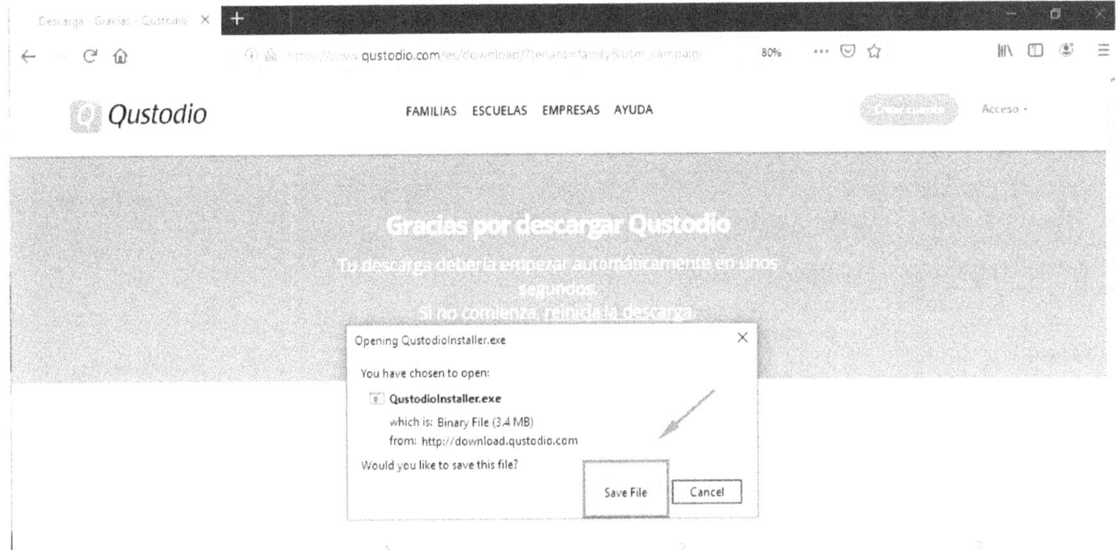

Una vez descargado el archivo, lo instalamos en el computador dándole doble click:

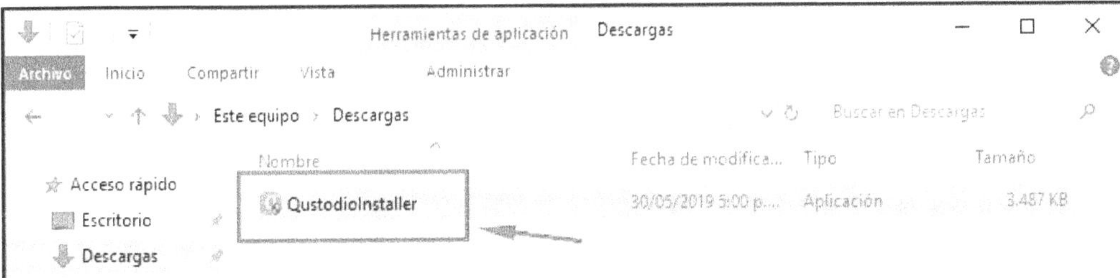

Eso inicia la instalación, donde debes autorizar que se hagan cambios:

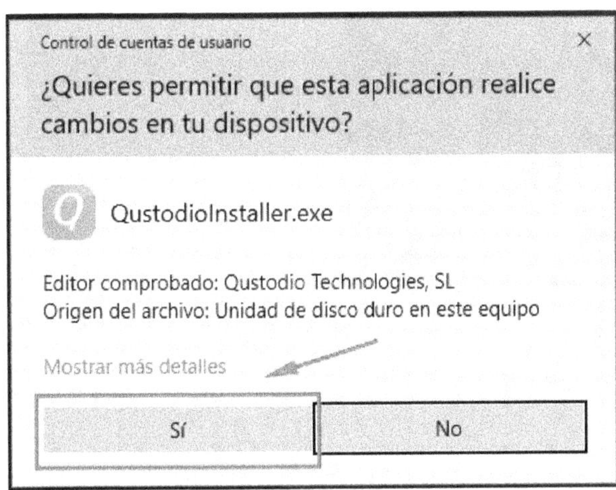

Seleccionas Español y luego "Aceptar e Instalar":

David F. Pereira Q.

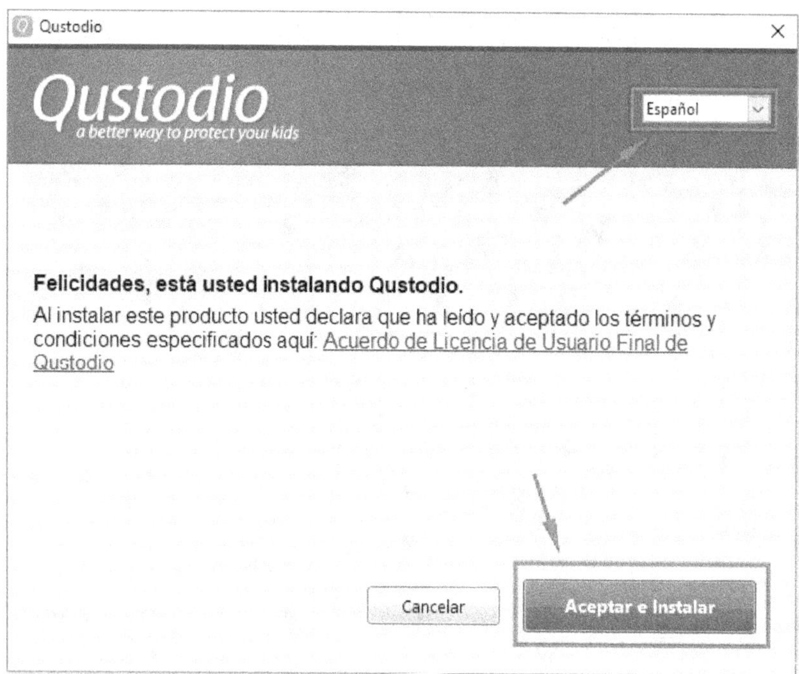

Se instala…..

Al terminar, seleccionas: "Ya tengo una cuenta de Padre/Madre:

274

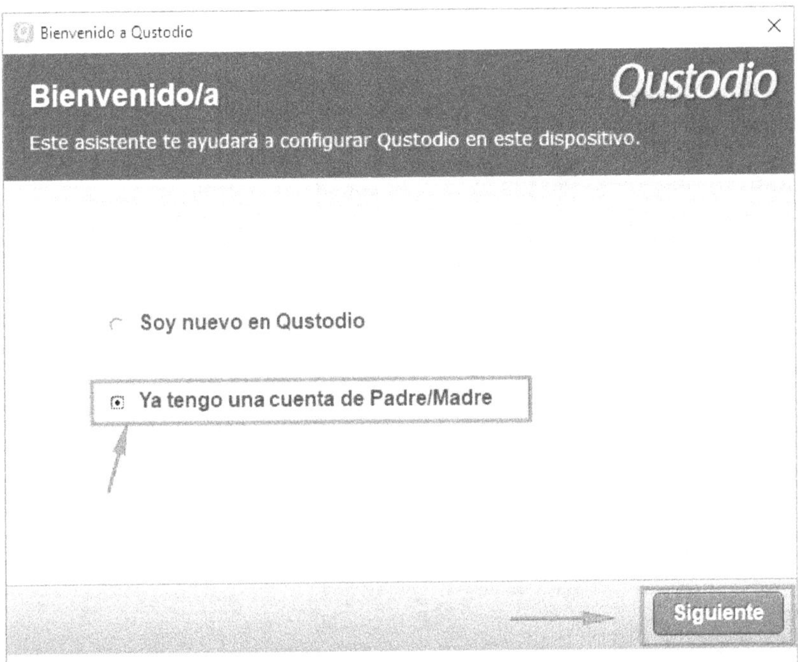

Inicias sesión en tu cuenta:

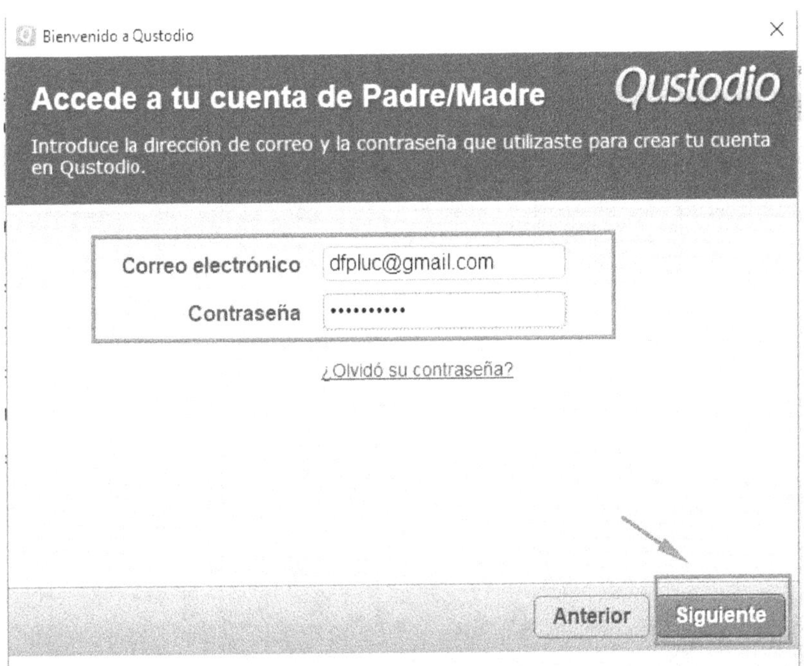

Le pones el nombre con el que vas a identificar el dispositivo; en este caso: "PC De Pepita" y es muy importante que hagas click en la casilla de "Ocultar Qustodio en este dispositivo" y luego le das click a "Siguiente":

David F. Pereira Q.

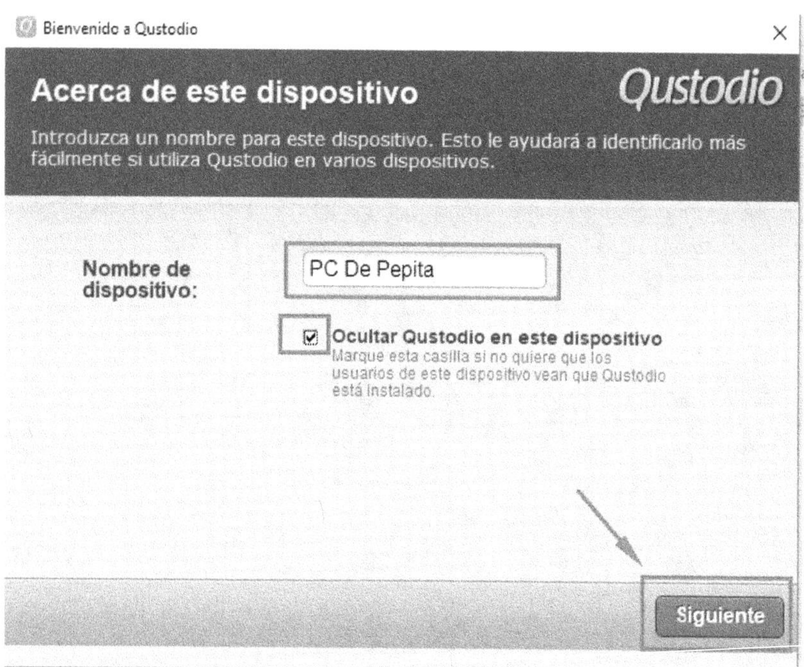

Seleccionamos el usuario de el dispositivo que para el caso, es Pepita:

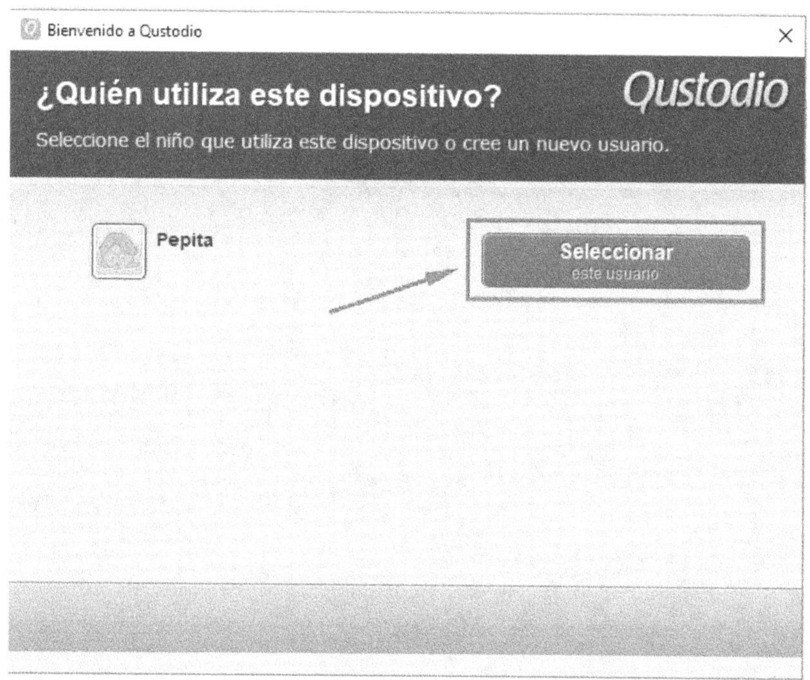

Finalizamos la Instalación; puedes leer las pantallas de finalización que contienen información importante:

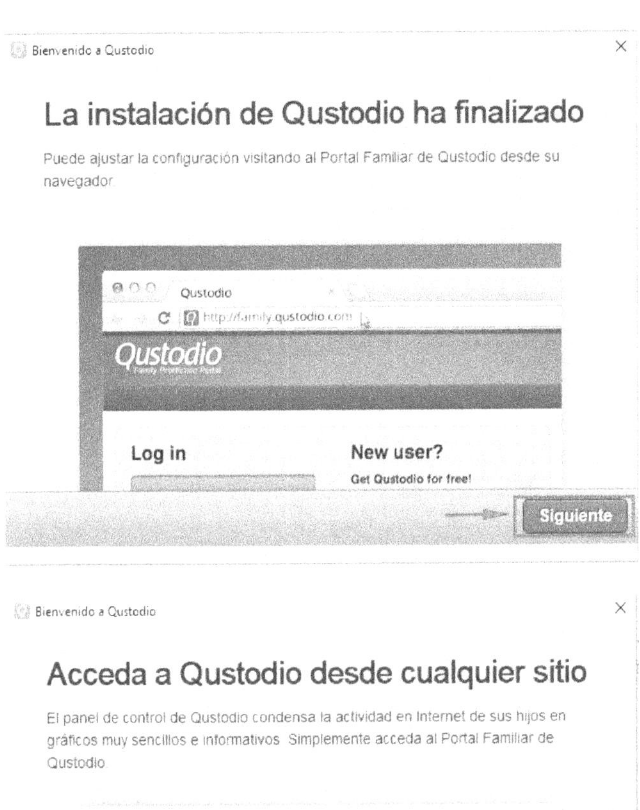
Bienvenido a Qustodio
La instalación de Qustodio ha finalizado
Puede ajustar la configuración visitando al Portal Familiar de Qustodio desde su navegador
Qustodio
http://family.qustodio.com
Log in
New user?
Get Qustodio for free!
Siguiente

Bienvenido a Qustodio
Acceda a Qustodio desde cualquier sitio
El panel de control de Qustodio condensa la actividad en Internet de sus hijos en gráficos muy sencillos e informativos. Simplemente acceda al Portal Familiar de Qustodio
Mike's Activity Summary
Activity Summary
20.3% Surf Social Networks
17.5% Surf Games
13.9% Surf Entertainment
10.8% Using World of Warcraft
36:11 Total Usage Time
17:30 Web Activity
1:34 Social Activity
30:25 Apps Usage
Anterior
Siguiente

David F. Pereira Q.

Cierra esas ventanas y la instalación está lista.

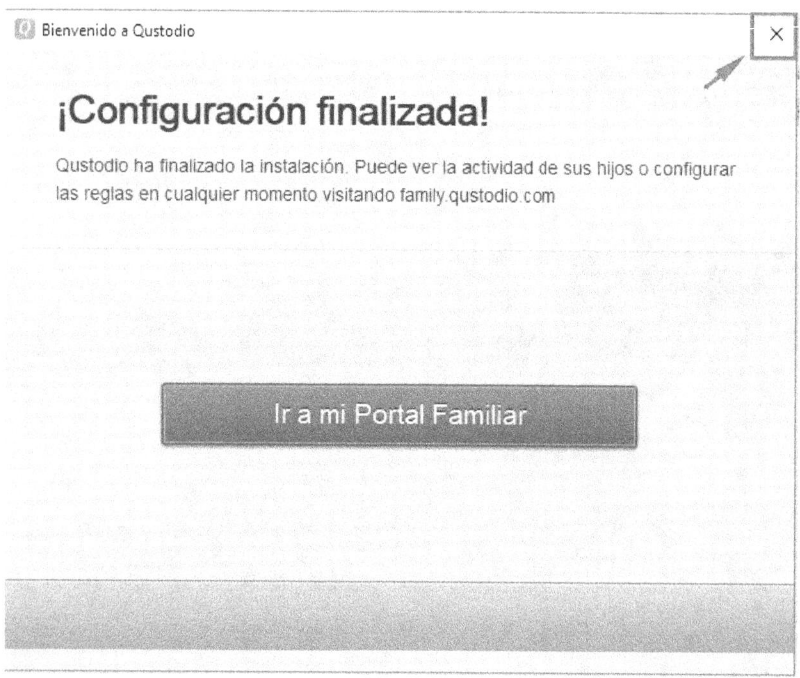

Ahora déjame mostrarte en tu cuenta de Qustodio como se vería la actividad de Pepita:

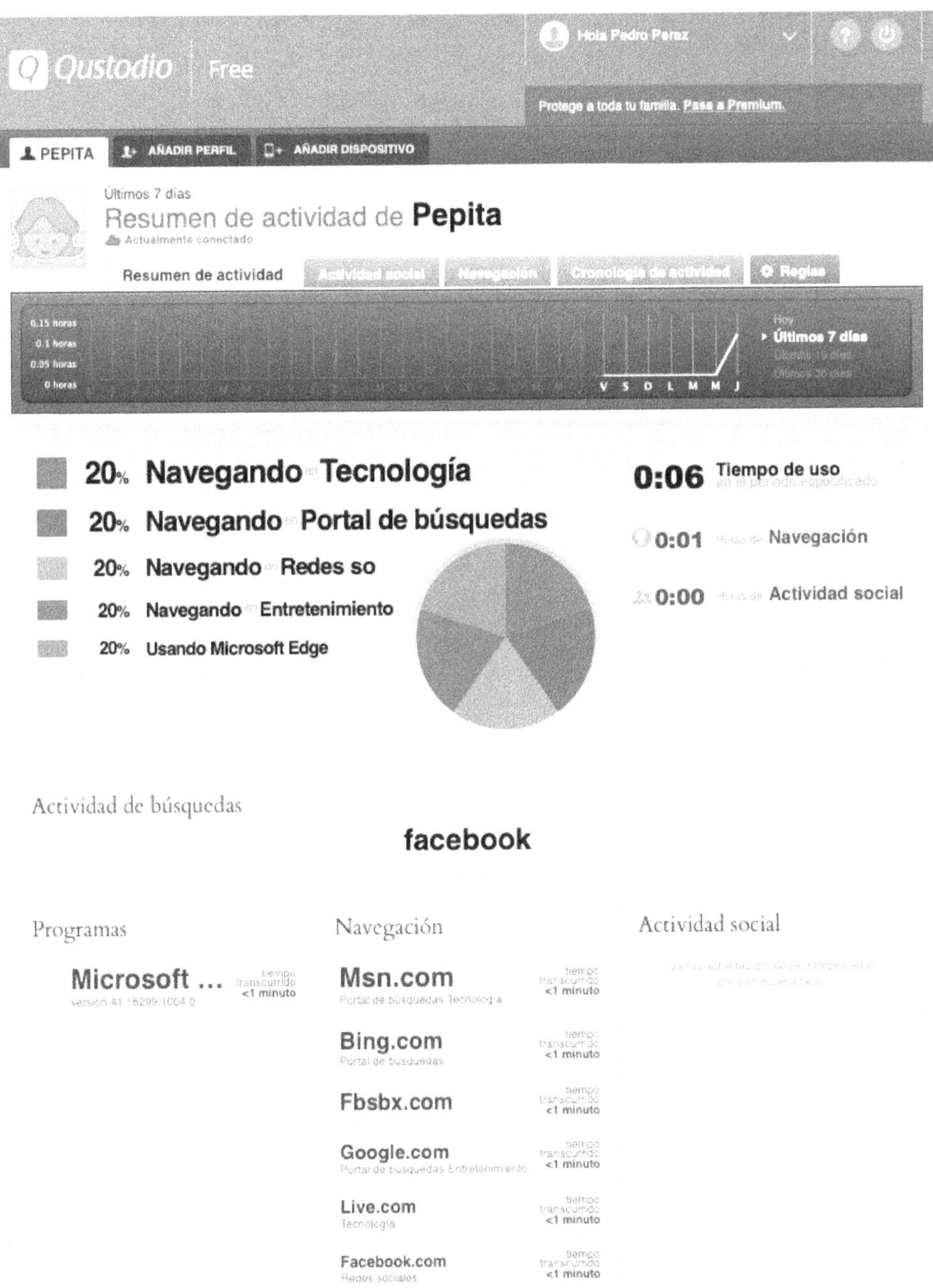

Como ves, incluso toma pantallazos de lo que hace el niño en el computador o dispositivo:

Puedes crear reglas personalizadas acerca de lo que permites y lo que no permites:

De nuevo te recuerdo que en la opción paga tienes más ventajas, pero las opciones gratuitas son muy poderosas y efectivas.

¿A DÓNDE ACUDIR POR AYUDA ACERCA DE LOS RIESGOS DEL INTERNET PARA LOS NIÑOS?

David F. Pereira Q.

Existen muchas entidades sin ánimo de lucro que te pueden apoyar, comenzando por lo siguiente:

Si eres Padre o Madre de familia con niños en el colegio, en la ciudad de Bogotá, me ofrezco de forma gratuita a ir al Colegio donde estudian tus hijo(s) para dictarles una charla de concientización acerca de los riesgos del internet; lo único que necesito es que las directivas del Colegio se encarguen de:

1. Prestarnos un salón, teatro o patio para realizar la charla
2. Proyector
3. Si es posible, acceso a internet
4. Invitar a la mayor cantidad de niños y padres de familia posible

Para acordar la logística por temas de agenda, favor contáctennos al correo: contacto@secpro.org

Por otro lado, existen estas Instituciones, Organizaciones e Iniciativas:

- Policía Nacional de Colombia:
    - https://www.policia.gov.co/denuncia-virtual/delitos-informaticos
- CAI Virtual Policía Nacional:
    - https://caivirtual.policia.gov.co/
- Portal A Denunciar:
    - https://adenunciar.policia.gov.co/adenunciar/Login.aspx?ReturnUrl=%2fadenunciar%2f
- Brigada Digital: Grupos de ciudadanos con destrezas digitales organizada en escuadrones temáticos, tienen un escuadrón llamado enTICconfio el cual promueve la reflexión sobre los riesgos de internet para menores de edad
    - https://www.enticconfio.gov.co/
- Portal Redpapaz:
    - http://www.redpapaz.org/
- Portal ICBF & Redpapaz:
    - http://prasi.redpapaz.org/
- Portal Te Protejo:

o   http://www.teprotejo.org/index.php/es/

Muchas gracias por llegar al final del libro; espero que hayas encontrado útil su contenido y que de alguna forma al terminarlo te encuentres más cibersegur@; como siempre, la invitación es a que todas las dudas, las preguntas e inquietudes que tengas, me las plantees ya sea en Twitter: @davidpereiracib o en mi canal de YouTube: https://www.youtube.com/c/DavidPereira

SALUDOS Y RECUERDA: LA DECISIÓN DE SER O NO SER UNA VÍCTIMA DEL CIBERDELINCUENTE, ES SOLO TUYA!!